聯經經典

泰鄂提得斯
Theaetetus

柏拉圖 Plato／著

何畫瑰／譯注

科技部經典譯注計畫

目次

καὶ οὐ δύναμαι λαβεῖν ἱκανῶς παρ᾽ ἐμαυτῷ, ἐπιστήμη ὅτι ποτὲ τυγχάνει ὄν.

我沒有能力靠我自己去充分了解「知識」究竟是什麼。

——《泰鄂提得斯》145e

導讀

壹、簡介與文本分析

　　柏拉圖（Πλάτων, Plato, 427-347B.C.），古希臘雅典人，家世好，相貌堂堂，是西方最重要的哲學家。這位哲學家如此重要，以至於二千五百年西方哲學傳統都可以被視為是「一系列對柏拉圖的註腳」。[1]當代重要分析哲學家如維根斯坦，重要歐陸哲學家如海德格，都回應過柏拉圖，回應過他這篇《泰鄂提得斯》裡的問題。[2]他的哲學書寫以「對話錄」的形式呈現，像在創作戲劇，也有人稱他為「哲學劇作家」。[3]的確，這位哲學家年輕時曾經寫

---

[1]　A. N. Whitehead, *Process and Reality: An Essay in Cosmology*, D. R. Griffin and D. W. Sherburne eds.（New York: Free Press, 1978）: 39.

[2]　維根斯坦見譯文後的哲學討論201d-202d「夢理論」；海德格則曾對《泰鄂提得斯》全篇作了相當完整的討論，試圖建立感覺、信念與知識、真理的關係。（Martin Heidegger, *Vom Wesen der Wahrheit: Zu Platons Höhlengleichnis und* Theätet, Vittorio Klostermann, 1997（1931/32）: 149-322.法譯：*De l'Essence de la Vérité: Approche de l'allégorie de la caverne et du* Théétete *de Platon*, text. est. Hermann Morchen; tr. Alain Boutot, Paris: Gallimard, 2001: 173-355.英譯：*The Essense of Truth: On Plato's Cave Allegory and* Theaetetus, London: Continuum, 2002: 107-229.即該書第二部分。以法、英譯檢閱。）

[3]　"Athenian philosopher-dramatist"，採自 Oxford World's Classics 系列柏拉圖作品首頁的作者介紹。

過悲劇詩，但「正當他要參與悲劇競賽，在戴奧尼索斯劇場前，他聽受了蘇格拉底的話之後，便燒了他的詩一面說著：『赫菲斯多斯（Hephaestus，希臘火神），請到這來，現在柏拉圖需要你。』」[4]然而，蘇格拉底（Σωκράτης, Socrates, *c.* 470-399B.C.），這位引導柏拉圖走向哲學、長相難看卻有著奇妙魅力的老人家，卻在西元前399年，柏拉圖二十八歲的時候，經由雅典城邦民主制度下的法庭審判，以多數決的投票方式，被判處死刑。[5]蘇格拉底死後，這個老愛纏著人家問題的怪異角色，卻出現在柏拉圖的絕大部分的作品裡，在對話錄中扮演著引導人們思考哲學的角色。有人把這種用問問題引導哲學思考的方式稱為是蘇格拉底的「助產術」，並津津樂道蘇格拉底有個助產士媽媽。實際上這些有關「知識助產術」的說法，正是出自柏拉圖《泰鄂提得斯》這篇對話錄裡（148e-151d）的橋段。

　　柏拉圖的《泰鄂提得斯》（Θεαίτητος, *Theaetetus*），是一篇討論「什麼是知識？」的對話錄。就柏拉圖哲學而言，這是了解他

4　Diogenes Laertius, *Lives of Eminent Philosophers*, Loeb Library（Cambridge MA: Harvard University Press, 1959）: III: 5.這本書是有關柏拉圖及許多古希臘思想家生平的重要古代文獻，以希臘文寫成；以下引用以（Diogenes Laertius, 卷:章節數）標示。

5　審判情形可參見柏拉圖的《自辯》、色諾芬（Xenophon）的《自辯》（Ἀπολογία, *Apology*）。依雅典法庭審判流程，投票分兩階段，都是多數決。重大案件陪審員有五百人（一說五百零一人）。第一次投票表決是否有罪，柏拉圖《自辯》中的蘇格拉底提到，如果多三十人支持他無罪就可打平票數，因此推算有罪對無罪的票數比是280: 220。（36a-b）第二次投票表決是否按原告要求的刑罰來判刑。蘇格拉底的例子中，原告要求蘇格拉底應處以死刑。按Diogenes Laertius的說法，第二次投票反對蘇格拉底的票數增加了80票，因此推算這時的票數比是360: 140。（Diogenes Laertius, II: 5.42）

「知識」概念的重要文本；就整個哲學領域而言，這也是開始建
立起「知識論」這一哲學分支的重要文本。英文「知識論」這個
字，epistemology，正是源自希臘文的「知識」——ἐπιστήμη（讀
作 epistēmē）。做為希臘第一篇真正以知識論問題為主題的文本，
《泰鄂提得斯》自有其分量。然而，這篇對話錄並不只是一篇哲
學史上的重要文獻而已，對話錄的內容本身，也提供許多對當代
知識論思考的刺激。柏拉圖的哲學具有一種不可能脫離當代的特
質：這位文采洋溢的哲學家，雖然放棄了悲劇詩的創作，但他那
宛如劇本的哲學對話錄，是一種邀請讀者一同思考、甚至「與他
爭論」[6]的書寫方式。這種書寫方式，在論點與論證的文字表達
上，套用當代倫理學家本那・威廉斯（Bernard Williams）的形
容，充滿了「彈性」（flexibility），而威廉斯心目中最能展現柏拉
圖「彈性」的哲學作品，正是《泰鄂提得斯》。[7]由於這種特質，
即使經過了將近兩千五百年，《泰鄂提得斯》所討論的知識論問
題，仍是當代知識論——不論英美或歐陸——持續關切的議題：
「感覺／知覺」[8]對人認知的影響、知識的充分必要條件、信念與知
識之間的關係、「假」的問題、假信念的產生、知識所要求的合
理說明、言說、證成等等。一方面全篇對話錄圍繞著「知識究竟

6　Annas 為柏拉圖寫的超簡短導論，即以「與柏拉圖爭論」（Arguing with
　　Plato）做為第一章，而且正是由《泰鄂提得斯》對於信念與知識的檢驗展開
　　她的導論。J. Annas, *Plato: A Very Short Introduction*（Oxford: Oxford University
　　Press, 2003）: 1-11.

7　Williams, B., *The Sense of the Past: Essays in the History of Philosophy*, Myles
　　Burnyeat ed.（Princeton: Princeton University Press, 2006）: xxii（Burnyeat 導論
　　中的轉述）.

8　柏拉圖談到的 αἴσθησις，可以指感官獲得的感覺（sense），也可以指知覺
　　（perception）。

是什麼？」這個看似在探求定義的問題，另一方面，卻又不是在回答這問題，而是由這問題引導出更豐富的知識論討論。

　　這篇對話和柏拉圖所寫的大部分對話錄一樣，以蘇格拉底為主角。這裡，與蘇格拉底進行對談的，主要是泰鄂提得斯（Θεαίτητος, Theaetetus，因而對話錄以他為名），[9]其次，還有泰鄂提得斯的幾何學老師，泰歐多洛斯（Θεόδωρος, Theodorus）。[10]文中先從另外兩個希臘人[11]對泰鄂提得斯的感嘆開始，再間接引入當年蘇格拉底和泰鄂提得斯的這場討論。蘇格拉底向年輕的泰鄂

9　現有資料知道，泰鄂提得斯是一位數學家。波洛克勒斯（Proclus）注釋歐幾里得《幾何原理》，曾列出歐氏之前的數學家，其中「雅典的泰鄂提得斯」是柏拉圖學園中數學相當出色的人物，曾發展出立體幾何；歐幾里得也提到：他的無理線理論（the theory of irrational lines）是由泰鄂提得斯的成果發展出來的。（Cf. J. Brunschwig & G. E. R. Lloyd, *The Greek Pursuit of Knowledge*, London: Belknap of Harvard University Press, 2003: 247-8; A. E. Taylor, *Plato: The Man and His Work*, London: Methuen, 1966: 322.）

10　這裡這位泰歐多洛斯，是和蘇格拉底同時代、來自庫芮內（Κυρήνη, Cyrene）的數學家，現有對這位數學家的原始資料幾乎都出自柏拉圖的這篇《泰鄂提得斯》。庫芮內還有另一位泰歐多洛斯，是無神論辯證家（cf. Diogenes Laertius, II: 8.97-103），時代比蘇格拉底晚，和這裡這位數學家是不同的人。

11　即：尤克里迪斯（Εὐκλείδης, Eucleides）與泰波希翁（Τερψίων, Terpsion）。這兩位都是馬格拉城（Μέγαρα, Megara）的學者。尤克里迪斯的希臘原名和歐氏幾何的歐幾里得相同，為避免混淆，改譯為尤克里迪斯。他一般被視為馬格拉學派的創立者；由於曾到蘇格拉底那裡學習，這學派被視為是「小蘇格拉底學派」之一，和柏拉圖哲學同時期。根據柏拉圖的《斐多》（Φαίδων, *Phaedo*），蘇格拉底臨死時，這兩位都在場，可見他們與蘇格拉底的交情。（59c）馬格拉學派的特點是：擅長數學和邏輯。例如，認為條件句可以做真值運算的看法，便是馬格拉學派的邏輯觀點之一。（G. Priest, *Logic: A Very Short Introduction*, Oxford: Oxford University Press, 2000: 106.）《泰鄂提得斯》的開場對話，場景正是在馬格拉城。

提得斯詢問「知識是什麼？」泰鄂提得斯提出答案，蘇格拉底便加以檢驗而否決；泰鄂提得斯又提出新的答案，蘇格拉底又再加以檢驗而否決；有時泰歐多洛斯也被迫加入談話，一樣受到蘇格拉底的檢驗與否決。這樣的檢驗過程一再延續，直到對話最後，仍沒有找到適當的答案。但對話當然不是徒勞無功的，經過蘇格拉底的檢驗，泰鄂提得斯已經有所進展，而且也比較不會以為自己知道自己並不知道的事。下面的文本分析，可以看到這整個回答和檢驗的過程，以及對話錄的論證結構與思路安排：[12]

外層對話：對話者為尤克里迪斯、泰波希翁。

142a-143c　尤克里迪斯、泰波希翁兩人談到泰鄂提得斯命危，並追憶起當年蘇格拉底和泰鄂提得斯的談話，於是尤克里迪斯取出他對那場談話的記錄，由僕人拿著筆記朗讀。

主要對話：對話者為蘇格拉底、泰歐多洛斯、泰鄂提得斯。

○、開場與問題的釐清

143d-146b　開場。泰歐多洛斯向蘇格拉底介紹年輕優秀的泰鄂提得斯，蘇格拉底隨即開始檢驗泰鄂提得斯，話題逐漸引入「知識」。

146c-148e　蘇格拉底正式提出「知識是什麼？」的問題。泰鄂提得斯用實例回答，而被蘇格拉底拒絕；蘇格拉底以

12　柏拉圖文本按標準頁碼（史蒂芬奴頁碼）標示。詳見譯文前的文本說明。

那份「感覺」。再次結論：沒有任何單一、只憑自己而「是」的東西；沒有東西「是……」，只有「變成……」。

157e-160e 以幻覺問題引導出對感覺理論的進一步說明：我們對於幻覺（假的、錯的感覺）要如何解釋？又要如何區辨感覺的真假？按勃泰哥拉斯學說和流變說，沒有這些問題。因為，不論可感覺的事物或獲得感覺者，都不能保持同一性（identity）；按生殖譬喻，既然可感覺事物或獲得感覺者已經不同，所生出的性質和感覺也都不同，一切都是「對……而言」「是……」或「變成……」。在這高度的相對性之下，任何感覺，包括幻覺等等，都不會假、不會錯（infallible），於此可以說「感覺就是知識」。

插入泰歐多洛斯的討論一

160e-161b 蘇格拉底把泰鄂提得斯的第一個定義「感覺就是知識」和勃泰哥拉斯、赫拉克力圖斯的學說都視為泰鄂提得斯的答案，預備開始檢驗；泰歐多洛斯加入討論，支援勃泰哥拉斯學說。

161b-162b 蘇格拉底指出勃泰哥拉斯學說導致的矛盾：每個人的感覺都真、都對，都是自己信念的「尺度」。但事實上有人有智慧，有人無知。泰歐多洛斯退出討論。

第二回合

162b-163a 勃泰哥拉斯學說導致每個人或畜生的智慧都一樣，這點可能只是看似合理；必須用其他方式檢驗。

163a-165e　假設「感覺」就是「知識」，從：一、對陌生的外語
　　　　　看到、聽到卻不知道；二、對看過的東西，原先看過
　　　　　而記得也知道，現在卻沒看到而不知道；三、蓋住一
　　　　　隻眼去看同一個東西時，一隻眼看到、另一隻眼沒看
　　　　　到，造成既知道又不知道的結果；四、知道不會像感
　　　　　覺一樣有時清晰有時模糊、或受遠近距離影響；從而
　　　　　論證感覺不是知識。

165e-168c　蘇格拉底為勃泰哥拉斯提出可能的辯護：既然一切都
　　　　　在變化，一個人在不同時刻也就變成不同的人，任何
　　　　　感覺都是只在那當下對單獨那人產生的感覺，在那狀
　　　　　態下「顯得」（或看起來）怎樣，就「是」怎樣。所
　　　　　謂「有智慧」的人，能改變情況，使情況變成「顯
　　　　　得」也「是」好的。這樣的人就比別人更有智慧（智
　　　　　慧有差等，雖然每個人的信念都真）。

插入泰歐多洛斯的討論二

168c-170a　蘇格拉底強迫泰歐多洛斯進入討論。

170a-171c　再檢驗勃泰哥拉斯學說。按學說，對任何人看起來怎
　　　　　樣就「是」那樣、所有人信念都真。但，如果有人和
　　　　　其他人信念不同，對這人而言這信念為真，對其他人
　　　　　而言卻都為假；既然所有信念為真，其他人認為「這
　　　　　人信念為假」的信念也為真；如此，這些人的這些信
　　　　　念就發生衝突了。

171d-172c　在熱、乾、甜等事物上，如勃泰哥拉斯學說，每個人
　　　　　看起來怎樣就是那樣，人人一樣有智慧；但在健康
　　　　　上，有人比別人更有智慧。在政治上每個人、每個城

邦都一樣有智慧；但在制定真正有利的法律上，則有
人比別人更有智慧。也就是說，在某些事情上，智慧
有差等。

172c-177c　法律上的真智慧：區別哲學家和熟悉法庭的人。哲學
家在悠閒中談話，不在乎現實中的利害或其他虛榮的
事，只追問事情真正「是」怎樣；另外那些人在匆促
中談話，用話語諂媚法庭上的觀眾，像奴隸諂媚主
人，在乎自身利害與虛榮。哲學家追求善、正義，這
才是真正的智慧；不正義的人則用小聰明逃避懲罰，
不知道真正的智慧。

177c-179b　考慮「變動」中的「是」或「既有屬性」，解釋為什
麼智慧有差等：以城邦對自己利害的看法，以及人對
發燒、酒的酸甜等看法，說明如果一個人比別人更能
判斷某件事物未來會變成怎樣，便比別人有智慧。

179c-181b　既然承認智慧有差等，也就表示並非每個人、每個信
念都是真的。以此共識來看，勃泰哥拉斯、赫拉克力
圖斯等主張「動」，巴曼尼得斯（Παρμενίδης,
Parmenides）主張「不動」，兩邊理論都要以此再檢
驗。

181c-183c　先檢驗「動」。如果一切永遠在變動，就不能有任何
東西「是」熱的、「是」白的，而只能說它「變」熱
了、「變」白了。按極端的流變說，任何感覺都無法
保留，一說就溜掉了。如果感覺就是知識，「知識」
也是一說就溜掉了，造成無法和「沒知識」做出區別
的困難。因此，根據「一切在動」的主張，感覺不是
知識。

道、不知道的事物中：知道就不可能弄錯成任何知道或不知道的事物；而對不知道的事物也不可能把它想成任何知道或不知道的事物。結論：「假信念」不可能產生。

188c-189b　（二）從「是」與「不是」來看。前提：假信念是以為事情如此這般，但事情其實「不是」那樣，亦即假信念是對「不是……」的信念。但，抱持信念就是對某個「是……」的東西產生信念；對「不是……」的東西則無法產生信念。結論：「假信念」並非對「不是」產生信念。

189b-190e　（三）從「信念交錯」來看。前提：假信念就是「信念交錯」（把 x 想成 y）；形成信念就像是靈魂在對自己說話；但一個人對自己說 x，也就已經把 x 當 x，也就不可能對自己說 x 是 y；結論：「假信念」不可能產生。

190e-191c　必須調整論證，重新討論假信念的產生。

191c-194b　（四）蠟喻。以「蠟喻」解釋假信念的產生：心靈中有一塊蠟模子，感覺或想法在蠟上留下印記；而只有在既知道 x 也知道 y，但卻把兩者的蠟印子配錯了，才會造成信念交錯，產生假信念。

194b-195b　「蠟」的狀況不同，會影響印記，使人產生假信念。

195b-196c　在「蠟喻」中「假信念」似乎是在感覺到想法之間的聯繫上出錯；但反例是，當有人把 5+7=12 想成 11，這個假信念並不是在感覺到想法之間，而是純粹在想法間出錯。然而，這會造成既知道（因原本想法是對的）又不知道（連結出的想法卻錯了）的結果。

196d-199c　（五）鳥籠喻。分辨「有知識」和「擁有知識」的差
　　　　　　別，並用「鳥籠喻」解釋假信念的產生：心靈裡有個
　　　　　　大鳥籠，知識像關在籠子裡的鳥，而不是直接捉在手
　　　　　　上；在籠子裡是「擁有」，直接捉在手上才是「（握）
　　　　　　有」；假信念便是在已經擁有的知識之中，捉錯了。

199c-200d　但「鳥籠喻」預設鳥籠中都是知識，若心靈會弄錯而
　　　　　　捉到「不知道」的鳥，則這種錯誤仍舊是在各種「知
　　　　　　道」與「不知道」的事物中誤以為 x 是 y。而先前已經
　　　　　　否決過這種對假信念的解釋了。

回到真信念

200d-201c　假設「真信念就是知識」，則對於一些並不知道的
　　　　　　事，法庭上的陪審團就不可能一方面被說服而有正確
　　　　　　判斷（真信念），另一方面卻不知道這事。因此，真
　　　　　　信念不是知識。

三、第三個定義「真信念加上說明就是知識」與檢驗

201c-d　　　泰鄂提得斯提出第三個定義「真信念加上說明就是知
　　　　　　識」。

從「夢理論」檢驗

201d-202d　按上述定義，真信念加上說明就是知識，沒有說明就
　　　　　　不是知識。「夢理論」主張：最原始的元素只能指出
　　　　　　名字、卻不能說明；組合物則可以說明。因此，元素
　　　　　　不可知；組合物則可知。

202d-203e　以書寫的元素（字母）和組合物（音節）為例，如果（一）組合物等於元素的總和：則一個人要知道組合物必須知道所有元素；可是，按夢理論，字母不可知，音節可知，這會造成一個人不知道其中每一個元素，卻知道整個組合物的荒謬結果。

203e-205b　如果（二）組合物另外有屬於自己的單一觀念：則組合物是個「整體」，但「全部」就是「整體」，而「全部」又等於「所有的部分」，因此，組合物仍然等於所有的部分（元素）。（即，回到前項說法。）

205b-e　如果組合物和元素都有單一的觀念，則組合物和元素屬於同一類。則或者組合物和元素一樣可以說明而可知；或者組合物和元素都一樣不可說明而不可知。不可能只有組合物可知，而元素不可知。

206a-b　以學字、學音樂為例，再次指出不可能組合物可知，元素卻不可知。（因此，第三定義和夢理論不一致。）

從「說明」的三種意義檢驗

206c-e　「說明」指什麼？（一）把想法說出來。但，凡有真信念，都可以把真信念說出來；如此將使真信念和知識毫無差別。

206e-208b　（二）把組成元素數出來（依序列舉）。但反例是，一個人可能正確拼出某字的所有字母，但在拼另一字遇到同一個字母時，卻拼錯了。如此，這人對某字有真信念，也能把字母都數出來，但並不真的「知道」。

208b-210a　（三）說出某個可以和其他東西區辨開來的特徵。但如果一個人對這特徵只有信念，則真信念加上這種說

明仍是信念；如果已經有對這特徵的知識，則用真信念加上知識來定義知識，定義落入「循環」。

結語

210a-d　終究無法找到對「知識」的定義。但，經過蘇格拉底的助產，如果泰鄂提得斯「會生」，將會生下更好的孩子；如果不會生，也將比較不會自以為自己知道一些其實並不知道的事。

貳、從「信念」朝向「知識」的進程

　　《泰鄂提得斯》這篇對話的主題很清楚，就是「知識」。＊這一點很少引起爭議。當我們進一步想要由此探討柏拉圖對「知識」的整體想法時，卻會引發某些問題。問題與爭議正是使柏拉圖知識論活潑迷人的地方。在導讀的第二部分，我將以全篇對話錄作為一種從「信念」朝向「知識」的進程，並試著針對其中一項關鍵性的問題進行討論：我們可不可能經由某種過程，使信念（δόξα, belief）轉變成為知識？[13]

　　這問題的主要癥結在於，《泰鄂提得斯》最後顯示，當我們對信念增加條件，將信念修正為真信念、並加上說明之後，仍無法拿來界定知識（187a ff.）；然而，另一篇研究柏拉圖知識概念的重要文本《米諾》（Μένων, Meno），卻顯示信念可以被某種說明「綁住」而轉變成為知識（98a）。這兩份文本之間的差異，也

＊　導論第貳部分初稿寫於2007年夏，曾與故陳文秀老師討論，在涉及邏輯和知識論等方面獲得他珍貴的協助。我們在知識論上抱持融貫論，並主張：信念可以轉變為知識。後來幾經修改成為英文稿 "Theaetetus' logos — The epistemic significance of λόγος in Plato's *Theaetetus*"，《國立政治大學哲學學報》，27（2012）: 1-35. 文中減弱了知識融貫論的立場，更改主張為：信念不能成為知識，僅由活著的人無法達至柏拉圖嚴格意義下的知識這點，指出合理說明的融貫信念仍具有重要的知識意涵。但如論述上可以達到，我仍希望可以使知識融貫論與柏拉圖哲學取得一致，並在《泰鄂提得斯》的脈絡下，提出信念轉變為知識的可能。本文試圖重申原立場，以寄託對陳文秀老師的無限感謝。

13　希臘字的標示，如是單獨一個專詞，以原型標示；如摘自原典，則按引用處出現的形式標示。「知識」一詞，中英文翻譯比較沒有分歧；「信念」則也可能被譯為「判斷」（judgement）、「意見」（opinion）等等。這裡為了便於銜接當代英語世界知識論的討論，譯為「信念」（belief）。

許可以這樣解釋：雖然兩篇對話錄都在探討知識，但《泰鄂提得斯》呈現的是失敗的探討，《米諾》呈現的則是成功。關於《泰鄂提得斯》所呈現的「失敗」，Cornford 的看法具有鉅大的影響[14]——他認為這篇對話錄之所以無法成功界定出知識，是由於沒有以「理型」（Forms）來界定；《泰鄂提得斯》沒有援引理型論，而真正的知識必須要以理型為對象。然而，這樣的看法其實是有爭議的。這看法之下隱含的問題是：我們是否能直接以形上學的設想來理解柏拉圖的知識論？或者，以《泰鄂提得斯》的討論脈絡而言，我們是否只能以「理型」來界定知識？如果我們和 Cornford 一樣抱持肯定的答案，便要以可感事物和理型之間的懸殊作為切分信念與知識的依據。[15] 這樣的思路或許可以和《理想國》中的線喻（Πολιτεία, *Republic*, 509d-511e）互相映照。因為線

14　F. M. Cornford, *Plato's Theory of Knowledge*（London: Routledge & Kegan Paul Ltd., 1935）.

15　如果主張真正的知識必須以「理型」來定義，很可能會發展成這樣的觀點。其中，信念和知識是知識論的二元；而可感事物（sensible objects，可感覺的事物、可以經由感官而促成感覺的感覺對象）或「變成是」（becoming），和理型或「是」（being），則是形上學的二元。例如，C. H. Kahn 的 "Why is the *Sophist* a sequel to the *Theaetetus*?" *Phronesis*, 52:1（2007）: 33-57，便非常強調這種知識論與形上學的雙重二元論。Kahn 的柏拉圖在《巴曼尼得斯》（Παρμενίδης, *Parmenides*）之後雖然修改了典型的柏拉圖理型論（Plato's classical theory of Forms），但仍保有某種形上學的二元論，而形上學的二元又推出知識論的二元。Kahn 晚近出版的 *Plato and the Post-Socratic Dialogue*（Cambridge: Cambridge University Press, 2013）亦持續以二元論解釋柏拉圖的立場。稍早 G. Adalier 的 "The Case of *Theaetetus*," *Phronesis*, 46:1（2001）: 1-37，也可以算作同一陣線。Adalier 在論文中為 Cornford 的觀點辯護，並以存有學的立場來解釋《泰鄂提得斯》的問題（雖然他並沒有像 Kahn 那樣明顯提出「二元論」）。

喻似乎就是以認知對象的不同來劃分出認知狀態的不同。[16] 不過，接下來的問題是：如果信念與知識的區分完全建立在認知對象的不同，基於兩種在存有學上截然不同的對象，真信念如何可能像《米諾》中所說的「被綁住」而「成為知識」？既然，信念一定是以可感事物為對象，可感事物當然不是理型，那麼，被綁住的信念的對象也是可感事物、不是理型，因而永遠不可能轉變成為以理型為對象的知識。

　　至少還有另一種可能的答案。《泰鄂提得斯》呈現的是單純的知識論探討，而這討論不必依賴在形上學上，[17] 所探討的「知識」也不必一定要以理型來界定。這絕不是說知識論與形上學無關，更不是說柏拉圖的知識與理型無關。只不過，像《泰鄂提得斯》這樣不提及理型而單純地只就知識問題去探討知識，也有其意義。當我們不再依賴從這篇對話錄之外 [18] 引來的形上學，而和

16　這也是有爭議的。例如，G. Fine 即反駁一般對線喻的「對象性分析」（object-analysis）。見 "Knowledge and Belief in *Republic* V-VII," S. Everson ed., *Epistemology*（Cambridge: Cambridge University Press, 1990）: 85-115；並收入在 N. D. Smith ed., *Plato: Critical Assessments*, vol. II（London: Routledge, 1998）: 247 ff.（引用頁碼依後者標示）。取消對象性分析後，也就不能單單以符應對象來界定知識，於是也解開了柏拉圖與知識符應說的關聯。沿此思路，Fine 提出一套融貫論的解釋。在她的 "Knowledge and *Logos* in the *Theaetetus*," *Philosophical Review* 88（1979）: 366-97; reprinted in N. D. Smith ed., *Plato: Critical Assessments*, vol. III: 98-122（引用頁碼依後者標示），雖然還沒直接使用「融貫論」一詞，但已經可以看到這一解釋路線。後面三之 2「信念可能轉變成為知識」將對此做進一步的探討。

17　R. Waterfield 便認為這是《泰鄂提得斯》的一大「突破」──「知識論從存有學中解放出來了（epistemology has been freed from ontology）」。*Plato Theaetetus*（London: Penguin, 2004）: 246.

18　R. Polansky 對《泰鄂提得斯》的評註便是採取不訴諸其他對話錄來解釋的策

裡面的角色們一樣以單純的知識論議題進行討論，信念與知識的
關係可以獲得另一重理解。信念與知識，在概念上有著嚴明的區
分，但嚴明的區分並不是在切斷關聯。就存有學而言，可感事物
無法變成理型，但不表示在知識論上信念無法成為知識。反過來
說，如果知識論上信念可以成為知識，那麼，這知識論上的討論
也可以幫助我們理解：「理型」，作為知識的對象，是怎樣的一種
存有。至於，究竟如何才能「綁住」信念、使信念成為知識？針
對這點，我希望可以指出《泰鄂提得斯》裡信念與知識之間的正
面關係，並指出信念（甚至是假信念）在整個追求知識的過程中
所具有的意義。這層正面關係將幫我們把信念「綁住」。

　　接下來，我將從「信念」和蘇格拉底如何檢驗信念的過程，
去解釋《泰鄂提得斯》對話的進展與柏拉圖的「知識」概念。

一、檢驗信念

　　當泰鄂提得斯了解蘇格拉底所要問的「定義」是指什麼，但
又不敢提出他對知識的定義時，蘇格拉底鼓勵他「努力用各種方
法，尤其是在知識的問題上，掌握合理的說明，它究竟是什麼？
（προθυμήθητι δὲ παντὶ τρόπῳ τῶν τε ἄλλων πέρι καὶ ἐπιστήμης
λαβεῖν λόγον τί ποτε τυγχάνει ὄν.）」（148d）我相信這正是全篇對
話所要做的。這裡的「掌握合理的說明」（λαβεῖν λόγον）並不只
是去說出[19]「知識」，它本身也不是知識。因為，泰鄂提得斯這裡

略。*Philosophy and Knowledge*（Lewisburger: Bucknell University Press, 1992）:
23-25.

19　λαβεῖν λόγον通常被譯為某種口語上的表達：例如"getting a statement"見M. J.

提出的只是嘗試性的定義，充其量只是真信念，等待著被檢驗。
泰鄂提得斯並不知道知識是什麼，他的定義來自信念，而且很有
可能是假信念。但蘇格拉底鼓勵他提出來。再者，這裡的「掌握
合理的說明」也不只是去說出一個信念而已，因為蘇格拉底不只
是要一個光溜溜的答案，答案還需要跟著某種說明。否則，他就
不會在泰鄂提得斯提出答案後追加那許多的問題。「說明」也不
是單單說出信念而已。說明也是要被檢驗的。蘇格拉底連續不斷
的問題引導著泰鄂提得斯為他所提出的每個信念提出說明，又為
說明中的每個信念再做說明。這是一個漫長的檢驗信念的歷程。

　　就《泰鄂提得斯》全篇結構來看，按傳統的劃分，除前面的
場景交代與引導性的談話之外，依照泰鄂提得斯所提出的三個定
義，可以將整個討論分為三部分：第一，「感覺就是知識」
（151d-187a）；第二，「真信念就是知識」（187a-201c）；第三，
「真信念加上說明就是知識」（201c-210d）。最後，對話的結論
是：這三個定義都無法界定知識，而對話也結束於無解的困惑
（*aporia*）中。為了展現出從信念朝向知識的歷程，這裡我將特別
注意每一項定義到下一項定義之間的轉折，試圖釐清：從「感覺

Levett trans., M. F. Burnyeat rev., *The Theaetetus of Plato* (Indianpolis: Hackett, 1990): 267；"to grasp a speech" 見 S. Benardete, *Plato's Theaetetus — Part I of The Being of the Beautiful* (Chicago: The University of Chicago Press, 1986): I.11；"inding a definition that tells us…" 見 T. Chappell, *Reading Plato's Theaetetus* (Indianapolis: Hackett, 2005): 40；"to express" 見 Waterfield 25，等等。但 "to gain an understanding" 見 H. N. Fowler, *Plato VII: Theaetetus, Sophist*, Loeb (Cambridge MA: Harvard University Press, 1987): 29，以及 "to get hold of an account" 見 J. McDowell, *Plato: Theaetetus* (Oxford: Oxford University Press, 1973): 11，也是很好的翻譯。雖然將這個詞讀成單純的表達，也很合理，但這裡這個字，仍很可能如對話錄最後討論中的 λόγος 一樣，擁有豐富的意義。

就是知識」的討論如何引到「真信念就是知識」的定義；從「真信念就是知識」的討論又如何引到「真信念加上說明就是知識」的定義。

1. 從「感覺就是知識」到「真信念就是知識」

　　實際上，在蘇格拉底檢驗泰鄂提得斯第一項定義的過程中，第二項定義「真信念就是知識」已經逐漸浮現出來了。要追索其中的痕跡，可以檢視第一部分的文本裡，使用「信念」（δόξα 或 δόξασμα）及「抱持信念」（δοξάζω）[20]等字的地方。這幾個字在 151d-186e 之間出現了許多次。[21]就文脈來區分大致有三處：一、158e，那裡的用字緊隨著一段有關對象「同一性」（identity，指一事物和自身相同或不同、相似或不相似等問題）以及「是」（οὐσία）[22]的討論，和後來 184b-187a 正式將心靈中「感覺」與「信念」兩種機能區分開來的段落，非常吻合。二、從 170a 到

20　為將檢索限定在一定範圍，意義相關的其他字詞，如「δοκέω 加與格（dative）」（某人認為、在某人看來）、「οἴομαι」（想、認為）等等，這裡並不檢索。

21　見 158b, 158e, 161d-162a, 167a, 170a-171c, 172b, 178c-d, 179b-c。

22　「是」至少有 1. 存有 2. 確定 3. 作為敘述事物既有屬性的連詞等意義。以「存有」義而言，似乎具有高度的形上學意涵。然而，就現在 151d-186e 的脈絡所談到的「是」是信念所關係到的事物。如果我們直接以形上學的考慮將這裡的「是」理解為「存有」、「真正的『是』」（true being）、「理型」等等，那麼，相對應的認知狀態應該是知識而非信念，則這段落中信念與「是」的關聯會變得難以理解。或許因此，Cornford 才會訴諸「某種曖昧」來註解 186a。（Cornford 108-109）針對這樣的解讀困難，我建議：即使「是」一詞可能隱含某種形上學意涵，既然這裡是知識論的脈絡，便仍應單純地以知識論的方式理解。也就是，我們可以去想、去判斷（而非真正知道）一件事物相似或不相似等等問題，這關係到事物的「是」，但形成的是信念。

171c，則是在談不同的人之間不同信念的衝突。三、然後，在179b-c，蘇格拉底和泰鄂提得斯達成共識：「並非所有人的所有信念都是真的」。達到這樣的共識後，柏拉圖接下來好幾頁都沒有使用「信念」、「形成信念」等字，直到187a。但是，179c-187a的段落中，仍不時回應著這幾個字在先前段落裡的相關議題，並為後來有關「信念」的討論鋪路。

在179c，柏拉圖行文上先將「感覺」與「信念」一併處理；另一方面，那些比較可能形成某種系統性知識的信念，則被區別開來。「並非所有人的所有信念都是真的」這共識是就後者而言的。[23] 所謂「比較可能形成某種系統性知識的信念」是指文脈中提到的健康、音樂、釀酒、尤其還有法律與正義方面的信念。[24] 這點回應到170a-171c出現的「信念」一詞。那裡討論的「信念」，如對軍事、疾病、航海以及對勃泰哥拉斯「人是萬物尺度」學說的信念，也都不是直接從感覺而來的。接著，蘇格拉底隨即在171e將熱、乾、甜等事物，和有關健康與疾病這類事物，區別開來。於是我們可以區分兩種信念：一種是直接來自感覺，另一種不是。但後者（軍事、疾病、航海等方面的信念）也可能是以感覺信念作為基礎，如果是這樣，那些信念仍然是間接來自於感覺。如此一來，「感覺」和「信念」這兩個概念便仍糾結在一起。

---

23 至於直接來自感覺的信念，這點，一如蘇格拉底在這裡（和171e）所觀察到的，確實很難證明。（但這不必表示柏拉圖不同意並非所有直接來自感覺的信念都真。）

24 從這脈絡來看，一般所謂172b-177c的「離題」（digression）並不是真正離題：因為，170a-171c是在指出不同的人之間不同信念的衝突，而172b-177c段落中，將哲學家和熟悉法庭演說的人做出對比，這正顯示了法律、正義方面有這樣的不同信念的衝突。

　　當蘇格拉底檢視「流變」（flux）和可感事物的「是」時（179d），[25]「信念」逐漸脫離了感官所獲得的「感覺」。更精確地說，雖然是有來自感覺的信念，但某些信念，亦即有關同一性和「是」的信念，卻不是由感覺來的。這點回應到158e使用「信念」一字時的文脈，也就是同一性與「是」的議題。但158前後，對話者還沒將信念和感覺的關係解開，討論也滑入另一個有關信念衝突的問題；這一次，從184b開始，一連串「憑著什麼」（使用與格（dative））和「透過什麼」（使用δία加屬格（genitive））的問題，逐漸將「信念」和「感覺」撥解開來。這些問題問的是認知機能的差異。然後，從185a開始，重新處理同一性和「是」的議題。這時，相似與不相似、相同與不同、是與不是，都被歸入某種心靈機能，而非身體上的感官。[26]討論漸漸導向認知機能，到187a指出這種認知機能就是「形成信念」。「信念」，成為下段討論的主題。

　　由於稍早雙方曾同意「並非所有人的所有信念都是真的」。（179c）基於這項共識，加上知識為真的設定，泰鄂提得斯一提出「信念是知識」時，立刻修正成「『真』信念是知識」。

---

25 這裡檢驗的主題是「動是『是』」，這主題在177c也提到過。實際上，早在152d-e，當蘇格拉底第一次將勃泰哥拉斯和赫拉克力圖斯的「流變說」連結起來時，這點便已經是討論中的重要主題。

26 這段落將感覺與心靈認知機能區別開來。Kanayama（金山彌平）以詳盡的希臘文本分析，說明這段落是在論述認知不能只憑感覺，不是因為感覺缺乏命題內容或結構，而是因為感覺無法企及「是」（being）。見 Yahei Kanayama, "Perceiving, Considering, and Attaining Being (*Theaetetus* 184-186)," *Oxford Studies in Ancient Philosophy* 5 (1987): 29-81. 甚至感覺方面的認知，因為涉及對感覺「是」怎樣的判斷，也都需要有心靈本身的思量才能達到。（Cf. ibid. 57）

2. 從「真信念就是知識」到「真信念加上說明就是知識」

　　泰鄂提得斯的第二次嘗試是「真信念就是知識」。然而，《泰鄂提得斯》的讀者會發現，這第二部分的討論主要都是對「『假』信念」的分析，雖然檢討的定義是「『真』信念是知識」。這主要是，如前段所述，在「並非所有人的所有信念都是真的」這共識下，當人們面對著彼此衝突的信念，辨別真假便成為一項要緊的事。柏拉圖這裡採取的辦法是：釐清假信念怎樣產生。[27]

　　這第二個定義如何轉入第三個？簡單地說，泰鄂提得斯只是就第二個定義做個小修正：在「真信念」上多加個「加上說明」（μετὰ λόγου, 201c）。就這角度來看，「λόγος」[28]可以說是泰鄂提得斯第三定義的關鍵字。這個字，在蘇格拉底檢驗第二個定義的過程中也扮演了特殊的角色：文脈上，當對話錄中的蘇格拉底試圖要用「信念交錯」來解釋假信念時，他援用了「λόγος」這個字，將思考活動稱為「λόγον」（189e）。形成信念的過程，被生動地描繪為「內在的對話」──靈魂在跟自己說話，靈魂自己問問題、自己做回答。接著，柏拉圖將「形成信念」（τὸ δοξάζειν）視為「說話」（λέγειν），將「信念」（τὴν δόξαν）視為「被說出來的話」（λόγον εἰρημένον）。（190a）援用「λόγος」，原是為了解釋假信念的產生。但他的論證顯示，即使援用「λόγος」也無法解釋假信念：

27　關於為什麼「假」信念在此成為主題，D. Sedley是從實行「助產術」的脈絡來解釋，見 *The Midwife of Platonism: Text and Subtext in Plato's* Theaetetus (Oxford: Oxford University Press, 2004): 118-120.

28　指「說明」、「話語」等等；由於以下論述必須倚賴這個字的豐富字義，行文上保留希臘原文。

（1）我們確實會有假信念。

（2）假信念就是「信念交錯」。

（3）形成信念就像是靈魂在對自己說話。

（4）一個人不可能對自己說x就是y。[29]

（5）從3和4結論出：一個人不可能有假信念。

（1是從187d開始就有的前提；2, 3, 4, 5則在189b-190e。）

結果，問題仍未解決，仍然無法解釋假信念是如何產生的。此外，這裡的結論（5）和前提（1）構成矛盾。又由於這些都是在「真信念是知識」的假設下進行的論證，我們可以用這項矛盾來建立歸謬證明（RAA, *reductio ad absurdum*）或間接證明（indirect proof），來推翻1-5中的任一項，或用來推翻假設。[30]但，更直接的結果是，我們仍無法找到恰當的方式去分辨信念的真假。

　　回到柏拉圖這裡的論證。我認為前提（4）不大有說服力，

---

29 「x是y」代表任何同一性敘述（identity statement），包括187e-188c「錯認」問題以及189b-190e「信念交錯」問題中所討論到的這類敘述。x和y（或用任何其他兩個字母代替），可以是個別事物，也可以指一般性詞語。參見 M. Burnyeat, *The Theaetetus of Plato* (Indianapolis: Hackett, 1990): 323 n.43（雖然他似乎傾向讀成一般性詞語）。讀成個別事物或一般性詞語，在對這類假信念語句中「主詞」與「述詞」分析上，會造成差異。參見 D. Bostock 在 *Plato's Theaetetus* (Oxford: Oxford University Press, 1988): 170-174 對 Ackrill 相關解釋的回應。

30 這類觀點可見於 Burnyeat 66 和 G. Fine, "False Belief in the *Theaetetus*," *Phronesis* 24 (1979a): 70-80, reprinted in her *Plato on Knowledge and Forms* (Oxford: Oxford University Press, 2003): 213-224. Fine 並進一步藉由否定泰鄂提得斯第二定義建構推翻知識「認識／熟悉模式」（the acquaintance model of knowledge）的論證。

除非我們說的這個人已經知道 x 指什麼、y 指什麼，卻說「x 是y」。但這個人怎能確定 x 和 y 是什麼？她的靈魂跟自己談過話了嗎？當她可以好好跟自己慢慢談，會比較有機會辨別某個信念為假；如果時間很短，短到沒法真正跟自己談話，相較而言則很容易形成假信念。[31]

這「內在對話」的意象很好。但「內在對話」要談到什麼程度？換個問法：這內在的「話／λóγος」指什麼？「λóγος」可以是單純的發聲、肯定、否定、問題、回答、一系列的問與答、一段或長或短的對談等等。這些都是柏拉圖在 189e-190a 形容「內在的話」時所提到的。但在這裡，他並沒有進一步探討這些豐富的意涵，也沒有把它們應用到前面提到的假信念的問題。關於「內在的話」，一般會參照到《詭辯家》（Σοφιστής, Sophist）263e-264a 和《斐利布斯》（Φίληβος, Philebus）38c-39c。[32]《斐利布斯》以靈魂內的「寫作者在寫字」、「畫家在畫畫」，來描述「形成信念」。而《詭辯家》則把思想和 λóγος 都視為靈魂內在的對話，並提到兩種意義的 λóγος：一種是單純的發聲，另一種則是肯定與否定。這兩份文本都提出了「內在的話」的意象。但以 λóγος 在形成信念方面的豐富意涵而言，相關性最高的文本仍是泰鄂提得斯第三項定義的那段討論。[33]當討論進入第三定義「真信

---

31 因此，形成信念最好可以有長時間的過程，不在乎時間限制。這點從柏拉圖強烈對比哲學家和那些在法庭內匆促進行演說的人（172b-177c），可以看出。之後，柏拉圖更透過泰鄂提得斯的口，說出「空閒」的重要性。（187d）這也是另一個我不認為 172b-177c「離題」的原因。（見註 24）

32 參見 Chappell 167 n.132; Sedley 130; Waterfield 96 n.3，其中 Sedley 還提到了《蒂邁歐》（Τίμαιος, Timaeus）37b。

33 Cornford 提到《詭辯家》段落（Cornford 118 n.1），並在《詭辯家》263e 的註

念加上『說明』（λόγος）」時，λόγος的意義將獲得更進一步的探
討。

　　從這角度來看，在對泰鄂提得斯第二項定義的討論中，所提
到的λόγος，雖然沒能解釋假信念的產生，但卻為我們建立起
「λόγος」和「信念」之間的重要關聯，並引領我們去探掘
「λόγος」更豐富的意義。

二、信念加上「λόγος」

　　「λόγος」是泰鄂提得斯第三定義的關鍵字。當討論從感官進
入信念，又從信念進入「λόγος」，看起來好像柏拉圖走回他早期
的主張「知識就是要有說明」。[34] 然而，這裡顯然不會只單純回到
早期立場而已。

　　從全篇文本來看，泰鄂提得斯所提出的三個定義本身都只是
信念。但蘇格拉底又從泰鄂提得斯、甚至也從泰歐多洛斯（雖然
他不大情願作答）身上扯出許多談話。這是人與人之間的談話，
檢驗著對話者的信念。類似的檢驗過程也可以發生在個人的靈魂
內。按柏拉圖把信念視為「內在的話」這個意象，漫長的檢驗信
念的過程可以視為是一種與自己的「談話／λόγος」，也是信念的

中提到《泰鄂提得斯》206d段（318 n.1），亦即檢驗泰鄂提得斯第三定義時
討論到「λόγος」第一種意義的段落。不過，我認為「λόγος」還有更豐富的
意義。

34　早期對話錄（與《米諾》）中，蘇格拉底常常以「是否能夠提出說明」做為
檢驗人們的知識的標準。也就是說，如果一個人有知識，就能進行說明。這
主張Fine稱為KL，「L」指「說明」（logos）。（Fine 1979; 1990）Waterfield則
稱為KR；「R」指「合理（rational）說明」。（Waterfield 228 ff.）

交織。我們在這裡讀到的，正是對於知識的「信念加上
『λόγος』」；理想上，我們也參與了這場λόγος，將這些信念與我
們自己的信念一起交織。所謂靈魂內的自我對談，在蘇格拉底與
泰鄂提得斯對談同時，發生在泰鄂提得斯心靈裡，理想上，也同
時發生在讀者自己的心靈裡。這和早期素樸地以「能說明」來證
明有知識的要求，可以一致，但並不相同。

　　「λόγος」的豐富意涵，是這裡最主要的進展。然而，即使在
第三部分的討論中，這個字的意義也沒被窮盡。柏拉圖在第三部
分裡的討論只檢驗了λόγος的三種意義：口頭上的發聲（206d-
e）、列出組合物的組成元素（206e-208b），以及指出可以將某物
和其他事物區別開來的特點（208c-210a）。至於早先189e-190a提
到的一些更具辯證性的意涵，如靈魂內的某種對談、問答等等，
不在其中。「λόγος」在第二部分裡沒能解決假信念的問題，在第
三部分也沒能補足對知識的定義。然而，一如它引領第二定義的
討論邁向第三定義，在這裡，它也引領有關第三定義的檢驗朝向
對知識概念更深一層的反省。

　　在對第三定義的討論裡，柏拉圖檢驗了三種λόγος，看看是
否「真信念加上某種λόγος」便能成為知識。答案是否定的。
雖然《泰鄂提得斯》以無解作終，對話錄中的蘇格拉底卻提出
了一項正面的聲明：[35] 泰鄂提得斯，如果會「懷孕」，將會生
下更好的孩子；如果肚子空空，也將會有「自知之明」（self-

---

35 按Sedley的用語：「然而蘇格拉底助產術的整體效果是有幫助的」，並為歷史
　上的那位蘇格拉底畢生實踐助產術，做出動人的闡述。（Sedley 36-37）但
　Sedley主張在《泰鄂提得斯》的次文本中，這一助產術催生出柏拉圖的理型
　論，這點我並不完全同意。見何畫瑰，〈書評：席德雷《柏拉圖哲學的助產
　士──《泰鄂提得斯》的文本與次文本》〉，《華岡哲學學報》1（2009）：114。

knowledge）[36]，不會以為自己知道自己所不知道的事。（210b-c）
這項正面聲明的後半段，回應到蘇格拉底早先對這場探討的評
語：要嘛他們會找到他們追尋的東西（即，知識是什麼），要嘛
他們比較不會認為自己知道其實根本不知道的事。（187b-c）顯
然，找到知識的定義並非討論的唯一目的。整個討論還有另一
項目的，便是要避免認為自己知道自己不知道的事，而這項目
的在對話錄中成功地達成了！這整個定義知識的過程、這漫長
的討論，引領對話者與讀者反省自己的知識概念。信念是一種
「內在的話」，而全篇對話錄引領的漫長的討論，比起文中檢驗
的三個定義，甚或任何一個可能的最終定義，更能提供豐富的
「λόγος」。

　　我們這樣設想：如果真的有一個對知識的最終定義，而且泰
鄂提得斯把這定義說了出來，這定義本身提供給我們的，是知識
嗎？或者，只是一個或真或假、或者伴隨說明、或者沒有說明的
信念？回到整個討論最開端，蘇格拉底釐清什麼是「定義」時，
他所給的定義的例子是「黏土是土混合溼氣。」（147c）這定義句
子很短。聽到這定義的人很可能只會對黏土形成一個缺乏說明的
信念而已。[37]蘇格拉底也讚許泰鄂提得斯對「平方根」的定義。

---

36 「σωφρόνως」這個字，我依循Waterfield參照《卡密迪斯》（Χαρμίδης,
　　Charmides, 166e）的做法，視為「對知識的知識」。他提醒：這定義在《卡
　　密迪斯》是被否決了。（Waterfield 130 n.1）不過，被否決的假信念仍值得參
　　考，一如我們在此討論三個被否決的對知識的定義。

37 Bostock稱此為「低層次的知識」（the lower-level knowledge），是「心照不宣
　　的」「未說清楚的」知識，並說「我們不需要對土、水做清楚說明，既然我
　　們都有對土、水、混合的普通的、日常的了解。」（Bostock 33-34）而我則稱
　　此為「信念」，因為這種「心照不宣」的「普通」、「日常」的了解，往往不
　　是真的對所有人都那麼普通而日常，不宜視為知識。在實際的生活和哲學討

（147e-148b）這定義比較長，但和全篇對話裡對知識定義的整個討論相比，仍非常短。的確，文中蘇格拉底描述他所要的定義是「把這許多東西用一個形式囊括起來（ταύτας πολλὰς οὔσας ἑνὶ εἴδει περιέλαβες）」，並要求對知識的定義是「把許多知識用一句話說出來（τὰς πολλὰς ἐπιστήμας ἑνὶ λόγῳ προσειπεῖν）」。（148d）用一個形式或一句話（λόγῳ）囊括許多東西。這裡的 λόγος 指一句話，或最多只是一小段陳述。不論黏土的定義、平方根的定義、泰鄂提得斯對知識的三個定義，都是在做這樣的陳述。可是，如果我們對要定義的東西還沒有知識，當我們聽到這樣一段陳述，缺乏進一步的 λόγος 時，我們只能形成信念，而且也缺乏知識去判斷這信念是真是假。尤其，如果我們並不知道這東西，試圖探討出定義時，我們必須去檢驗，因為它很可能是個假信念！[38] 蘇格拉底在對話錄中所作的檢驗（或任何人在靈魂內作的類似檢驗），是漫長的「說明／λόγος」，幫助我們排除假信念。而這正是蘇格拉底對他那套「助產術」最重視、也最引以為傲的一點——區辨真假。（150b）這點，並不是說出一句「最終定義」可以做到的。

　　不過，如果我們膠著在定義的問題上，豐富意義的 λόγος 也

論裡，都常常會因為這種「心照不宣的」自以為有知識的情況造成誤解。

38　在「黏土」和「平方根」的例子中，如果我們缺乏相關知識，也一樣可能會把假信念當定義。那，為什麼蘇格拉底可以不經檢驗就接受黏土和平方根的定義，卻不接受知識的定義？Bostock 對「低層次的知識」和「高層次的知識」的區分，或許是一種可能的回應。（Ibid.）柏拉圖的確說，探尋「知識」是「最最頂極的事」（μάλα γε τῶν ἀκροτάτων, 148c）。但我不認為柏拉圖真的可以不經檢驗就接受 Bostock 所謂「低層次的知識」（見前註）；只不過，目前對話的脈絡在探討知識的問題，而黏土和平方根的例子已經達到讓泰鄂提得斯了解問題方向的作用了。

不能挽救泰鄂提得斯為知識所提出的第三個定義。第三定義主要的問題在「循環」：當我們把知識定義為「真信念加上說明」時，由於「說明」必須先包含某些知識，於是，被定義端（知識）就會出現在定義端，造成循環定義。柏拉圖明顯以「循環」反駁第三定義中第三種意義的λόγος。（208c-210a）更全面地說，其實，在這部分裡，柏拉圖檢驗的三種意義的λόγος，都有循環問題。[39] 第一種意義，真信念加上「口頭發聲」，唯有口頭發聲表達的已經是知識時，才能說這是知識。第二種，真信念加上「列出所有組成元素」，唯有我們對組成元素已經有知識時，才能說這是知識。第三種，真信念加上「指出和其他東西區別開來的特點」，唯有我們對這特點已經擁有知識時，這樣的區辨才能形成知識。因此，在還沒有知識的情況下，無論加上怎樣的「說明」，都無法使信念成為知識。這裡，我們陷入兩難──要嘛必須先有知識而陷入循環定義，要嘛始終只有信念。

　　即使是豐富漫長具有辯證意義的λόγος，也仍會陷入這樣的循環：同樣的問題可以被插入漫長對話中任何一個環節：「這已經是知識了嗎？」一旦答案出現「是」，便落入循環；如果所有答案都是「不」，則，不論這λόγος有多長、檢驗多仔細，我們始終只有信念。

　　所以，就定義知識而言，柏拉圖也並沒有走回「知識就是要

---

[39] 在這點上，我完全同意Bostock：不論我們採取哪種意義的「說明」，似乎都可以用「循環」反駁。（Ibid. 237）他注意到許多其他對知識的解釋也都會遭遇類似的循環問題，包含Gettier問題中所反駁、一度相當流行的「知識三條件說」。（Ibid. 238-9；並參考E. Gettier, "Is justified true belief knowledge?" *Analysis* 23（1963）: 121-3; reprinted in M. Huemer ed., *Epistemology Contemporary Readings*, London: Routledge, 2002: 444-446.）

有說明」的主張。這主張對知識的定義是不充分的。對於前面質問的「最終定義本身可以提供知識嗎？」答案是「不」。尷尬的是，一段徹底檢驗所形成的λόγος也無法提供知識。這是否表示信念根本不可能變成知識？信念與知識之間能有正面的關係嗎？

三、朝向知識的信念

1. 信念與知識之間有正面的關係

　　如果我們始終停留在信念這邊，「λόγος」對於我們對知識的探求，有什麼幫助？一如前面引文所指出的：蘇格拉底式助產士最了不起、最偉大的工作，就是在辨別真假。（150b）而在《泰鄂提得斯》中對知識的探求，其實有兩個目的：一是找到所探求的答案，即「知識是什麼」，另一個則是去反省我們是否以為自己知道自己並不知道的事。（187b-c）雖然「λόγος」無法提供我們知識，但卻能幫助我們辨別真假、比較不會以為自己知道自己並不知道的事。這兩點，在整個探求知識的活動中，都比某種最終定義（如果真有這樣的定義）更重要。

　　信念與知識之間的正面關係，依賴在「λόγος」的這層重要性上。我們不要被泰鄂提得斯的第三定義誤導。第三定義將知識界定為「真信念加上說明」，彷彿我們已經先有真信念，然後再加上說明。但，「說明」不是後加的，而是我們用來辨別信念真假的檢驗方式。在檢驗相關說明之前，我們並不知道眼前這信念是真是假。信念加上檢驗過程所形成的「λόγος」，正是辨別真假的過程。辨別真假，又和我們探求知識的另一個目的——比較不會以為自己知道自己並不知道的事——緊密相連。當一個人自以為知道，便會在檢驗之前就判斷某信念為真，而沒有仔細辨別真

假；也就是說，不要自以為知道，是實行蘇格拉底「辨別真假」這項重大任務的必要條件。[40]另一方面，如果一個人沒有努力去辨別真假，便很容易把假信念當作真信念、甚至當作知識而自以為知道；也就是說，如果要使我們了解到自己其實沒有知識，我們必須努力辨別信念的真假。[41]

如果我們還有希望可以使信念更接近知識一點，既然大家同意「知識不可能是假信念」（187b），不自以為有知識，同時努力實行辨別真假的工作，是我們盡可能排除假信念、逐漸接近知識的方式。

2. 信念可能轉變成為知識

雖然，在努力區辨真假的過程中，信念被導向知識，但在這進程中的信念仍然停留在信念這邊，不是知識。我們只是在通過漫長的λόγος去檢驗信念網。對，是信念網（web of belief）。[42]現在，我很接近融貫論的解釋。但，在柏拉圖哲學的脈絡中，要像當代融貫論者一樣直接用信念網去解釋知識的構成，並不很恰當。因為我們「不能自以為知道」！在永無止盡的檢驗過程中，我們不能直接以為我們的信念構成了知識。那麼，沿著融貫論的進路還有可能使信念轉變成知識嗎？

對柏拉圖知識的融貫論解釋，Fine的論述最具代表性。她提出KBK——「知識必須以知識為基礎」（knowledge must be based

---

40　P → ¬Q等於Q → ¬P。（P：「我自以為知道」，Q：「我努力辨別真假」。條件句後件為必要條件。）

41　¬Q→P等於¬P→Q。

42　按Quine的用詞。W. V. Quine & J. S. Ullian, *The Web of Belief* (New York: Random House, 1970).

on knowledge），來解釋柏拉圖的知識。[43]她為知識建立「彼此相關模型」（the interrelation model），並試圖使柏拉圖早期的KL主張——「知識要求要有說明」，和這裡的KBK相容。她認為柏拉圖在討論第三定義的「夢理論」段落中（201d-206b），引入了知識的「彼此相關模型」；而且認為接下來柏拉圖以「循環」反駁λόγος三種意義的論證（206c-210a），更支持了這一模型。[44]在這模型中，構成知識的各個部分，彼此並不孤立，而必須以相互關聯的脈絡來加以理解。在KL中知識所要求的「λόγος」，現在發展成在KBK裡將各部分置入整個系統架構、並為知識與知識的片段之間建立相互關係的一種說明。[45]

面對第三定義最難以脫逃的「循環」問題上，KBK很占優勢。因為以KBK的立場來看，「循環」根本不是問題，因為我們

43　KBK一詞的引進，在Fine 1979 99; 1990 253。

44　Fine 1979 111 ff.

45　這裡陳述的觀點以Fine 1979為主。Fine對《理想國》第五至七卷的研究，呈現類似並更強烈的觀點：在討論《理想國》時，她論證柏拉圖並非知識論的基礎論者（foundationalist），而是融貫論者。（Fine 1990 255 ff.）Fine指出：「知識要求的，不是神祕的觀視（a vision），不是某種特殊的確定性（certainty）或不會錯的特質（infallibility），而是充分豐富、彼此相互支持的解釋性的說明。」（Ibid. 259）對Fine而言，「確定性」和「不會錯的特質」隱然有負面意涵：什麼都承認的詭辯家學說才是「『不會錯』主張」（infallibilism）。Cf. G. Fine, "Conflicting Appearances: *Theaetetus* 153d-154b," in C. Gill and M. M. McCabe eds., *Form and Argument in Late Plato* (Oxford: Clarendon Press, 1996): 105-133.她對「不會錯」的排斥和她的融貫論立場相合，因為融貫論不斷調整信念的看法，是一種不斷試錯的過程。Fine的解釋非常迷人，特別是在調和KL與KBK這點。但我懷疑柏拉圖的知識是否可以不必要求確定性與不會錯的特質。畢竟，《理想國》477e中，知識和信念的差別便是在於知識「不會錯」。

也可以有良性的循環：不只是用知識定義知識，而是藉由提出說明的過程，建立知識間的相互關係。[46]至於信念轉變成為知識的可能性，Fine結論說：「如果信念的循環夠大，彼此的相互關聯可以恰當理解，這循環中的連結便能從真信念轉變成為知識。」[47]然而，「夠大」的信念的「循環」，可以構成柏拉圖的知識嗎？在文本中，柏拉圖反駁泰鄂提得斯的第三定義，因為他的定義犯了「循環」。（210a）Fine的解釋是反過來把柏拉圖明文表示的反駁當作隱藏的正面建議。於是，她也就無法承認《泰鄂提得斯》以無解結束這點。[48]這樣的解讀並不直接，文本上不是那麼具有說服力。另一方面，一般而言，融貫論者還必須要回答：究竟多大的循環才算「夠大」？[49]如果對於「夠大」沒有清楚的判準，便仍無法清楚指出信念如何能成為知識。畢竟，這個夠大的循環是由「以信念為基礎的信念」（BBB, beliefs based on beliefs）構成，而非「以知識為基礎的知識」（KBK）。如果沒有對「夠大」的循環找到理論上的判準，我們始終仍在信念這邊，而不是進入知識的循環。Fine的解釋不能完全符合柏拉圖文本的地方在於：一、直接的文本閱讀來看，柏拉圖確實以「循環」反駁泰鄂提得斯的定

46　Fine 1979 116-118.

47　Ibid. 118.

48　Ibid. 117.不同於Fine，我嚴肅正視這篇對話錄的「無解」結尾（the aporetic ending）。我同意Fine認為柏拉圖這裡的無解結尾並不真正表示失落，但，之所以不失落，是因為蘇格拉底成功地使泰鄂提得斯不會自以為知道自己並不知道的事──這點是成功的。至於知識定義的部分，則柏拉圖確實沒有提供確切的答案，是無解的。

49　Fine考量過這問題，並談到 D. M. Armstrong（*Belief, Truth and Knowledge*, Cambridge, 1973: 156）有關判準的提問。雖然她對整個思路的方向很有自信，但仍同意要指出「夠大」的判準並不容易。（Fine 1979 122 n.32）

義，因此，柏拉圖確實將「循環」視為負面的缺陷。二、對話錄中蘇格拉底強調，我們不該自以為自己擁有知識！這是這篇對話錄中蘇格拉底經由漫長談話（λόγος）後，終於和泰鄂提得斯達到的重要成果。我們不宜用太過正面的態度看待「循環」，更不宜在缺乏判準的情況下宣稱自己擁有知識。

那麼，是否有任何可能找到一個清楚的判準，說明融貫的信念網怎樣才算「夠大」？知識融貫論最容易遭受排斥的地方在於，好像任何一組還算說得通的信念就可以躍升成為知識。這裡，我希望釐清一點：如果我們為融貫信念網設立一個夠嚴格的標準，便可以一方面說明怎樣的循環才「夠大」，另一方面避免信念過於輕易地被接受為知識。下面的解釋將援引「滿諧集」（最大一致集合，a maximal consistent set）的概念來當作「夠大」循環的判準。柏拉圖可能沒想到這概念，但這概念可以與柏拉圖的知識概念相合。

「信念的最大一致集合」是：這個集合包含的所有信念彼此是一致的，而且，再沒有任何信念可以加進來而不會造成不一致。「最大」的意思是指，在保持一致的條件下，這個集合已經收進所有可能收進來的信念了（也就是說，任何其他信念再加進來都會變得不一致，因此不可能再有更大的集合）。[50] 我主張，真信念的最大一致集合，可以構成知識。

在Fine的知識模型中，沒有解釋怎樣才是「夠大」的循環。

---

50 這裡對「最大一致集合」的說明是套用 G. Hunter, *Metalogic — An Introduction to the Metatheory of Standard First Order Logic*（Berkeley: University of California Press, 1973）: 108，對 "a maximal p-consistent set of PS" 的定義。其中 "p-consistent" 指證明理論上的一致（proof-theoretically consistent）；PS則指命題邏輯的形式系統。

這裡，我要強調的是：只有「信念的『最大』一致集合」構成「夠大」的循環，只有在這循環中的連結，才能使信念轉變成為知識。這判準很清楚明確。面對融貫論常遭遇的質疑：是否任意一組假信念都可能成為知識？答案是「不」。因為，如果只有「信念的最大一致集合」可以構成知識，實際上，這知識的標準非常嚴苛。因為要能包含「所有可能收進來的信念」而仍保持一致，其實非常困難，這樣的集合可能只有一個或極少數的幾個，絕不是任意一組信念可以輕易達到的。而且，如果開始檢驗時，集合中已經包含有真信念，在檢驗過程中裡面的真信念會排除掉不能與這些信念同時為真的假信念，於是，如果能以某個真信念為起點，最後達到的「最大一致集合」將會涵蓋關於所有可知事物的所有真信念，並能合理建立這些可知事物彼此之間所有可能的相互關係。這不是一組假信念，也不是幾個未經檢驗的真信念可以拼湊出來的。

於是，信念「在邏輯上」是可能可以變成知識的。因為這裡我們指出了「夠大」循環的判準。這在邏輯上是可能的：只要我們可以由某個小小的真信念開始，經由漫長的 λόγος 去進行檢驗，當所有信念都檢驗過並排除不一致之後，得到的便是真信念的最大一致集合，這時，這些具有合理結構的真信念形成一個彼此支持的整體，躍升成為知識。過程是這樣的：一旦出現任何新的信念，我們就把它置入我們的信念網中去檢驗。如果它和其他信念一致，就留下來；如果它和其他信念不一致，就排除它（或放棄和它發生不一致的那些信念）。任何新信念進來，都重複這樣做。一再重複這樣做之後，形成一個最大一致集合，信念也就被「綁住」在這集合裡了。當形成最大一致集合時，其中的信念是真正被「綁住」（δεθῶσιν）而變得「牢固」（μόνιμοι），就像柏

拉圖在《米諾》98a所說的。因為這集合已經納入所有可以納入的信念了，再沒空間加入新的信念，於是也就沒有空間引發不一致。於是，這裡的「一致」是「確定」而且「不會錯」的。這「不會錯」的特質符合柏拉圖《理想國》477e對知識的描述，也將知識和信念區別開來。信念是等著檢驗而且可能會錯的。知識，按信念的最大一致集合來解釋，則是不會錯的。於是，一方面，會錯的信念與不會錯的知識，對比非常鮮明；另一方面，最大一致集合的元素來自信念，從這角度來說，信念可能成為知識。

　　然而，上面的構想是「邏輯上的可能」。現實中，在我們所生活的經驗世界裡，永遠無法達到這標準，因而也就無法達到「知識」的狀態。[51]信念的最大一致集合在現實中是無法達到的。因為，總會有新的信念等著檢驗。檢驗沒有止盡。在現實中，我們不可能檢驗完所有信念。一方面，檢驗需要時間，在我們徹底檢驗一個信念前，又會遭遇新的信念；另一方面，檢驗不僅在時間上受到局限，在範圍和程度上也受到局限。[52]一個人就是無法考慮到所有事。即使一個人盡最大努力檢驗一輩子，她的信念集合

51　人無法達到柏拉圖的知識，這主張在學界並不罕見。《泰鄂提得斯》方面，如Polansky認為《泰鄂提得斯》是在人有限的可能下為知識提出說明。（Polansky 1992 20, 244）《米諾》方面，Weiss便主張知識無法達到。（*Virtue in the Cave: Moral Inquiry in Plato's* Meno, Oxford: Oxford University Press, 2001.）Waterfield質疑Weiss：「既然柏拉圖在[《米諾》]98a說真信念可以轉變成知識……Weiss必須否定這些話明顯的字義。」（*Plato: Meno and Other Dialogues*, Oxford: Oxford University Press, 2005: xxxix）但我認為，《米諾》98a文本上說的是「當信念被綁住」（ἐπειδὰν δὲ δεθῶσιν），原文使用了時間接繫詞（當……）和虛擬語氣，文意上不保證我們真的可以達到知識。

52　包括身體帶來的局限（見《斐多》65d-e, 66e，這點在「哲學討論」148e-151d段會再談到）。

仍無法達到最大一致集合。53

　　因此，信念可以說是「邏輯上可能」轉變成為知識，但「現實上不可能」。由於現實上信念不可能轉變成為知識，所以，至少在我們活著的時候，在這經驗世界裡，我們永遠停留在信念這邊，抱持的也是「信念以信念為基礎」（BBB）的循環。Fine「知識以知識為基礎」（KBK）的知識融貫論解釋，必須要先達到「夠大」的循環，這在邏輯上可以由最大一致集合來設立標準，但這標準在現實中仍是無法達到的。這正再次提醒我們：不要自以為知道，永遠需要檢驗信念、辨別真假。

　　這不是挫折，而是柏拉圖給予我們的鼓勵。我們必須記住：在《泰鄂提得斯》裡，信念與知識之間有著某種正面關係。通過問與答所形成的漫長 λόγος，信念逐漸朝向知識邁進。這 λόγος 可能是人與人之間的對話，也可能是自己靈魂之內靜默的話語。當 λόγος 越長，就有越多信念獲得檢驗，而這信念的集合也就越大。除非我們原有的信念都是假的，否則，這就會是個邁向知識的進程。一個很大的一致集合當然跟小的一致集合不同。集合越大，必須考慮的信念越多，就越難保持集合內所有信念的一致。另一方面，集合越大，而卻又仍能藉由仔細的檢驗來排除不一致、保持一致時，表示我們已經排除掉更多的假信念、納入了更多彼此一致的真信念，因而也就越接近信念的最大一致集合，越接近知識。由於信念在邏輯上可能轉變成為知識，就這點而言，每一個信念都是值得提出的。在還沒檢驗信念一致性前，我們根

53　Weiss 便以蘇格拉底作為人無法達到知識的例子：即使蘇格拉底「用鋼鐵和金剛石的論證」（*Gorgias* 509a）來綁信念，一輩子詰問直到生命盡頭（*Crito*），他仍未將這些信念視為知識。（Weiss 2001 158-159 and n.62）

本不知道這新提出的信念是真是假，即使最後可能發現這是個假信念，提出信念進行檢驗的歷程仍有朝向知識邁進的意義。因為我們又多排除了一個假信念。雖然這檢驗的歷程始終是無盡的，對達到那確定不會錯的知識這點，沒有「現實中的」幫助，因為現實中本來就不可能達到確定不會錯的知識；但是，經由漫長無止盡的檢驗，我們進行著辨別真假的工作，不去自以為自己知道，而能受柏拉圖的鼓舞，不斷提出我們的信念，持續地討論、檢驗，一如對話錄中泰鄂提得斯受蘇格拉底的鼓舞，提出信念，討論、檢驗，不自以為自己掌握知識，卻因此越來越接近知識。

《泰鄂提得斯》
ΘΕΑΙΤΗΤΟΣ

文本説明

　　以下翻譯依據的原文是牛津古典文庫（Oxford Classical Texts）刊印的新校勘版本。這版本原先是二十世紀初由John Burnet將柏拉圖作品編輯成五冊，秉持以拉丁文校註希臘文的西方古典學傳統，是柏拉圖原典的標準版本。經過一世紀後，牛津古典文庫重新校勘出版了第一冊及《理想國》，其餘原典仍以Burnet為標準版。其中，《泰鄂提得斯》收在第一冊：E. A. Duke, W. F. Hicken, W. S. M. Nicoll, D. B. Robinson, J. C. G. Strachan eds., *Platonis Opera, Tom. I, Euthyphro, Apologia, Crito, Phaedo, Cratylus, Theaetetus, Sophista, Politicus*, Oxford: Oxford University Press, 1995: 277-382.

　　譯注分兩部分：一、譯文；二、哲學討論。如屬於閱讀上所需資訊、術語解釋或翻譯問題，於譯文中加上註腳。原文中沒有注釋，譯文所有注釋皆為譯者所加。至於進一步哲學議題的評註，則置於譯文後的哲學討論。譯文左側標示「標準頁碼」（史蒂芬奴頁碼），即Stephanus（Henri Estienne）於1578年出版柏拉圖全集時編排的頁碼。Stephanus編的全集共分三冊，《泰鄂提得斯》收在第一冊（在Oxford Classical Texts裡縮寫為St. I）142-210頁。除首末頁因排版留白欄位較少之外，每頁分為a-e五欄。譯文左側標示的數字即表示頁碼，英文字母表示欄位。一般學術引用如有在a-e的字母後加上數字的情形，則是表示在該欄中的第幾行。中譯在文意允許的情況下盡量保持子句次序，並盡可能在同一個字上分欄，在段落中分欄處以｜標示，未標示則表示從該行的段落起始處分欄。譯文會為釐清文意添加引號，如有需要添加的字則置於［　］中。因中譯排版後的行數位置與希臘原典有出

入，本書討論到希臘原文時，為避免混淆，非必要不標示行數，且原文引用以 Duke 等人新校勘版本的頁碼、欄位及行數為準。

尤克里迪斯　　泰波希翁[1]

ΕΥΚΛΕΙΔΗΣ　　ΤΕΡΨΙΩΝ

St. I

142　尤：喂，泰波希翁，你剛才從鄉下過來，還是已經來好久了？

泰：來好一陣子了。而且我剛剛還到市區[2]找你，正覺得奇怪，怎麼沒能找著你。

尤：因為我不在城裡。

泰：那是去哪了？

尤：到港口去，我走下去，正好遇到泰鄂提得斯被人從科林斯抬離軍營、送往雅典。[3]

泰：活著還是死了？

b　尤：活著，但也差不多了；他受不少苦，因為受了不少傷，更糟的是，他還在軍隊裡染了病。

1　對話角色介紹，請見導讀的註9-11。

2　「市區」（ἀγορά）是希臘城邦裡公民聚集的區域，包含行政官的辦公室及市場、法庭等公共空間。

3　這裡的背景是科林斯（Κόρινθος, Corinth）戰爭。柏拉圖有生之年發生的科林斯戰爭，有兩次：一次在394B.C.，一次在369B.C.。由於數學史上泰鄂提得斯在立體幾何有重要發明，但《理想國》528d提到「立體幾何」還未發展，Waterfield推斷，這裡的年份須比《理想國》（c. 375 B.C.）晚。（Cf. Waterfield 135）此外，接下來的對話顯示，蘇格拉底死時泰鄂提得斯只是個青少年，如果這邊指的是394年的戰役，離蘇格拉底之死（399年）太近，泰鄂提得斯還很年輕。因此，早先大部分學者採取的是369年的戰役。但，晚近Nails提出新的說法，她認為369年的說法預設雅典派一個四十六歲的學者去打仗，不是很合理。另一方面，394/3B.C.戰爭沒有動員到公民，到391B.C.發生的後續戰役才有。因此她主張泰鄂提得斯參加的是391B.C.的戰役。（Nails 2002 376-7）

泰：不會是痢疾吧？

尤：正是。

泰：這可是位什麼樣的人啊，你說他命危！[4]

尤：是位高貴美好的人，泰波希翁，就在剛才，我聽到人們大大讚揚他在戰場上的表現。

c　泰：一點也不奇怪，如果不是這樣才更叫人訝異呢！｜他怎麼不在馬格拉停留？

尤：他趕著回家；我要求過他、建議他留下，可是他不願意。我著實送了他一程，走回來的時候，我想起了蘇格拉底，覺得不可思議：他曾預言過有關這人的事。我想那是在蘇格拉底死前[5]不久的時候，他遇到還是個青少年的泰鄂提得斯，在和這人相處、討論過之後，蘇格拉底非常欣賞

d　這人的秉性。當我到雅典時，他把他們｜討論的話告訴了我，這些話很值得一聽，他說，一定的，只要年齡到了，這少年必定會成為了不起的人。

泰：真的，看來他說的沒錯。那，他們討論些什麼？你能

4　關於泰鄂提得斯的死，早先較通行的說法是，從蘇格拉底399B.C.死時泰鄂提得斯十五、六歲來推算，若泰鄂提得斯369B.C.死，還不到五十歲。（Cornford 15）如果是按Nails的說法（見前註），則泰鄂提得斯391B.C.就死了，年僅二十四歲。數學家常常很年輕就有所成就，Nails認為這並不會太年輕。傳統上也會以泰鄂提得斯死的年份來推斷《泰鄂提得斯》成書時間。但對話錄的成書時間可以不必緊綁著泰鄂提得斯的死，柏拉圖在此之後任何時間都有可能撰寫或修改對話。Mary Louise Gill即是採取Nails的年份推斷，佐證她對於柏拉圖如何修改、刻意安排對話錄順序的新解釋。（Gill 2012 103）

5　399B.C.，蘇格拉底被控「敗壞青年」、「引進新的神靈」，經法庭審判處死（見柏拉圖《自辯》及導讀「壹」）；死刑因宗教因素延了一陣子，最後蘇格拉底飲下劇毒完成死刑（見《斐多》）。

仔細講講嗎？

143　　**尤：**不，以宙斯之名，我沒法這樣子信口說出來；但｜我寫下來了，當我回到家就立刻寫了備忘筆記，之後空閒時記起的也寫，而且每次我到雅典，就問蘇格拉底一些我記不得的部分，回來這裡加以修正；因此，我幾乎整場談話都寫下了。

　　　泰：我以前就已經聽你提過了，說實在我一直想要你展示給我看，卻已經浪費了不少時間在這兒。還有什麼攔著我們現在不唸？我徹徹底底需要休息一下，因為我才從鄉下過來。

b　　**尤：**而我自己也才送泰鄂提得斯到厄里嫩（Ἐρινοῦ），[6]｜所以我不會不樂意休息一下的。那，走吧！我們一起歇歇腳，小僕人會朗讀給我們聽。

　　　泰：你說得對。

　　　尤：就是這筆記，泰波希翁，在這兒；我寫下這些話的方式是這樣的：不是蘇格拉底告訴我他說了什麼，而是他〔直接〕和那些他說跟他對話的人說話。他和幾何學家泰歐

c　多洛斯說話、和泰鄂提得斯說話。所以，為了｜在書寫中不要讓那些夾雜在話語之間的敘述干擾實際的事情，關於他自己這方，每次蘇格拉底說話，就寫「我說」或「我講」一類的，或者關於回答那方，就寫「他同意」或「他不同意」，由於這些緣故，我按他跟那些人談話的樣子來

6　馬格拉城附近的村落，位於馬格拉區（Megarid）和阿提卡區（Attica）的交界。（Benardete 1984 I.184）

寫，我刪掉這些那些的東西。[7]

泰：沒什麼不妥，尤克里迪斯。

尤：那，孩子，拿著這筆記，唸吧！

蘇格拉底　　泰歐多洛斯　　泰鄂提得斯
ΣΩΚΡΑΤΗΣ　ΘΕΟΔΩΡΟΣ　ΘΕΑΙΤΗΤΟΣ

d　**蘇：**如果對於庫芮內[8]的種種我更在乎，啊，泰歐多洛斯，那裡的事啊、關於那些人啊，我應該會問你，那邊是不是有些年輕人對於幾何或其他的哲學滿用心的；但現在我對那些人沒有像對這邊這樣喜愛，我比較想要知道我們有哪些年輕人可望變得不錯。這些事我自己盡可能地檢驗，也問其他人，要是我看到這些人是年輕人們想要追隨的。追

e　隨你的人可真不少，｜他們做得很對；因為你在各方面、尤其是幾何，值得他們跟隨。如果你真遇見誰值得一提的，我很樂意知道。

泰歐：真的，蘇格拉底，有個真的很值得我一說、值得你一聽的、也是你城邦同胞的年輕男孩，我已經遇到了！要是他長得好看，我本來還真不敢說，以免顯得好像我對他

7　這可以和《巴曼尼得斯》的寫法作一區別。《巴曼尼得斯》採取的敘述方式會在對話者的說話內容之外，加上其他敘述：例如「安提豐（Antiphon）說畢佗多洛斯（Pythodorus）說芝諾（Zeno）……」（127a），或「蘇格拉底讀過以後說『芝諾……』」（127e），而《泰鄂提得斯》這裡則只寫出對話內容。

8　泰歐多洛斯是從庫芮內來到雅典的幾何學家，文中的「那邊」指庫芮內，而「這邊」指雅典。

有慾望；[9]但現在——別對我生氣——他不漂亮，像你一樣

144 有個扁平鼻、眼睛鼓到外面來；不過沒你那麼嚴重。｜我
就直說了。因為，你要知道，在那些我遇到的人當中——
我往來過的人真的很多——沒有一個我見到是這樣令人訝
異天資這麼好。因為他很能學，這些學習對別人是很難
的，他又格外乖巧，除此之外，也比別人勇敢，我從沒想
到過會有這樣的人、也從未見過這樣的人；那些機敏的、
像他一樣聰明、記憶力好的人，在許多事情上憑著衝動非
常急躁，橫衝直撞就像是沒有穩住的船，那是亢奮而非勇

b 敢的｜天性，至於那些比較穩重的人，面對學習比較鈍，
而且很健忘。但是，這一位這麼順、沒什麼障礙、有效進
行學習與探索，又非常乖巧柔和，就像是橄欖油靜謐地流
過，令人訝異在這樣的年紀竟然達到這種程度。

蘇：你可帶來了好消息！但這到底是哪一位公民的孩子？

c **泰歐**：我聽過名字，但記不得了。不過，｜那邊向我們走
過來的那些人，他就在裡面。剛剛在外面的運動場，他的
夥伴們在身上抹油、他自己也抹，[10]現在，我看他們抹完
了，往這邊來。你看你認不認識他。

蘇：我認識！他是蘇尼翁的尤孚容尼斯的孩子（ὁ τοῦ
Σουνιέως Εὐφρονίου），那個人啊，老兄，就像是你描述的
那種人，他在其他方面名聲也很好，而且還留下了一大筆

9　因為當時雅典社會男性公民之間，有年長男性追求小男生的風氣。

10　當時希臘人有裸身運動並在身上抹油的習慣，這習慣可能來自斯巴達。（見
修昔底德斯《伯羅奔尼撒戰爭史》（Thucydides, *The Peloponnesian War*）I.
6.5）當時雅典成年男性常在運動場附近看年輕人，柏拉圖《卡密迪斯》、
《利西斯》（Λύσις, *Lysis*）開頭也有類似場景。

財產。但我不知道這年輕人的名字。

d 　泰歐：「泰鄂提得斯」是他的名字，蘇格拉底；至於那些財產嘛，我想某些監護人已經敗掉了；不過，對於金錢方面的灑脫，他也一樣令人驚訝呢，蘇格拉底。

蘇：很高貴，你說這人。你去要他過來我旁邊坐。

泰歐：就這麼辦。泰鄂提得斯！這裡，到蘇格拉底旁邊。

蘇：對對對，泰鄂提得斯，讓我好好看看我自己有怎樣的

e 一張臉。因為｜泰歐多洛斯說我和你有同樣的臉。可是，如果我們兩個一人拿著一把七弦琴，他說兩把琴音調相同，我們是不是要馬上信了他，或是要來檢驗看看他是不是以音樂家的身分在說話？

泰鄂：我們應該檢驗。

蘇：那麼，如果我們發現他真是音樂家，就該相信他，但如果他不懂音樂，我們就別相信他？

泰鄂：對。

145 　蘇：現在，我想，關於我們的｜臉很像，應該要檢驗的是，他是以畫家的身分在說話，或者不是。

泰鄂：我也認為。

蘇：泰歐多洛斯是個畫家嗎？

泰鄂：不是，就我所知。

蘇：他不是個幾何學家嗎？

泰鄂：完全正確，蘇格拉底。

蘇：也是個天文學家、算數家、音樂家，所有教養他都有？

泰鄂：我想是。

蘇：可是如果是關於我們身體上某種相似的性質，甭管是褒是貶，這人根本不值得在意。

泰鄂：或許不值得。

b **蘇**：那，如果他讚美的是我們其中一個的心靈，針對的是德性和智慧，[11] 又怎麼樣呢？聽到讚美的人，不是應該會急著去檢驗那個被讚美的人？而被讚美的人自己不也應該會急著向那個人展現自己？

泰鄂：很有道理，蘇格拉底。

蘇：現在正是時候，親愛的泰鄂提得斯，你該展現一下，而我也該檢驗一下；因為你要知道，泰歐多洛斯雖然跟我讚美過許多人，有外邦人也有城裡的公民，卻沒有人獲得過像他剛剛對你的讚美。

泰鄂：好是好，蘇格拉底；不過你要看他是不是說著玩的。

c **蘇**：這可不是泰歐多洛斯的調調；別妄想他是說著玩就可以收回你同意過的話，免得他必須出來作證——根本沒有人會告他做偽證——鼓起勇氣守住你同意過的話。[12]

泰鄂：那就一定得這麼做了，如果你這麼認為。

蘇：告訴我：你跟泰歐多洛斯學了些幾何？

---

11 這裡「德性與智慧」（ἀρετήν τε καὶ σοφίαν）是在回應先前對泰鄂提德斯學習上的讚美。（144a-b）ἀρετή（德性）在古希臘並不一定具有道德意涵（例如「智慧」是一種德性）。晚近英語世界傾向將這個詞譯為道德中性的 excellence，這裡為便於銜接舊有討論仍譯為「德性」；國內也有一些學者考慮到亞里斯多德對行為實踐的強調，譯為「德行」。σοφία（智慧）一詞在柏拉圖文本中常與「知識」交換使用，見 145e。

12 法庭經驗是當時雅典文化裡重要的一環，柏拉圖常以法庭經驗來輔助說明（另見 172c-177c）。這裡這句話可能表示泰鄂提得斯不需擔心自己防守時會不如期望，害泰歐多洛斯被人說是作偽證；（Cornford 20 n.1）或表示沒人質疑泰歐多洛斯的評論、要他出來作證，以此逼泰鄂提得斯接受檢驗。

泰鄂：我是。

d　蘇：還有天文、音樂和算術？[13]

泰鄂：我是很努力在學。

蘇：我呢，孩子，也跟泰歐多洛斯、跟其他人學，這些人我認為在這些方面還滿懂的。雖然在其他方面我對這些事還算可以，但有件小事我不明白，這件事應該要和你、和你們一起探究。告訴我，學習不就是在所學的事情上變得更有智慧嗎？

泰鄂：怎麼不是？

蘇：憑著智慧，我以為，讓有智慧的人有智慧。

泰鄂：對。

e　蘇：這個，和「知識」（ἐπιστήμης）有什麼不同？

泰鄂：哪個？

蘇：智慧。或者，知道某些事不就是對這些事有智慧嗎？

泰鄂：怎不？

蘇：那，知識和智慧是同一個東西？

泰鄂：對。

蘇：這就是我不明白的東西了，我沒有能力靠我自己去充
146　分了解「知識」究竟是什麼。｜嗯，我們能聊聊這個嗎？你們說是什麼？我們之中誰先說？那出錯的人，要是他一

---

13 泰鄂提得斯所學的科目和《理想國》進入辯證法前的學習科目相符。「音樂」（ἁρμονία，或譯「和諧學」）是研究音調和諧的學問，與數學有緊密的關聯（例如琴弦長短的數字比例影響音調是否和諧）；也與天文學有關（例如畢氏學派認為天體運動可以用數字計算，而且合乎和諧音所需要的數字比例）。《理想國》將音樂列在數學、幾何、天文學的學習之後，辯證法的學習之前。（*Republic* 530d-1c）

　　　直出錯，就坐下，像小孩子們玩球時說的，是頭驢；要是
　　　他很厲害、都沒出錯，就做我們的國王，隨他高興下命令
　　　要求回答。怎麼安靜下來了？不會是……泰歐多洛斯，我
　　　對討論的熱愛太無禮了，我太急著想要讓我們討論、做朋
　　　友、好好彼此交談？

b　**泰歐**：不會啦，蘇格拉底，這樣子不會無禮，就叫個年輕
　　　人回答你吧！我啊，不大習慣這類討論，也不適合我了
　　　啦，我都這把年紀了。但對他們，這倒滿適合，可以讓他
　　　們大有進步；因為，說真的，年輕就是能有進步。就像你
　　　原先那樣，別放過泰鄂提得斯，問吧！

c　**蘇**：你聽到了泰歐多洛斯說的話，泰鄂提得斯，｜對這個
　　　人，我認為，你不會想要違背，而且在這類事情上，對一
　　　個有智慧的人的指示，年輕人要是違逆了，也不合規矩。
　　　好好地、大方地說吧！你認為什麼是知識？

　　　泰鄂：那我只得說了，蘇格拉底，既然你們要我說。無論
　　　如何，要是我哪裡錯了，請你們糾正。

　　　蘇：當然，只要我們做得到。

　　　泰鄂：那，我認為一個人從泰歐多洛斯那裡學來的東西就

d　是知識，幾何學和那些剛剛你所｜講的，還有鞋匠的技術
　　　和其他工匠的技藝（τέχναι），這全部和其中每一項，不是
　　　別的，就是知識。[14]

　　　蘇：你既大方又慷慨，朋友，我跟你要一個，你就給了我
　　　好多花花綠綠的東西，而不是簡簡單單的。

---

[14] 早期對話錄常以「技藝」（τέχνη）來檢驗知識（見哲學討論143a-146b段）。
　　這裡則釐清各項技藝只是知識的分支，不能當作知識的定義。

泰鄂：這是什麼意思，蘇格拉底？

蘇：或許沒什麼；不過，我會指出我所想的事。當你說到鞋匠的技藝，不會指別的吧？不就是指製作鞋子的知識嗎？

泰鄂：沒別的了。

e 蘇：那，木工怎麼樣？還指別的事？不就是製作木頭家具器皿的知識？

泰鄂：沒別的了。

蘇：那麼，這兩者，其中任何一個是哪個領域的知識，你就定義這領域為知識？

泰鄂：對。

蘇：但原先問的是，泰鄂提得斯，並不是問有哪些領域的[15]知識，也不是問有多少這樣的知識；因為我們不是想去算它們才問的，而是要知道「知識」本身究竟是什麼。我說的有道理嗎？

泰鄂：非常正確。

147 蘇：那，仔細檢查這一點：如果有人問我們某個很一般、很平常的東西，例如「黏土」究竟是什麼，要是我們回答這個人「陶匠的黏土、爐匠的黏土、還有製作磚塊的工匠的黏土」，不是很好笑嗎？

---

15 原文使用屬格：τίνων ἡ ἐπιστήμη，直譯為「什麼的知識」。屬格可以表示「所屬領域」，也可以表示知識的對象；但依據上下文脈，這裡是指「所屬領域」，即「屬於哪種［技藝］領域的知識」，而不是知識的對象。在 Sedley 討論「無名注釋者」（簡稱 Anon.）關於知識對象問題的解釋時，便以這段話說明《泰鄂提得斯》要談的不是知識的對象。（D. Sedley, "Three Platonist Interpretations of the *Theaetetus*," C. Gill & M. McCabe eds., *Form and Argument in Late Plato*, Oxford: Oxford University Press, 1996: 94）

泰鄂：或許是。

蘇：首先我們以為問問題的人從我們的答案就了解每當我

b 們說「黏土」是什麼意思，｜不管是加上「作泥娃娃的工
匠的」黏土、或是其他隨便哪一種工匠的。或者，你認為
誰會了解某個東西的名稱、卻不知道那是什麼？

泰鄂：不可能。

蘇：也不會有人了解鞋子的知識卻不知道知識。

泰鄂：不會。

蘇：他不會了解鞋匠的技藝，如果他對知識無知；也不會
了解其他技藝。

泰鄂：就是這樣。

蘇：好好笑的答案喔，問題是「知識是什麼」，卻回答成

c 某個技藝的名稱。回答是哪個［技藝］的｜知識又不是人
家要問的。

泰鄂：好像吧！

蘇：再來，我們明明可以回答得既平常又簡短，卻要繞著
一條無止盡的路。就好像在黏土的問題上，可以很平常、
很簡單地說「土混雜著溼氣」就是「黏土」，不用管是屬
於什麼的黏土。

泰鄂：這容易，蘇格拉底，這會兒事情看來簡單了；嗯，

d 你可能是在問類似那些我們剛剛｜討論過的事情，我們是
指我、還有和你同名的這一位蘇格拉底。[16]

蘇：怎樣的事情，泰鄂提得斯？

---

16 即《政治家》（Πολιτικός, *Statesman*）中和訪客進行主要對話的「少年蘇格拉
底」。

泰鄂：關於「平方根」（δυνάμεων），這位泰歐多洛斯為我們畫圖，有三平方呎的圖、五平方呎的圖，〔這些圖的邊〕長度上[17]不再能恰恰量出完整的一呎，他還這樣子一個一個挑出來畫，畫到十七平方呎；在這個圖上停下來。我們於是了解這類東西，既然在數量上這些平方根似乎有無限

e　　多，我們試著歸結出｜一點，用它來講述所有這些平方根。

蘇：那，你們找到這樣的東西了？

泰鄂：我想我們找到了；請你檢驗。

蘇：說吧！

泰鄂：數，分為兩大類：一種是相同的數相乘變成的，用正方形作為模型，我們稱為正方形而且等邊。

蘇：很好。

148　泰鄂：然後，在這之間的數字，其中包括三、｜五，和所有無法用相同的數相乘得出的，只能用較大的數乘以較小的數、或用較小的數乘以較大的數得出，總是由比較大和

---

17 接下來這段是說：因為正方形的面積即邊長的平方，因此那些面積可以開出整數平方根的方形（如面積4，邊長2），邊長可以直接用一個整數單位的長度表示；而無法開出整數平方根的方形（如正文提到面積3, 5, 17等），則

（一）用正方形想，邊長為 $\sqrt{3}$、$\sqrt{5}$、$\sqrt{17}$，無法用完整的單位度量；

（二）形成長方形，長與寬的長度不同，邊長無法只用一個長度表示；

總之，這些例子無法直接用長度表示，必須用平方根表示。

這段文字可以展現出泰鄂提得斯在「無理數」概念發展過程中可能的貢獻。（Cf. Brunschwig & Lloyd 2003 242, 248）不過，嚴格來說，這還不是無理「數」的概念，而是無法用完整單位度量的「長度」；文脈上泰鄂提得斯也只是在指出既有概念的定義，而非發現一個數學概念。（Burnyeat 266 n.3; Bostock 35 n.35, 36）

比較小的邊長圍起來，以長方形作為模型，我們稱為被拉
長的數。

蘇：漂亮。然後呢？

泰鄂：那些線、形成等邊四方形和平方數的，我們界定為
b 「長度」；至於｜這些被拉長的，是「平方根」，因為用長
度不能測量它們，而要用以它們為「根」的平面測量。立
體圖形也有類似情況。

蘇：好優秀的人啊，孩子們！我就想泰歐多洛斯不可能會
作偽證。

泰鄂：說實在的，蘇格拉底，你問的有關知識的問題，我
沒有能力回答，像回答長度和平方根那樣。雖然我想你就
c 是在找這樣一個答案；所以看來｜泰歐多洛斯還是說了假
話。

蘇：什麼？如果他稱讚你會賽跑，說他遇過的年輕人裡沒
人這麼會跑，然後你跑輸一個體能達到全盛狀態、飛快的
人，你就會認為他讚美得不對嗎？

泰鄂：我不會。

蘇：那，知識呢？就像我剛才說的，你會認為探索知識是
件小事、而不是最頂極的事？

泰鄂：宙斯啊，我認為這是最最頂極的事了。

d 蘇：那就鼓起勇氣、相信你自己和泰歐多洛斯｜說的話，
努力用各種方法，尤其是在知識的問題上，掌握合理的說
明（λαβεῖν λόγον），它究竟是什麼？

泰鄂：為了努力，蘇格拉底，似乎就這麼了。

蘇：來——很不錯啊，你剛才開的路——試著模仿那個關
於平方根的回答，把這許多東西用一個形式囊括起來，就

這樣把許多知識用一句話說出來。

e　**泰鄂**：但請你明白，蘇格拉底，有很多次我試著提出這點來檢驗，我聽過人家回答你的問題。但因為我自己沒辦法讓自己相信我能充分說明，也沒聽過其他人說到你要求的程度；我又真的沒辦法不去想這事。

蘇：是陣痛！親愛的泰鄂提得斯，因為你不是空空洞洞的、而是懷了孕。

泰鄂：我不懂，蘇格拉底；我是把我經驗到的說出來。

149　**蘇**：那麼，好笑的傢伙，你沒聽說過我是個很高貴、強壯的助產士菲娜瑞提[18]的兒子？

泰鄂：已經聽說了。

蘇：還有，我也從事同樣的技藝，這你聽說過嗎？

泰鄂：倒沒有。

蘇：那你得知道清楚來；但你可不能向別人告發我。因為，小夥伴，大家都沒注意到我擁有這項技藝；因為大家不知道，大家也不拿這事來說我，卻說我很奇怪、弄得人們很困惑。這個你也聽說過嗎？

b　**泰鄂**：我聽過。

蘇：那我告訴你原因囉？

泰鄂：務必如此。

---

18 菲娜瑞提（Φαιναρέτη, Phaenarete），蘇格拉底的母親，至於助產士的身分則主要只依賴這裡的描述。（Cf. Nails 2002 235）《亞琪比亞得斯》（Ἀλκιβιάδης, Alcibiades，作者可能不是柏拉圖）提到蘇格拉底是菲娜瑞提的兒子。（131e）Diogenes Laertius 則說蘇格拉底是助產士菲娜瑞提的兒子，但根據的正是《泰鄂提得斯》。（Diogenes Laertius, II: 5.18）有學者留意到這名字的含意：彰顯（Φαιν–）德性（ἀρετή）的人。（Burnyeat 268 n.4; Chappell 43 n.29）

蘇：好好想一想整個助產術施行的情形，你會比較容易了解我想說的話。你知道，沒有人她自己還在懷孕生小孩就去幫別人助產，而是那些已經不能生的才去助產。

泰鄂：完全正確。

蘇：這個原因據說是阿特彌蘇[19]，因為她沒有小孩，生小孩
c 的事卻由她執掌。一方面，不孕的人｜她又不讓助產，因為人類的天賦比較差，不能掌握沒經驗過的技藝；另一方面，她派工作給那些因為年齡而不能生的人、表揚她們和她自己相似。

泰鄂：很合理。

蘇：接下來這點也很合理、而且一定是這樣：誰懷孕和誰沒懷孕，助產士比別人更知道？

泰鄂：當然。

d 蘇：還有，實際上助產士還能夠開藥、｜唸咒來催引陣痛，也能讓痛苦緩和，如果她們想，而且她們也能使痛苦的難產順利生出，如果［胎兒］還小時想要拿掉，就拿掉？[20]

泰鄂：就是這樣。

蘇：那麼，她們還有一件事你察覺到了嗎？她們也是最機

---

19 阿特彌蘇（Ἄρτεμις, Artemis）希臘三位處女神之一（另兩位是雅典娜和灶神赫斯娣亞（Hestia））。阿特彌蘇是森林、獵戶、小動物的女神，也掌管分娩；在羅馬神話則轉化為月神黛安娜。

20 「還小時」（νέον ὄν），在Burnet的版本與Duke等人的新校勘版本中都標示原文可能有誤，無法斷定。大部分閱讀認為這裡是在講墮胎。因使用中性單數，推斷主詞為胎兒。後文的「想」（δόξῃ＋動詞不定式）有「認為……比較好」的意思。也就是說，在某些情況下墮胎會被認為比較好而被接受。希波克拉底（Hippocrates）的醫生誓言中提到不幫人墮胎，顯示這是必須特別宣誓才不做的行為，也顯示古希臘醫生和助產士醫療群在墮胎問題上看法不同。

靈的媒人，非常有智慧、知道哪種結合一定要搭配哪種男人，好生出最棒的小孩？

泰鄂：這我不大知道。

蘇：那現在就知道了：在這事上頭，她們可比剪臍帶的事

e 更自豪。｜用心想，你認為這是相同或不同的技藝：耕作並採集土裡長出的果實，和知道在哪種土應該種下哪種植物、播什麼種？

泰鄂：噢，是同一種。

蘇：在女人身上，朋友，你卻認為前面這類事情是一種，而採集成果是另一種？

泰：不大可能。

150 **蘇**：的確不是。而不恰當又沒技巧的撮合男人跟女人，這種事名為「淫媒」；助產士們避免作媒，因為她們是聖潔的，她們害怕為了這種事而墮入了淫媒的罪名；既然那些真正的助產士是唯一適合並能正確作媒的人。

泰鄂：看來是。

蘇：因此，助產士的工作是這麼重要，但卻還沒有我的工

b 作重要。因為女人不會有時｜生出幻影、有時生出真正的孩子，這點可不容易分辨。如果是這樣子，助產士最了不起、最高貴的工作就是去判斷真與不真。你不認為嗎？

泰鄂：我同意。

蘇：我的助產技藝大致上涵蓋的和助產術都一樣，但不同的是：我是對男人而不是女人，施行助產術，而且是對他們心靈上的生產去檢驗他們，而不是對身體。我的技藝中

c 最了不起的一點是：｜我能夠以各種方法去測試究竟這年輕人的思想生出的是幻影及假象、或是有生產力的真正的

孩子。再來這點是我也有、助產士們也有的：我生不出智
慧，就是這點已經有許多人指責我了，因為我問其他人、
自己卻什麼也不答，任何事都不答，因為我沒有任何智
慧，人們罵得對。但這事的原因是這樣的：助產，是神[21]

d 一定要我做的，但神不讓我生育。因此，的確，我｜自己
根本不是個有智慧的人，我沒有任何這一類的發現作為我
心靈生出的孩子；那些和我往來的人，一開始有些人看起
來完全無知，但是所有和我繼續往來的人，只要是那些神
所應允的人，就會有不可思議的進步，他們自己和其他人
都這麼認為；這，很明顯，從我這裡他們什麼也不曾學
到，而是，他們從自己身上發現、並生下許多美好的事

e 物。然而，關於助產，神｜和我才是原因。證明是：許多
人原先不知道這點而〔把成果〕歸因於他們自己，卻譴責
我，不管是他們自己或被別人說動，他們在達到需要的時
間之前離開，離開後剩下的東西便因為和惡劣的人往來而
流產了，還讓我原先助產的東西營養不良而給毀掉了，把
假的幻影弄得比真實還重要，最後，他們自己和其他人都

151 認為他們無知。其中｜之一是亞里斯帖得，呂西馬可斯的
兒子（Ἀριστείδης ὁ Λυσιμάχου）[22]，和其他許多人；這些

---

21 這一段裡「神」的希臘文用陽性名詞，詞性和阿特蘗蒸（陰性）或接下來提
　　到的神靈（中性）不同，和《自辯》裡從阿波羅神跳到神靈的談法有點類似。
　　對於蘇格拉底助產術與《自辯》德耳菲神諭的連結，可參見 Zina Giannopoulou,
　　Plato's Theaetetus *as a Second* Apology（Oxford: Oxford University Press, 2013）：
　　51-54。不過，文本上這裡沒有指明特定的神。

22 亞里斯帖得跟隨蘇格拉底的情形，唯一文獻見偽對話錄《泰隔斯》（Θεάγης,
　　Theages）。（Nails 2002 49-50）這對父子在《拉凱斯》（Λάχης, *Laches*）都有

人，當他們又回來要求和我往來、弄得驚天動地的，對於其中一些，神靈顯靈阻止我和他們在一起，有些則可以，可以的這些人又會再進步。這些和我往來的人經驗到和要生孩子的人一模一樣的事；生產時，他們飽受苦痛沒日沒

b 夜，比那些生孩子的人還嚴重；這種痛苦，｜我的技藝能引發、也能抑制。這些人情形就是這樣。至於另外那些，泰鄂提得斯啊！那些我認為沒有懷孕的人，當我瞭解到他們不需要我，我一片好心去作媒，依神的旨意說，我充分預測到如果他們和某些人往來會有好處；其中許多人我送去給波狄卡斯[23]，另外許多人送去給其他有智慧的神奇人物。這些說給你，閣下，我說那麼久是因為：我懷疑，正如你自己也認為的，你是裡面懷孕在痛。那麼，就帶著孕

c 來｜我這兒，衝著我是助產士的兒子、我自己也會助產術，當我問話時，你努力盡你所能地回答吧！如果我檢查出你所說的有什麼我認為是假象、不真確，我就拿掉、丟掉，你可別生氣，像那些第一次要生孩子的人似的。因為，了不起的您啊，已經有很多人對我有這種看法，以為我只是亂螫，當我把他們的荒唐話拿掉，他們不覺得我是

d 好心這麼做，根本不知道：｜沒有神會厭恨人、我也不會懷著惡意做這種事，對我而言，假與真一起被毀掉真是沒半點天良。接下來，再回到最開始，泰鄂提得斯，究竟什

出現，那篇對話便是以呂西馬可斯對自己的孩子亞里斯帖得的教育問題展開，從這裡的段落看來他的教育並未成功。

23 波狄卡斯（Πρόδικος, Prodicus）來自巧斯島（Ceos），擅長分析詞語，是當時活躍於雅典的智者。

麼是知識？試著說說看；別說你沒法說。因為如果神願意並賜你勇氣，你就能說。

泰鄂：既然，蘇格拉底，你都這樣鼓勵了，要是有人不願

e　意用盡方法說出｜他所能說的就太丟臉了。那麼，我想，一個「知道某事物」的人察覺得到[24]這個他所知道的東西，照現在來看，知識不外乎就是感覺。

蘇：很好、真不錯，孩子！就是應該要這樣解釋說明。來，這話讓我們一起來檢驗，看是不是具有生殖力、或者只是一顆風卵。[25]「感覺」，你說是知識？

泰鄂：對。

152　**蘇**：好像不是個一般的說法喔，你｜對知識的說法，勃泰哥拉斯[26]也說過。不過他是以別的方式說過同樣的話。他說人是「萬物的尺度」、「那些『是……』[27]的東西的『是』[28]和那些『不是……』的東西的『不是』」的尺度。你

---

24 「察覺」（αἰσθάνεσθαι），動詞不定式，名詞 αἴσθησις（感覺／知覺），可以寬泛地指任何以感官接觸外在事物的動作（看、聽、聞、嚐、觸）或結果（如冷熱、快樂、痛苦或各種情緒反應）。（Cf. Cornford 30）

25 風卵（ἀνεμιαῖον）字源「風」（ἄνεμος），英文直譯為 wind-egg（如 Levett, Cornford, Fowler），意譯為 still-born, a false pregnancy（如 Waterfield, McDowell），這意思來自「希臘人認為無法孵化的禽卵是風授精的結果」。（Waterfield 30 n.2）

26 勃泰哥拉斯（Πρωταγόρας, Protagoras），來自希臘北方阿博得拉（Abdera），西元前5世紀後半活躍於雅典的智者，年紀比蘇格拉底大，也是柏拉圖對話錄《勃泰哥拉斯》裡的重要角色。

27 這裡的「是……」和「不是……」譯自 ὡς ἔστι 和 ὡς οὐκ ἔστι，使用「是」（εἰμί，類似英文 be 動詞）現在式第三人稱單數，用來說作為尺度的那個人對萬物的判斷。

28 原文 τῶν ὄντων 是「是」的分詞複數屬格，和前句中的「萬物」同格，文字

已經讀過了吧？

泰鄂：讀過很多次了。

蘇：他是不是這麼說：每一件事物對於我「顯得」[29]什麼樣子，對我而言就確實是那樣；對於你「顯得」什麼樣子，對你而言就確實是那樣；「人」指你和我？

泰鄂：他是這麼說。

b **蘇**：按理說，有智慧的人不會亂講；我們就跟隨著他吧！不是有的時候吹來同一陣風，我們中一個人覺得冷，另一個不覺得？一個覺得輕微，另一個卻覺得強烈？

泰鄂：很對。

蘇：那麼，是否就其本身而言，我們去說風冷或不冷？或者，我們相信勃泰哥拉斯，對覺得冷的人而言是冷的、對不覺得的人就不冷？

泰鄂：好像是。

蘇：那，這風就是對我們兩人分別顯現的那樣？

泰鄂：對。

蘇：但「顯得……」就是「覺得……」？

泰鄂：正是。

c **蘇**：那，「表象」[30]和「感覺」是同一回事，在覺得暖、還有

上容許可以譯為「存有物」（beings），但由於這個詞不只含有存在義，為保留原文的開放性，直譯為「是」；後半句的 τῶν μὴ ὄντων 譯為「不是」。

29 φαίνεται，有「只是表面上顯得如此、實際不然」的意思。到167a-c後，蘇格拉底有時也用帶有信念意味的「看起來」代換這個詞。文脈中蘇格拉底強調「表面」（表象）與「真實」的對比，以顯示勃泰哥拉斯混淆了這兩者。（譯文有時將「是」譯為「確實是」以呈現對比。）

30 φαντασία，事物表面上顯現的樣子，和前註「φαίνεται」是同源字。

所有這類事情都是。每一個人感覺到怎樣，那些東西對於那個人可能就「是」（εἶναι）那樣。

泰鄂：好像吧！

蘇：那，「感覺」永遠是針對著某個「確實是」的東西，而且不會假，既然它就是知識。

泰鄂：看來是。

蘇：美惠女神在上！勃泰哥拉斯是個很有智慧的人嗎？這事，他向我們這些大眾說得曖曖昧昧的，而對他的學生卻祕密地告訴他們真理？[31]

d　**泰鄂**：喔，蘇格拉底，你說這話是什麼意思？

蘇：我說的也是很不簡單的說法：單一（ἑν）、只憑自己（αὐτὸ καθ᾽ αὑτὸ），根本沒有東西是這樣！你不能正確地說它是什麼，也不能說它是什麼樣子，一旦你描述它大，它又顯得小，一旦描述它重，它又顯得輕，所有描述都這樣；既然沒有東西是「一個東西」，既不是任何東西，也不會是任何樣子。從運動、變動和彼此混合，形成所有那

e　些我們說「是……」的東西，我們描述得並不正確；｜因為不曾有任何東西「是……」，而是一直在「變」（γίγνεται）。[32] 關於這點，所有一系列有智慧的人，除了巴

---

31 Levett（rev. Burnyeat）和Chappell把這裡的「真理」譯為勃泰哥拉斯的《真理》這本書。（Burnyeat 272, Chappell 62）雖然含有雙關諷刺勃泰哥拉斯那本書的意味（cf. Cornford 36 n.1），不過直接閱讀上這裡的「真理」應該只是一般名詞。「祕密」的說法也暗示接下來要談的理論並非真正出自勃泰哥拉斯，而是柏拉圖捏造的。（J. McDowell & L. Brown, *Plato: Theaetetus*, Oxford: Oxford University Press, 2014: 117, 119）

32 γίγνεται有本來不是而「變成是」、生成、形成等等意思，和前一子句的

曼尼得斯[33]之外，全都贊同：勃泰哥拉斯、赫拉克力圖斯[34]、恩培多克勒斯[35]，還有詩人中頂尖的，分別兩種詩，喜劇方面的艾比卡模斯[36]，悲劇方面的荷馬[37]；荷馬說——

眾神的始祖奧克阿諾斯和始母特梯斯[38]

一切，他說，是流轉與變動所生；你不認為他說過這個

「是」（ἔστι）相對；在英語世界一般用 becoming，和 being 相對。

33 巴曼尼得斯（Παρμενίδης, Parmenides），伊利亞（Elea，在南義大利）代表哲學家，大約生於 515-510B.C.。（G. S. Kirk & J. E. Raven, *The Presocratic Philosophers*, Cambridge: Cambridge University Press, 1962: 263-4）強調不動的「一」，之後的對話（180e, 183e）會討論到。

34 赫拉克力圖斯（Ἡράκλειτος, Heracleitus），來自以弗所（Ephesus，小亞細亞愛奧尼亞一帶）的哲學家，大約活躍於西元前6世紀末到480B.C.之間。強調「流變」，著名的說法「不能踏進同一條河兩次」，Arius Didymus 和柏拉圖《克拉梯樓斯》（Κράτυλος, *Cratylus*）402a 都曾提到。（Ibid. 182-3; 196-7）

35 恩培多克勒斯（Ἐμπεδοκλῆς, Empedocles），來自阿夸嘎斯（Acragas，位於西西里島西南岸）的哲學家，大約活躍於西元前5世紀中葉，認為宇宙中地水火風四元素會因愛結合、因恨分離，形成無止盡的循環。（Ibid. 320-1; 320 fr. 411; 324-326）

36 艾比卡模斯（Ἐπίχαρμος, Epicharmos），活躍於西元前5世紀上半的喜劇家，劇中曾說一切流變。（Freeman 1962 35 fr. 2）

37 荷馬（Ὅμηρος, Homer），傳說中的詩人。希臘最重要的史詩《伊利亞特》、《奧德賽》，被歸在「荷馬」這個名字下。但實際上史詩的作者與來源並不單一。

38 《伊利亞特》十四卷201行；按羅念生、王煥生中譯，台北：貓頭鷹，2000。（專名有時略作修改，不另標示。）奧克阿諾斯（Ὠκεανός, Oceanus）是環繞著地的水流之神，即海洋（Ocean）；特梯斯（Τηθύς, Tethys）是他的妻子。柏拉圖可能是以「水流」的意象和流變說連結。

嗎？

153　**泰鄂**：我同意。

　　蘇：那麼，誰還能與如此大軍和將軍荷馬爭辯而不變得荒唐好笑呢？

　　泰鄂：不容易，蘇格拉底。

　　蘇：的確不容易，泰鄂提德斯。利於這說法的證據又很充分：「是」與「變」，似乎都由「動」（κίνησις）產生，而「不是」和「毀滅」則由「停滯」產生；溫暖與火生出其他事物並成為主宰，[39] 自己則來自運動和摩擦；這兩者都是「動」。這兩者不就是火的來源嗎？

b　**泰鄂**：正是它們。

　　蘇：而動物一族也從同樣這些東西生出。

　　泰鄂：怎不？

　　蘇：哦？那身體的狀況不是被停滯、怠惰所摧毀？藉由體育活動還有「動」，則能長久存活？

　　泰鄂：對。

　　蘇：心靈的狀況不是由於學習和用心，這些都是「動」，而獲取所學、加以保存，並變得更好？停滯，則是不用心、

c　│無知，什麼也學不了，學了也會忘？

　　泰鄂：很對。

　　蘇：「動」是好的，對心靈對身體都是，停滯則相反？

　　泰鄂：好像是。

　　蘇：我還要跟你說：沈寂、靜止，諸如此類，這些停滯造成腐壞、毀滅，而另一類事物則能活物？在這類事物的頂

39　赫拉克力圖斯一切由火產生的說法，見 Kirk & Raven 1962 199-202。

d 端我帶來了「金索」，荷馬｜說的不是別的，正是太陽！[40]
顯然，只要穹蒼的運行在動、太陽也在，萬物就在，神界
與人界的一切就能活，如果它停下來就像被綁住，所有事
物都要毀滅，話說一切都要上下翻了過來？

泰鄂：我想，蘇格拉底，事情顯然就像你說的一樣。

蘇：假設現在，閣下，這麼著：先從眼睛開始，那個我們
稱為「白色」[41]的東西，並非本身是另一個在你眼睛之外的

e 東西，也不在眼睛之內，也不｜在任何你給它指定的地
方；因為那樣它就已經就定位，不會在變化中形成。

泰鄂：什麼意思？

蘇：我們依照剛才的話，假設根本沒有只憑自己、單一的
東西；對我們而言，黑的、白的、隨便什麼顏色，是從眼
睛投射到對應的運動（φοράν）而顯現出所形成的顏色，

154 這就是｜各種我們稱為顏色的東西，既不是投射者、也不
是被投射者，而是介於其間、針對每一個人而成為個別的
［感覺］；[42]或者，你能肯定每種顏色對你顯得像什麼樣
子、對狗或其他動物也像那樣？

泰鄂：天啊，我不能。

---

40 《伊利亞特》第八卷19-27行，宙斯說：「你們把一根黃金的索子從天上吊下
去，你們全體天神和女神抓住索子……我會把你們連同大地、大海一起拖上
來，然後把索子繫在奧林波斯嶺上，把全部東西一起吊在天空中間。」

41 這裡柏拉圖原文用 χρῶμα λευκόν（顏色—白的），彷彿仍是一個具體的東西叫
「白的顏色」；到156d則用 τὴν λευκότητα（抽象名詞「白」），只講「白」這性
質。

42 「個別的」原文 ἴδιον；這裡也有「私有的」（特定屬於某個個人、非公眾性）
的意思：例如，風「對我而言」是冷的，這份感覺只屬於我個人，因為對你
或對其他人而言必須另當別論。

蘇：哦？那對另一個人類就相同、像對你顯現的那樣？你很確切掌握它，或者你更相信對你自己而言沒有相同的東西，因為對你自己而言，自己的情況也沒有任何一刻相同？

泰鄂：我比較贊同這邊。

b 蘇：那，如果我們所比較[43]或觸摸的東西就「是」大、白或暖的，就不會有哪個時候碰到其他人時變成其他東西，它自己又沒變；再來，如果進行比較或觸摸的這方才「是」大、白或暖的，那也不會在其他人接近或經驗到某個東西時，這方本身又沒被怎樣，卻變得不同。現在，朋友，多怪、多好笑的話，我們隨便就被迫說出來了，勃泰哥拉斯和所有試圖跟他說同樣的話的人，都得這麼說。

泰鄂：什麼意思？怎麼說？

c 蘇：舉個小例子，你就明白所有我想說的了。假設有六個骰子，如果你拿四個和它們比，我們說是比四多，是一倍半；如果拿十二來比，六比較少、只有一半，而且不容許有其他說法；你容許嗎？

泰鄂：我不容許。

蘇：哦？如果勃泰哥拉斯或者隨便誰來跟你說：「泰鄂提得斯，一個東西要是變大、變多了，不就是在增加嗎？」你怎麼答？

d 泰鄂：蘇格拉底，如果只看現在這｜問題，我會回答「不是」；但如果考慮到先前的問題，小心不說出相反的話，我回答「是」。

43　παραμετρούμεθα，比較、衡量，和「尺度」是同源字。

蘇：很好，敬赫拉！朋友啊，你真棒！那，照這麼看，要是你回答「是」，倒是和尤里彼得斯走在一起了：因為舌頭是我們反駁不了的，但心卻不是反駁不了的。[44]

泰鄂：確實。

蘇：要是我和你都很厲害、有智慧，所有關於心的[45]事都已探究過，剩下的，就是要｜大量地測試彼此，一起像智者似的進入這類論戰，把對方的論證用自己的論證給排擠出去；不過，現在我們是平凡人，首先想要的是去看看那些我們思考的「只憑自己」的東西究竟是什麼，看它們是否能彼此協調，或根本不能？

e

泰鄂：當然，這正是我想做的。

蘇：我也想。既然事情是這樣，就平靜下來，因為我們有很多時間呢！我們要再仔細檢驗，｜不鬧脾氣而真正去探索我們自己，究竟這些是不是我們內在的幻影？其中我們要檢查的，第一，我們說，我想，不曾有任何東西會變大、變小，不論尺寸或是數量上都不會，只要它等同於自己。不是這樣嗎？

155

泰鄂：是。

---

44 尤里彼得斯（Εὐριπίδης, Euripides），希臘三大悲劇家之一。他的《希波利特》（*Hippolytus*）第612行台詞：「舌頭宣誓，但心沒宣誓。」（譯自 D. Kovacs ed., *Euripides*, http://www.perseus.tufts.edu/cgi-bin/ptext?lookup=Eur.+Hipp.+601）用來表示心口不一。這裡，如果泰鄂提得斯回答「是」，也是心口不一，只是為了在論證上避免矛盾，口頭上不會被反駁罷了。

45 「關於心的」（φρενῶν）一般字義指「教人智慧的」，柏拉圖這裡的用字和上文尤里彼得斯提到的「心」（ἡ φρὴν）是同一個字源，似乎是在諷刺智者已經很厲害了、不必探究心，只在口頭上爭辯；但蘇格拉底他們不是智者，還是要真心討論。

蘇：第二，如果在它上面沒有加東西上去、也沒有拿東西出來，它就不曾增加，也不會減少，而永遠是等同的。

泰鄂：的確。

b　蘇：它也不會——第三，先前「不是」某個東西、後來卻「是」了，又沒有變過、或正在變化——這是不可能的？

泰鄂：我同意。

蘇：這些，我想，就是這三項共同的前提在我們心靈裡自己打了起來，當我們談到關於骰子的例子，或是當我們說：我在這年紀，不會長高也不會遭遇相反的情形，在一年中跟現在還小的你比「是」比較高的，之後卻又比較

c　矮；又沒有把｜我的高度拿走，只是你長高了。因為我之後「是」某個我先前「不是」的東西，又沒變過；因為沒有「變」就不可能變過，沒有減少尺寸就不曾變少。其他還有一萬個和無數個前提這樣打了起來，如果這些我們都接受。跟好！泰鄂提得斯！我想你對這類事情並不陌生。

泰鄂：是啊，諸神在上，蘇格拉底，我很驚訝這些究竟是什麼，有時我真是看得要頭暈了！

d　蘇：這裡這位泰歐多洛斯，朋友，看來他對你的天賦猜得不壞呀！因為最哲學家的就是這種經驗——驚訝；哲學的起源不外乎就是這個，那人說艾麗絲是陶瑪斯的孩子，這出生似乎說得不錯。[46]不過，你是不是已經了解：事情是這

---

[46]　赫西俄得《神譜》（Hesiod, *Theogony*）265-6行說陶瑪斯（Θαύμας）和伊麗克翠（Ἠλέκτρα）生下艾麗絲（Ἶρις）。「陶瑪斯」這名字的意思是「驚訝」；艾麗絲是彩虹女神，為連結天庭與人間的使者。這裡的文脈似乎是將艾麗絲視為哲學。學者對這點各有解釋，其中文本證據最直接的是：《克拉梯樓斯》中柏拉圖把「艾麗絲」一字和「說話」有關（408b）「說話」又和「對話／辯

樣的原因，來自於那些我們說勃泰哥拉斯所說的話，不了
解嗎？

泰鄂：不了解，我想。

蘇：你會謝謝我嗎？如果我幫你從一個人、甚至好多個有
e 名的人的想法中，把他們那隱匿的真理｜給找了出來？

泰鄂：怎麼不會？而且我要大大感謝你！

蘇：看一下、檢查周圍，沒有哪個不是此道中的人在偷聽
吧！就是那些人他們想不到會有別的東西、只想那些他們
能夠緊緊用手抓住的東西，運作與生成，一切的「不可
見」[47]，他們無法察覺到這些也是真實的一部分。

156 **泰鄂**：的確，蘇格拉底，你把這些人說得僵硬、｜死腦
筋。

蘇：是啊，孩子，這些人是很沒教養；而其他更加聰穎的
人，擁有我即將跟你說的這些奧祕。而起點，從這點剛才
我們所說的一切都依賴在上面，它們的起點是：一切是
「動」，除此之外沒別的東西。「動」有兩類，在數量上兩
者都是無限的，一類是主動的能力，另一類是被動的。從
b 這兩者的交合、彼此摩挲，生出的子嗣在數量上｜無限，
但都成雙成對：一邊是可感覺的事物[48]，另一邊則是感覺，
永遠伴隨著並跟著可感覺的事物而被生出。感覺對我們而

證」（哲學活動）有關（398d）。（Cornford 43 n.1; McDowell 137 n. on 155d4）
47 ἀόρατον；《理想國》線喻將認知區分為「可見」（ὁρατόν）與「可思」
（νοητόν）兩種（509d），「不可見」有指思想領域的意思。
48 τὸ αἰσθητόν，即，被感覺的對象。因希臘的想法是事物主動給予我們感覺、
使我們被動遭受到各種感覺（見下157a），因此譯文以「可感覺的」取代
「被感覺的」。

言有這些名稱：看、聽、嗅，還有被叫做冷、熱、愉快、痛苦、慾望、恐懼和其他的東西；有無數沒有名稱的感覺，也有許多感覺已經被命名了。可感覺的族類，都和它

c 們每一個的感覺｜出身相同：以視覺來說，每一種顏色和每一種視覺出身相同；聲音也這樣和聽覺出身相同，其他可感覺的事物也這樣和其他感覺一起被生。究竟這個故事想告訴我們的，泰鄂提得斯，和先前的話有什麼關係？你了解嗎？

泰鄂：不大了解，蘇格拉底。

蘇：看看我們怎樣收尾。這故事想要說的是：這一切如我們所說都在「動」，在「動」之中它們有的快、有的慢。就慢的來說，是在同一個位置上、相對於靠過來的東西而

d 有「動」，｜就這樣生殖；至於被生出的事物則〔有另一種「動」、是被推動的〕，[49] 就這樣，它們是比較快的。因為它們的「動」本來就是在運動中移動。當眼睛和其他可以用眼睛去衡量的東西[50]靠近時，就生出「白」（τὴν λευκότητα）和跟「白」一起生的感覺，它們不會在其中任何一個[51]朝

e 向別的東西去的時候被生下來，而是介於｜視覺（在眼睛這邊）和「白」（在一起生出顏色的東西那邊）之間運動；一方面眼睛變得充滿視覺，就在那看到的時候，而且

---

49 方括號內文字不確定，這裡以 Hicken 提供增補例示來翻譯；「就這樣」則是 Cornarius（16世紀古典文專家）增補的。（Duke etc. 1995: 300 n. on 156d1-2）

50 衡量，συμμέτρων，由 συμ-（共同）和 μέτρων（尺度）組成；前面從勃泰哥拉斯「人是萬物的尺度」來講感覺，這裡「可以用眼睛去衡量的東西」也就是指以眼睛去感覺的對象。

51 指眼睛和眼睛所看的對象。

不是變成一份視覺，而是一個正在看的眼；另一方面，一同生出顏色的另一方被「白」充滿，而且不是變成「白」，而是「白的」（λευκόν），不管是棒子、石頭或任何被這種顏色上色的東西。其他事情也是這樣，硬、暖、所有這些，都應該用同樣的方式了解，只憑自己的東西根本沒有，這話｜我們剛剛也說過，一切在彼此的交合中產生，各種事物都來自於「動」，而把其中主動這方（τὸ ποιοῦν）和被動那方（τὸ πάσχον）想成是單獨一個的東西，據說，是完全不可能。因為，沒有任何主動者會是在與被動者一同出現之前，也沒有任何被動者會是在主動者之前；和某個東西一起出現的主動者，在和另一個東西交會時可能顯現為被動者。所以從所有這些來看，正如一開始我們所說的，沒有單一、只憑自己的東西，而會永遠相對於某個東西｜在變；這個「是」，從各方面看都應該抽掉，雖然我們常常而且剛才也受習慣和無知所迫使用這個字。依照這些有智慧的人的理論，不該接受「某個東西」、「某人的」、「我的」、「這個」、「那個」或其他可以固定的名稱，而要根據自然本性去講「變成的」、「被弄成的」、「被毀掉的」和「被改變的」；因為如果有什麼讓某個人用語言固定下來，這樣做的人是很容易反駁的。應該這樣去說個別事物，以及許多集合的整體，那用來指「人類」、｜「石頭」、各種生物和種類的集合名詞。這些，泰鄂提得斯，你認為甜美嗎？口味還令人愉快嗎？

泰鄂：我不知道，蘇格拉底；因為我不能了解你是這樣想才說這些話，或在測試我。

蘇：你不記得了，朋友？我既不知道、也創造不出任何這

樣的東西，這都不是我自己的，我生不出這些，是你，我
d 在幫你助產，為了這緣故，我唸咒並｜提供各種有智慧的
人東西去品嚐，直到我把你的想法引到光線下；當我引出
來的時候，我會檢驗，弄清楚它是個風卵或真的能生。鼓
起勇氣好好振作，勇敢地回答你對我問題的看法！

泰鄂：那就問吧！

蘇：那麼，你再說一次，你是否滿意：沒有東西「是」，
只有永遠在「變成」善、美、和所有我們剛剛講的東西。

泰鄂：就我而言，當我聽你這樣講述，不可思議地似乎很
有道理，而且應該按你陳述的這樣子主張。

e **蘇：**既然這樣，我們別忽略其中任何疏漏。這說法漏掉了
睡夢以及某些疾病、尤其是瘋狂，所有據說會幻聽、幻視
或有其他幻覺的情況。因為你知道，在所有這些情況中，
158 一般認為可以駁斥我們剛才陳述的說法：因為｜我們在這
些情況下對所有東西都出現了假的感覺，遠不是「事情對
每個人顯得怎樣就『是』那樣」，而是恰恰相反、沒有任
何事物「是」它所呈現的那樣。

泰鄂：你說得很對，蘇格拉底。

蘇：還漏了什麼話，孩子，給那位把「感覺」設定「知
識」的人，還有「事物呈現給每個人的樣子，它對誰呈
現，對那個人就『是』那樣」？

泰鄂：蘇格拉底，我在猶豫是否要說「我沒能力說」，因
b 為剛剛我說時，你駁回了這話。既然，｜真的，我無法爭
論說發瘋或作夢的人不會形成虛假的信念——當那發瘋的
人以為自己是神，那作夢的人以為自己有翅膀，在想像中
以為自己在飛。

蘇：那，你沒想過嗎？關於這些事也有像這樣的爭論，尤其是關於夢和醒？

泰鄂：哪種爭論？

蘇：我想你常常會聽到人們問，誰有證據可以證明，如果有個人現在這樣問：就在此刻，我們是不是在睡覺，而一

c　切我們所想都是在｜作夢？還是，我們是清醒的，而且醒著彼此交談。

泰鄂：的確，蘇格拉底，這應該沒法用證據來證明；因為一切就像迴旋的歌舞[52]，同樣的東西也從反方向回來。現在我們所做的交談，毫無阻礙，看起來也像在睡夢中彼此交談；當作夢時我們以為在談論著夢，怪異的是，同樣的情形也發生在醒著的情況下。

d　蘇：你看，要爭論不難，｜什麼時候是醒著或在作夢是有爭議的，的確，我們睡覺和醒著有同樣多的時間，在任何一種狀態下，我們的心靈主張那些一直出現的看法比一切更真，所以，一半的時間我們說這些看法[53]「是」真的，而另一半時間則另外那些想法才是，對其中任何一方我們都一樣肯定。

泰鄂：完全同意。

蘇：所以，關於疾病與瘋狂，也是同樣的道理，除了時間上並不相等？

52　ἀντίστροφα（原型 -ή），希臘悲劇舞台上的一種歌舞表現方式。στροφή是歌舞隊從舞台右邊歌舞到左邊，ἀντιστροφή則是以相同舞步和音樂，從舞台左邊歌舞到右邊。這句話是說，如果提出任何證明是醒著的證據，也都可以反過來說成是證明在作夢的證據。

53　指醒著時的想法，後文「另外那些」則指作夢時的看法。

　　泰鄂：對。

　　蘇：所以呢？按時間的長短來界定「真」？

e　泰鄂：這簡直太荒謬了！

　　蘇：但你有什麼別的清楚的［證據］可以顯示這些信念（τῶν δοξασμάτων）中哪種為真？

　　泰鄂：我想沒有。

　　蘇：那就聽我說人們怎麼說這些信念的，那些人界定，對一個人而言那些一直看起來是怎樣的事物就是真的。他們說，我想，一面這樣問：「啊，泰鄂提得斯，一個不論如何都是另一個（ἕτερον）[54]的東西，難道就不會有和另一個東西相同的（τὴν αὐτὴν）能力？我們不能假設我們所問的東西一方面相同、一方面相異，而要假設它完全是另一個。」

159　泰鄂：不可能有任何相同的東西，不管是在能力或在其他任何事情上，只要它完全是另一個。

　　蘇：那，豈不一定要同意像這樣的東西是「不一樣的」（ἀνόμοιον）？

　　泰鄂：我想是。

　　蘇：倘若結果有個東西變得和它一樣（ὅμοιόν）或不一

54　在這段討論（158e-160d）中使用好幾個和同一性有關的詞，這些詞在其他地方會按中文語氣而有翻譯上的調整，但這裡為保留原文討論同一性的結構，都按以下方式翻譯：

ἕτερος 另一個的、別的、另外的、相異的；

αὐτός 同一個的、相同的；

ἄλλος 其他的；

ὅμοιος 一樣的；

ἀνόμοιος 不一樣的。

樣，要嘛和它自己比、要嘛和其他東西（ἄλλῳ）比，變一樣的我們會說變成同一個東西，變不一樣的則變成另一個東西？

泰鄂：一定的。

蘇：前面我們說過：有許多主動的事物而且有無限多，被動的也這樣？[55]

泰鄂：對。

蘇：而，一個東西跟其他東西在其他時候混合，[56]不會生出相同的東西、而會生出另外的東西？

b　**泰鄂**：當然。

蘇：我們會說：我、你、其他東西，都依據同一個道理；健康的蘇格拉底，還有生病的蘇格拉底，這位和那位一樣嗎？或者我們會說不一樣呢？

泰鄂：生病的蘇格拉底，你是說整個這一位去和整個那一位健康的蘇格拉底來比？

蘇：漂亮，你懂了！這就是我要說的。

泰鄂：不一樣吧！

蘇：也就是另一位囉？既然不一樣？

泰鄂：一定的。

c　**蘇**：還有睡覺的蘇格拉底，和所有我們剛剛講述的情況，你也會這樣說嗎？

55　見156a；主動的指可感覺事物，被動的指獲得感覺這方。感覺主被動的區分請見哲學討論155d-157d段。

56　指在不同時間下，感覺活動裡的「雙親」（可感覺事物和獲得感覺者）之中換掉任何一方。接下去的對話也都在套用156c-e感覺的生殖譬喻。

泰鄂：我會。

蘇：每一個東西，基於它自然的性質，主動作用在一個別的東西上，當逮到健康的蘇格拉底時，就跟其中一個我打交道；逮到生病的蘇格拉底時，就跟另一個我？

泰鄂：怎會不是呢？

蘇：在這兩者分別的情況下，我做為被動者，和那個主動者，我們生出相異的東西（ἕτερα）？

泰鄂：怎不？

蘇：當我喝酒時是在健康的時候，我覺得愉快、覺得甜？

泰鄂：對。

d 蘇：按我們先前所同意的，主動這方和被動那方生下「甜」和「感覺」，兩個一起運動。一方面那份感覺來自被動那方，界定舌頭為「獲得感覺者」（αἰσθανόμενον）；另一方面「甜」來自於酒、在酒周圍運動，使得酒對於健康的舌頭「是」而且也「顯得」甜。

泰鄂：當然，前面我們已經這樣同意過。

蘇：但如果逮到的是生病的我，首先，在真正的意義下，逮到的是另一個東西而不是同一個？因為靠近的是不一樣的人。

泰鄂：對。

e 蘇：這樣一位蘇格拉底和這一啜酒生下的，又是另外的東西了，在舌頭這邊是苦的「感覺」，在酒那邊形成並運動的則是「苦」，而且酒不是「苦」而是苦的，我也不是「感覺」而是獲得感覺的人？

泰鄂：沒錯。

蘇：我永遠不會以這樣的情況獲得感覺卻生出其他東西；

160　因為對其他東西的其他一份感覺，就會使其他種類的｜其他東西成為獲得感覺者；那主動作用在我身上的那東西，也永遠不會在跟其他事物來到一起，生出同一個東西、變成同樣這種情形；因為，從其他事物生出其他東西，會變成其他的情形。

泰鄂：的確如此。

蘇：我不會再變成和我自己同樣這個樣子，那方[57]也不會變成和它自己同樣那個樣子。

泰鄂：不會。

蘇：每當我變成是獲得感覺者時，我必定會變成是針對某
b　個東西；因為，獲得感覺者，沒有東西給它｜感覺，就不可能出現；當甜的、苦的或這類東西出現時，那方也是相對於某個東西才形成的；因為甜的，卻沒有相對於誰，就不可能變成甜的。

泰鄂：完全正確。

蘇：留給我們的，我想，要嘛我們「是」，就相對於彼此「是……」；要嘛我們「變成」，就相對於彼此「變成……」。既然，必然性把我們「是……」的屬性（οὐσίαν）綁在一起，[58]另一方面又沒和任何其他的東西、

---

57 指提供感覺刺激的「可感覺事物」。

58 οὐσίαν，來自「是」（εἰμί）陰性分詞οὖσα，指確實是屬於某個人事物自己的東西（*that which is one's own*, Liddell & Scott, *An Intermediate Greek-English Lexicon*, Oxford: Oxford Uuniversity Press, 1995: 579），可能被譯為「存有」、「本質」、「實體」等哲學性較高的詞語，日常語言中也可以指「財產」；這裡為了保留這個字和動詞「是……」的關聯，和確實是「屬於」某人事物的意思，以「『是……』的屬性」或「屬性」翻譯。

也沒和我們自身綁在一起。只剩下我們彼此綁在一起
了。[59]所以，要嘛稱呼某個東西「是……」，則應該說它
「是」對某個人的、屬於某個東西的，或相對於某事物
的；要嘛稱為「變成……」[也應如此]；我們不該說它
c　「只憑自己」，不管說它「是」或是「變｜成」，也不該接
受其他人說，這就是我們講述的這理論所要指出的。

泰鄂：完全正確，蘇格拉底。

蘇：所以，當那主動者作用在我身上，就是對我、而不是
對其他人；是我獲得屬於它的感覺，而不是其他人？

泰鄂：怎不是呢？

蘇：我這份感覺對我是真的——因為它永遠是屬於我而
「是……」的屬性——「我」，根據勃泰哥拉斯，是
「是……」的事物的判準，因為對我而言它們「是……」；
也是「不是……」的事物的判準，因為對我而言它們「不
是……」。

泰鄂：好像吧！

d　蘇：因此，如果都不會是假的、想法上也不會錯，關於那
些「是……」或「變成……」的東西，我怎麼會感覺得到
卻不知道呢？

泰鄂：沒道理不知道。

蘇：你說得很漂亮：知識不是別的而是感覺，這同一個說
法上已經疊了[好幾重理論]：一方面根據荷馬、赫拉克力

---

59 指任何感覺當下，感覺到的感受和性質完全是相對於彼此的，完全不能獨立
看待。例如，此時此刻，我感到這陣風很冷。任何其他剎那都不會再出現相
同的感受與性質，而且，冷的感受並不屬於我，冷的性質也不屬於風。

圖斯和所有這類人士，「一切都像水流一般在『動』」，另
一方面根據勃泰哥拉斯這最有智慧的人，「人是萬物的尺
e　度」，｜而根據泰鄂提得斯，則既然事情是這樣，感覺就
變成知識。是嗎，泰鄂提得斯？我們是不是要說這就像是
你新生的孩子，由我接生的？不然你怎麼說？

泰鄂：當然是這樣，蘇格拉底。

蘇：這孩子，似乎是我們好不容易才生下的，不論它究竟
是什麼。在誕生之後，是它的繞圈儀式，[60] 應該真正繞著論
證跑一圈，檢驗時，如果生下來的東西是不值得養的，我
161　們別漏看了，｜那是風卵、是假的。或者，你認為不論如
何你的孩子都該養、不能丟，還是，你會把持住看著它被
駁回，不會暴怒有人要拿掉你第一次生育的孩子？

泰歐：泰鄂提得斯會把持住的，蘇格拉底；他從不亂發脾
氣。但，諸神在上，你說，事情如何可能不是這樣的？

蘇：你就是愛討論、愛幫忙，泰歐多洛斯！你以為我是個
b　多話包、隨便就能扯出話，｜說事情不是這麼一回事；但
你不想想怎麼回事，[61] 沒有任何論點是從我這兒出來的，一
直都是來自於和我討論的那個人，我什麼也不知道，只除
了一點點，剛好足以從另一位有智慧的人身上拿出論點好
好接住。現在我也試圖從這位身上拿出這論點，而不是我

---

60 繞圈儀式是助產士抱著新生兒繞著爐灶（「家」的象徵）跑一圈，作為象徵
式的測試，繞圈後這孩子就被這個家所接受，可能有檢視是否被接受的意
味，繞圈後才為嬰兒命名。（Burnyeat 284 n.15; Cornford 59 n.1; McDowell
158; Waterfield 47 n.2）

61 「怎麼回事」原文 τò γιγνóμενον，在文脈上也可以指那生下來的孩子，即泰鄂
提得斯提出的定義。

自己說的。

泰歐：你說得很不賴，蘇格拉底；就這麼做吧！

蘇：你可知道，泰歐多洛斯，你的朋友勃泰哥拉斯有什麼讓我驚訝的？

c　**泰歐**：怎樣的事呢？

蘇：其他方面，對我而言，他說的很令人愉快：在每個人看起來怎樣，這東西對於那個人也就是那樣；但他論述的開頭讓我很驚訝，他在《真理》一開始時，並不說「萬物的尺度是豬」、「狗頭狒狒」或其他更奇怪但擁有感覺的東西，那樣他就是很威風又輕蔑地向我們說話指出：雖然我們對他宛如神祇的智慧感到驚訝，但他其實在思慮上一點

d　也不｜比蝌蚪好、也不比其他人好。不然怎麼說，泰歐多洛斯？如果每個人藉由感覺所認為的就是真的，就沒有人對其他人的經驗更能做判斷，也沒有人會更有能力去知道另一個人的信念是真是假，而是像剛剛說過好幾次的，自己的事只由每個人自己形成信念，這些全都是對的、真的。啊，夥伴，究竟為什麼勃泰哥拉斯是有智慧的？為什

e　麼他可以合理地做其他人的老師，｜值得大把費用，而我們卻無知、必須去向那個人學習，既然每個人就是他自己智慧的尺度？這些，我們難道不會說勃泰哥拉斯在譁眾取寵？[62]至於我，還有我助產的技藝，甭提我們引來多少嘲笑，我想整個對話辯證的演練也一樣。既然每個人的［想像和信念］都是真的，「檢驗並試著反駁彼此的想像與信

---

62 「譁眾取寵」原文 δημούμενον λέγειν，「對公眾說話」，有取悅大眾或誘導大眾的意味。

162 念」｜難道不是大而不知所云的空談？如果勃泰哥拉斯的
《真理》不是在開玩笑，而是出自這本書的聖龕在發言？

泰歐：噢，蘇格拉底，那人是我朋友，正如你剛剛說的。
所以我不會接受在我同意之下去反駁勃泰哥拉斯，也不會
違逆信念去反駁你。還是找泰鄂提得斯吧！畢竟剛才他顯
得好像回你話回得非常妥當。

b 蘇：如果你到斯巴達，泰歐多洛斯，到摔角學校去，當你
看到別人裸體，有些體格還很差，你自己卻不裸露體格脫
光光，這公平嗎？

泰歐：要是他們會准許我、被我說服，你覺得怎樣？就像
現在，我想說服你們讓我做觀眾，不要拉我下場，我這麼
乾瘦，還是跟年輕鮮嫩的去摔角吧！

c 蘇：如果是這樣，泰歐多洛斯，對你好，對我也不｜壞，
就像俗話說。那就應該再回到有智慧的泰鄂提得斯。說
吧！泰鄂提得斯，首先是我們剛剛所討論的，你不會訝異
嗎？如果忽然間你發現自己在智慧上不比任何人或神差？
或者，你認為勃泰哥拉斯的「尺度」不是在說神，也不是
在說人？

泰鄂：宙斯啊，我不認為！對於你所問的，我真的很訝
異！因為每當我們討論到他們說的那種情形，「在每個人
d 看起來怎樣，｜這東西對於那個人也就是那樣」，對我顯
得說得非常好；但現在，事情一下子就已經反轉過來了。

蘇：你還年輕，親愛的孩子，所以你會迅速聽取並相信大
眾演說家。針對這些事，勃泰哥拉斯或任何跟隨他的人會
e 說：「高貴的孩子和老人們！你們坐｜在一塊做大眾演
說，把諸神帶到你們中間，這些神在我的談話和書寫中不

管他們『是』或『不是』，我都加以排除；63 你們卻在說這些大眾願意聽的話：『好可怕，如果每個人類在智慧上和任何畜生毫無差別！』至於證明啦、必然性啦，你們什麼都沒說，只使用看似合理的可能性；64 如果泰歐多洛斯或其他幾何學家想用這種可能性來做幾何，還會有什麼價值啊！你和泰歐多洛斯檢查看看，你們是否接受了說服技巧

163　和看似合理的可能性（εἰκόσι），來談這些重大的｜討論議題。」65

泰鄂：但這不公平，蘇格拉底，不管你或我們都會這麼說。

蘇：看來應該用其他方式檢驗，照你和泰歐多洛斯的話來看。

泰鄂：當然要用其他方式。

蘇：讓我們這樣檢驗：知識和感覺是同一個東西，或是不同的？我們整個討論都綁在這點上，拜它之賜，我們攪動了這許多莫名其妙的事。不是嗎？

63　勃泰哥拉斯在《論神》（*On the Gods*）的開場文字表明：對於諸神「是」或「不是」什麼，或像什麼樣子，對他而言都是不可知的。（Freeman 1962 126；Waterfield 2000 211；D. W. Graham tr. ed., *The Texts of Early Greek Philosophy*, Cambridge: Cambridge University Press, 2010: 706-7）

64　「可能性」（τῷ εἰκότι）也含有「看似合理」的意思。這裡有「必然性」和「可能性」的對比，隱含「只憑藉可能性來作論證，極可能獲得錯的或假的結論」的意思。

65　牛津版原典，不論是 Burnet 本或 Duke 等人的新校勘本，都以這裡作為勃泰哥拉斯這段反問的結束點。但一些英譯者以前句「……還有什麼價值啊！」為結束點。（McDowell 33；Waterfield 50）由於這段勃泰哥拉斯的反問是蘇格拉底提出的，將最後一句視為勃泰哥拉斯的反問或視為蘇格拉底的提議，文脈上差異不大，因此中譯直接按牛津版以這裡為結束點。

泰鄂：一點也沒錯。

b 蘇：我們是否同意：藉由看和聽所感覺到的這一切我們同時也知道？像那些外邦人的語言，在還沒學以前，當他們說話時我們是不是會說我們「沒有聽到」？或者，我們聽到也知道他們說的話？再來，不認識字時，看到字，我們是不是「沒有看到」？或者，如果我們在看就主張我們知道？[66]

泰鄂：同一個東西，蘇格拉底，我們所看到、聽到的東西，我們會說我們知道；看到形狀和顏色，也就知道；聽

c 到｜高音和低音同時也明瞭；不過，至於文法學者和翻譯專家所教的東西，我們卻不能用看或聽的而感覺到[67]，也不知道。

蘇：你真棒！泰鄂提得斯！不值得在這些事上跟你爭，好讓你繼續前進。但你看一下，另外跑來的這論點，檢驗看看要怎樣攻破它。

泰鄂：怎樣的論點？

d 蘇：像這樣，如果有人問：「當一個人變得能夠知道某物，擁有對這事物的記憶並保持著，當他記得時，會不知道那個他所記得的東西嗎？」我好像說得很冗長，其實我是想問：一個人已經曉得並記得某物時，還會不知道嗎？

泰鄂：哪會，蘇格拉底？你講的還真是怪。

---

66 一位審查人對這段落有很清楚的釐清：「蘇格拉底在此是要提出，將『感覺』與『知識』等同起來所面臨的兩難情況：針對野蠻人的語言，我們是否會因為不知道這種語言就說我們『沒有聽到』呢？還是會因為有聽到，就認為自己『知道』這種語言呢？蘇格拉底顯然是要凸顯這兩種情況都是荒謬的。」（譯者謹此銘謝。）

67 希臘文的「感覺」有察覺了、曉得了的意思。見前151e。

蘇：我不是在亂講吧？檢驗看看！「看」，你說是不是「在感覺」，而「視覺」是不是「感覺」？

泰鄂：我說是。

e 蘇：一個人看見（ἰδών）某物就變得對那東西有知識，那個他看到的東西，根據剛才的說法？

泰鄂：對。

蘇：哦？你不是說還有某種記憶？

泰鄂：對。

蘇：沒針對任何東西的，或有針對某個東西？

泰鄂：有針對某個東西。

蘇：所以，針對某些東西我們曉得，也是針對某些東西我們感覺，諸如此類地針對某些東西？

泰鄂：怎不？

蘇：一個人看過的東西，有時他也記得？

泰鄂：記得。

蘇：閉上眼睛呢？這樣做的時候就會忘了嗎？

泰鄂：蘇格拉底，這樣說很奇怪！

164 蘇：但這是必須的，如果我們要挽救先前的話；否則就完了。

泰鄂：宙斯在上，我也懷疑是這樣，可是我還沒充分了解；請告訴我為什麼。

蘇：是這樣的：我們說，一個人看到時，也就變得知道他所看到的那個東西；因為視覺、感覺和知識，我們曾經同意過是同一回事。

泰鄂：對極了。

蘇：那看到、也變得知道剛才所看到的東西的那個人，當

他閉上眼時，仍會記得，雖然沒在看它。不是嗎？

泰鄂：是。

b　**蘇**：但「沒看到」就是「不知道」，既然「看到」就是「知道」。

泰鄂：真的。

蘇：結果，一個人原先曾經知道這東西，仍記得這東西，但他現在卻不知道它，既然他沒在看；我們剛剛說很怪是指如果變成是這樣。

泰鄂：你說得對極了。

蘇：看起來這結論根本是不可能的事，如果有人要說知識和感覺是同一回事。

泰鄂：好像是。

蘇：應該說它們分別是不同的東西。

泰鄂：可能是。

c　**蘇**：那，知識究竟是什麼？似乎應該再從頭說起。然而，我們接下來怎麼做，泰鄂提得斯？

泰鄂：關於哪件事？

蘇：我覺得我們像是差勁的公雞，在鬥勝之前我們就跳離了討論、咕咕叫。

泰鄂：怎麼說？

蘇：我們好像一副好辯樣，就字面上的一致取得同意，喜歡用這樣一類的論點在論證裡占上風，還說我們不是愛競

d　爭的人、｜而是愛智慧的人，[68]而沒注意到我們和那些狡詐的人做著同樣的事。

68　φιλόσοφοι，也譯為哲學家。

泰鄂：我不懂你說的。

蘇：我會試著說明白我所想的事。我們原先問過，一個人
是否會曉得也記得某個東西、卻不知道它；當我們指出看
過的人，閉上眼，雖然這會兒沒在看仍然是記得的，我們
就指出了他不知道（οὐκ εἰδότα）[69]同一時間卻還是記得
的。但這是不可能的。這樣一來，勃泰哥拉斯的故事就崩
毀了，你那知識和感覺是同一回事的故事也一起沒了。

e　泰鄂：看來是。

蘇：我想，朋友，如果其中一個故事的老爸還活著就不會
這樣，他會做許多防衛；但現在，它是個孤兒，我們就把
泥巴濺到它身上。因為那些勃泰哥拉斯留下的監護人，不
願幫它，其中之一就是這裡這位泰歐多洛斯。但我們自己
或許可以為了正義的緣故幫幫它。

165　泰歐：不是我，蘇格拉底，｜希波尼克斯的兒子卡利亞斯
（Καλλίας ὁ Ἱππονίκου）[70]才是那孩子的監護人之一；我們很
快就從這些純論述的討論（τῶν ψιλῶν λόγων）轉向幾何學
了。我們會謝謝你、如果你能幫幫它。

蘇：說得好啊，泰歐多洛斯！那麼請你看一看我幫的忙。
比剛剛那些更怪異的話也會有人同意，而沒注意那些詞
語，我們用這方式進行了大量的肯定和否決。我要跟你說
是怎麼回事嗎？或是跟泰鄂提得斯說？

b　泰歐：一起吧！但讓｜年輕人來回話；被擊敗時比較不丟

69　這裡柏拉圖很巧妙地使用分詞εἰδότα，這個字同時可以解釋為「知道」或
「看到」。

70　雅典的有錢人，花費鉅額金錢在招待智者上；（《自辯》20a）勃泰哥拉斯來
雅典時，就住在卡利亞斯家。（《勃泰哥拉斯》311a）

臉。

蘇：那我要說出最可怕的問題了，我想是這樣子的：「可能會有人，同一個人，知道某個東西，卻又不知道他所知道的這個東西嗎？」

泰歐：我們怎麼回答，泰鄂提得斯？

泰鄂：不可能，我想。

蘇：不對，假如你把「看」設為「知道」。你要拿這個逃不掉的問題怎麼辦？就像人們說的，你落入陷阱裡了，當

c 一個毫無忌憚的人問你，同時用手蓋住｜你其中一隻眼睛：你有沒有用那隻被蓋住的眼睛看到他的外套？

泰鄂：我想我會說不是用這隻眼，而是用另一隻眼。

蘇：那麼，你同時看到又沒看到同一個東西？

泰鄂：以這樣的方式。

蘇：「不」，他會說：「這不是我的原意，我不是在問方式，而是在問：是否你不知道這個你所知道的東西。現在你顯然正在看你沒在看的東西。你曾同意過，『看』正是『知道』，『沒在看』則『不知道』。從這些，請你判斷出結論。」

d **泰鄂**：但我判斷的和我剛剛假設的相反。

蘇：或許，了不起的人啊，你已經遭遇到更多這類的事，如果有誰進一步問你：是否「知道」既是清晰的、又是模糊的，而且只有近的知道、遠的不知道，對同一件事知道得深、又知道得淺，還有一萬個例子在等著，要是一個武裝好的人做論證上的傭兵來問你，當你設定知識和感覺是

e 同一回事，他就扯上「聽」、「嗅」和這類感覺，｜他爭辯著、捉住不放，直到你驚嘆他那備受尊榮的智慧，你被他綁縛，做他的囚犯，你已經被捆住了，這時他向你勒索

錢，你同意他多少就多少。你或許會說，勃泰哥拉斯還有什麼論證可以有助於他的這些話？有什麼我們可以試著說說看的？

泰鄂：當然有。

166 　**蘇：**這全部我們都要為他辯護｜說出來，而且我想當他來到相同位置時會輕視我們並說道：「這位蘇格拉底、能幹的傢伙，當他嚇唬小朋友問『是否可能同一個人對同一個東西同時記得卻又不知道』，小朋友在害怕，沒能先看穿就說了，他在這些討論中其實是在嘲笑我。不過，粗心的蘇格拉底，事情是這樣的：當你要用問問題的方式來檢驗

b 　我的學說，如果那個被問的人以我會回答的話來回答，｜而被攻破了，那我就被駁倒了；但如果是其他的話，被駁倒的是被問的人自己。比方說，你認為誰會同意你，一個人當下出現有關過去經驗的記憶，對這個不再經驗到的人而言，就是如同他當時經驗時那樣的一份感受？差得遠哩！或者，他會遲疑去同意：同一個人能知道又不知道同一個東西？或者，要是他也害怕這點，他難道會承認這個不一樣的他和變得不一樣以前的他，是同一個？還是說他

c 　是『這個人』而不是『這些人』；『這些人』可會變得｜無限多，如果他會變得不一樣，如果你打獵時有留意彼此字詞上的陷阱？啊，可愛的朋友，」他會說：「堂堂正正地攻擊我說的言論本身，如果你有能力，就直說：對於我們之中的每一個人，沒有私有的（ἴδιαι）感覺[71]產生。或者，

71　參見152b以下「覺得風冷」或「不冷」的說明，及154a出現的「個別的［感覺］」（即，私有感覺）。

感覺『變成』私有，就沒有什麼現象不是只對單獨一個人產生；或者，如果必須稱之為『是』，就只對它所呈現的對象『是』。你說『豬』和『狗臉狒狒』，不只把你自己說得像豬，你也說服聽眾這樣對待我的文章，做法真不正

d　派。我｜說，在我寫作時是握有真理的。我們每個人都是『是』與『不是』的尺度；然而，一個人和另外一個人在同樣這點上就有一萬個不同：對這個人『是』也『顯得』這樣，對另一個人卻又『是』也『顯得』其他樣子。關於智慧和有智慧的人，我不是說沒有；而是，我說有智慧的這個人，他，當情況對我們中的某一個『顯得』也真的『是』很糟，他改變情況，使情況『顯得』也真的『是』

e　好的。｜還有，請不要以字詞來追索我的理論，而要從下面的話更清楚去了解我在說什麼。例如前面所說過的話裡面，請你回憶一下：對於生病的人，吃下的東西『顯得』苦、也『是』苦的；對健康的人，則『是』也『顯得』正好相反。不必把其中任何一個弄成更有智慧——因為不可

167　能——｜不必因為那個生病的人這樣想就譴責他無知；或因為那健康的人那樣想就說他有智慧。我們應該往健康的情況做改變，是因為那樣的情況比較好。同樣在教育上也應該從原先的狀況朝向比較好的狀況去改變。醫生用藥來進行改變，智者[72]則用語言。從來沒有任何人使得任何一

72　σοφιστὴς，也譯為詭辯家，指約西元前4、5世紀雅典以人文知識（尤其是政治、道德議題的論證）為專業的思想家，通常以收取學費、無神論傾向、質疑傳統道德等等為特徵，一般視為是蘇格拉底與柏拉圖的論敵。勃泰哥拉斯即是當時有名的智者。但柏拉圖在這篇對話中，幾乎都以「有智慧的人」來稱勃泰哥拉斯等人，只有這裡（167a5、c8）使用了這個詞兩次。

個抱持假信念的人（ψευδῆ δοξάζοντά）73之後擁有真信念（ἀληθῆ … δοξάζειν）；因為對於『不是』的東西（τὰ μὴ ὄντα）不可能有信念，74也不會從所經驗的事物得到其他情

b　形，而是，這些永遠是真的。｜但我認為，對於一個在心靈惡劣狀態下的人，抱持的是同類型的〔惡劣〕信念，〔智者〕使他以心靈的良好狀態去獲得另外這種類型的〔良好〕信念；的確有人因為不熟悉情況而把這些現象稱為『真』，我說：這些是比另外那些好，但並沒有『比較真』。至於那些有智慧的人們，啊，蘇格拉底！我並不會說他們是青蛙，而是，以身體比喻我說他們是醫生，以植

c　物比喻我說是農人。我說這些人為植物替換掉惡劣的｜感覺，當植物枯萎時，帶來良好、健康、而且『真的』75感

---

73 原文有「把事情想錯了」的意思，分號前的句子是說：沒有人能在事情的真假對錯上去糾正別人。這裡為配合當代對知識討論而凸顯「信念」（belief）一詞，將動詞δοξάζω譯為「抱持／擁有信念」，如遇補語則譯為「抱持／擁有……的信念」。

74 這裡出現的「是」（ὄντα）至少可以作兩種理解：一、如果以「存在義」理解，這個子句是說：不可能對「沒有東西」作任何設想，因為這等於是沒在想任何東西。（試想當人問你在想什麼，而你回答「沒有」的情形。）這也是巴曼尼得斯結合思考與存在的論證所使用的意思。（Kirk & Raven 1962 269; cf. T. H. Irwin, "Plato: The intellectual background," in R. Kraut ed., *The Cambridge Companion to Plato*, Cambridge: Cambridge University Press, 1992: 56, 71）二、如果以「是＋補語」的方式了解，則這個子句是說：不可能認為某個東西「是」怎樣，而其實那東西「不是」那樣。例如，當我認為我手上的杯子是紫色的，它就不可能「不是」紫色的。以這裡的段落來讀，採取第二種意義比較符合勃泰哥拉斯學說所蘊含所有信念都真、「不可能錯」的意思。

75 這裡出現「真正的」（ἀληθεῖς）一詞，和上下文脈不合：因為前面已經說生

覺；[76] 至於有智慧的、好的演說家，則似乎能為城邦造就
良好的正義，來取代邪惡。當這些在各個城邦看起來正義
而美好，對這城邦就『是』這樣，只要這城邦相信是這麼
回事。而那有智慧的人，造就那些『是』而且『看起來』
也有益的事，來取代每一種對這些人而言惡劣的事。按相
d 同的道理，智者，就是這樣，對於那些受教育的人，｜他
能教得有智慧，而且值得憑這教育收取大量金錢。同樣的
道理，有些人比別人更有智慧，卻沒有人抱持著假信念，
而你，不管願不願意，都必須承擔去當作一個『尺度』；
因為這論證要在這些條件下被救起來。這裡，如果你能從
開始的原點去爭論，請你用論證提出相反的說法去爭論！
如果你想透過問題，就透過問題吧！這沒啥好逃的，對一
e 個有想法的人來說，這比一切更值得追尋。｜然而，請你
這麼做：別做不公平的提問。沒道理一個口口聲聲關心德
性的人，反而做出不公平的討論。不公平，是指在這類談
話中，有人討論時，不去區分什麼是在『鬥』、什麼是對
談。『鬥』是盡可能地玩弄、破壞，對談則很認真，糾正
168 對話者只是在向對方指出那些漏洞，那些｜他被他自己和
先前的同伴所蒙蔽的事。要是你做出這區分，那些和你討
論的人們會責怪他們自己的混淆和困惑，而不是怪你，他

病或健康情況下產生的不同信念，沒有哪個「比較真」。文本校定上，
Shleiermacher 採 ἀληθείας，Richards 採 πάθας，Diès 採 ἕξεις 等字。（Duke etc.
317）但 Cornford 認為都不可信，而建議刪除原文中的 τε καὶ ἀληθεῖς。
（Cornford 71 n.3）

76 柏拉圖認為植物也是有感覺的「活物」（ζῷον，這個字通常用在動物上），也
會有愉快、痛苦的感覺。（《蒂邁歐》77a-b）

們會追隨你、愛戴你，而厭恨自己、逃離自己，朝向哲
學，為的是要變得不同，脫離他們先前所是的那種人。倘
若你做出相反的情形，就像大多數人一樣，則會帶給你相

b　反的結果：你的同伴們背離哲學，｜恨哲學，等著瞧，只
等他們年紀稍長。如果你相信我，也就是先前所說的，不
敵對、不好鬥，而是帶著優雅的思惟一齊坐著，真正去檢
驗我們說的是什麼意思：我們指出『一切都在動』，『在每
個人、每個城邦看起來怎樣，這東西對那個人、那個城邦
就「是」那樣』。從這些，你將會檢驗出，知識和感覺是

c　同一回事、或是不同？但別像剛剛那樣從話語和｜字詞的
用法去檢驗，大多數人就是這樣扯出字面上的用法，為彼
此帶來各式各樣的困惑。」這些，泰歐多洛斯，對你朋友
的協助，我提供的，盡我所能，小之又小；如果他自己還
活著，會對他的孩子們做出更了不起的協助。

泰歐：你開玩笑，蘇格拉底！你對這人的協助十分青春有
活力！

蘇：很好，朋友。告訴我：你是否想到過，剛才勃泰哥拉

d　斯說話指責我們｜對那孩子做的討論，是利用那孩子的恐
懼來「鬥贏」他的講法，他稱之為耍聰明；而他盛讚「一
切的尺度」，是要促使我們嚴肅看待他的言論？

泰歐：哪會沒想過，蘇格拉底？

蘇：喔？你要聽從他？

泰歐：當然。

蘇：你看，這裡除了你都是些孩子。如果我們聽從那個

e　人，我和你就應該互相問｜答，嚴肅對待他的言論，免得
他可以指責我們在青少年面前隨便玩鬧著檢查他的論證。

泰歐：怎麼？泰鄂提得斯比起有鬍子的人不是好得多、更能跟得上探討的論證？

蘇：但沒你好，泰歐多洛斯。別以為我必須幫你死去的朋友用各種方式｜辯護，你卻什麼也不做。來吧！閣下，稍微跟上來一點點，直到這點可以讓我們看出：要嘛應該你才是關於幾何問題的「尺度」；要嘛所有人對他們自己而言，在天文等等，那些你理當與眾不同的領域上，都和你同樣有能力。

泰歐：不容易啊，蘇格拉底，坐在你旁邊卻不提出說法。我剛剛講了傻話，說你容許我不脫衣服，不像斯巴達人一樣強迫我。但，在我看來你更像是史奇龍。[77]｜因為斯巴達人會叫人走、不然就脫衣服，但在我看來你做的行為更像安鐵斯[78]。因為你不讓靠近你的人走，直到你逼使人家脫下衣服在討論中進行摔角。

蘇：泰歐多洛斯，你把我的毛病形容得真好！不過，我比他們還更固執。已經有一萬個赫拉克力斯和提修斯，[79]說話方面的強者，遇到了我，奮力格鬥，而我仍一點也不｜放

---

77 史奇龍（Σκίρων, Sciron），傳說中會在科林斯到馬格拉間的海岸攻擊旅人，強迫旅人幫他洗腳，並趁機一腳把人踢到崖上。先前蘇格拉底曾以斯巴達人彼此裸體下場摔角，來說泰歐多洛斯不下場討論是不公平的。（162b）泰歐多洛斯這裡說蘇格拉底更像史奇龍，似乎指蘇格拉底在強迫人、而且可能趁機使對方落入談話陷阱。

78 安鐵斯（Ἀνταῖος, Antaeus），傳說中在庫芮內附近出沒，住在山洞裡，強迫經過的人跟他摔角而弄死對方。

79 赫拉克力斯（Ἡρακλῆς, Heracles）遇到安鐵斯時，反過來把他舉到半空摔死；雅典王子提修斯（Θησεύς, Theseus）遇到史奇龍時，反過來捉住史奇龍，把他踢到海裡。

過。某種對這些運動驚人的愛，如此地抓住了我。你別再排斥磨練了，這對你自己和我都有幫助。

泰歐：我無話可回，就按你想的方式來吧！無論如何，我必須接受你紡出的命運，忍受被詰問。[80] 不過，請不要提問超過我能夠回覆你的程度。

蘇：你就守到這程度吧！幫我好好留意這類事情：別不小

d　心｜做出玩鬧型的討論，讓人再度譴責我們這點。

泰歐：我會盡我所能試試。

蘇：那，首先我們要再回去處理先前的那問題，讓我們看看這正不正確：我們不樂意讚美他的言論，因為這論點使每一個人在智慧上都充分自足，而勃泰哥拉斯也同意我們有些人能區分較好與較差，這些人就是有智慧的。不是嗎？

泰歐：是。

e　**蘇**：如果現在他本人現身同意，而不是｜我們幫他同意，就不需要再去確認這些更正；可是現在可能有人會認為我們沒有權利替他提出這項同意。因此，最好把他這項同意弄清楚來；因為這樣做或不這樣做，改變可不小。

泰歐：你說得對。

170　**蘇**：我們不要透過別人，而是從他的言論盡可能｜直接取得他的同意。

泰歐：怎麼做？

蘇：這樣做：每個人看起來是怎樣，他說，對那個人就

80　希臘神話中，人的命運是由命運三女神中的克洛妥（Κλωθώ, Clotho）紡出的絲線；因此這裡有這樣的形容。

「是」那樣？

泰歐：他是這麼說。

蘇：那麼，「噢，勃泰哥拉斯！[81] 我們說的是一個人的、或更該說是所有人的信念（δόξας）。我們也說，沒有任何人會不認為自己在某些方面比其他人有智慧，但在其他方面則其他人比自己有智慧。在重大的危險中，當人們要度過軍事、疾病或海上的難關時，就像對待神一樣對待每個事

b 件中的｜領導者，視為他們的救主，領導者沒什麼別的地方不同，就是『知道』而已。所有滿滿的人都在尋找老師和領導者，指引自己、其他生靈，也指引行為，並認為他們一方面足以教人，另一方面也是足以去領導的。在這所有情況中，我們不就是會說這些人認為智慧和無知都是在他們身上的嗎？」

泰歐：沒錯。

蘇：「他們認為智慧是真的思想，無知則是假的信念？」

c **泰歐**：怎不？

蘇：那，「勃泰哥拉斯，我們要怎樣看待你的話？我們會說人們永遠形成真信念（ἀληθῆ ... δοξάζειν），還是說有時真、有時假？從剛剛那兩者可以結論出：不會永遠都真，而是人們兩種信念都有（ἀμφότερα ... δοξάζειν）。請想一想，泰歐多洛斯，是否有任何勃泰哥拉斯學派的人，或你自己，會想要爭論說，根本沒人認為會有人對某件事是無知的、抱持假信念？」

泰歐：這不可置信吧！蘇格拉底。

---

81 接下來這段對談，蘇格拉底模擬他直接和勃泰哥拉斯說話。

d　**蘇：**這理論必然要走到這一點，既然說人是萬物的尺度。

泰歐：怎麼說？

蘇：當你依據你自己判斷了某件事，向我表明對這事的信念，就你而言，這個，按照他的說法，就是真的；但對我們、對其他人而言，關於你的判斷，是否就不能形成判斷了？或者我們要永遠判定你的信念為真？或者，一萬個人時時刻刻都要和你打起來，因為他們抱持相反的信念（ἀντιδοξάζοντες）、認為你的判斷和想法是假的？

e　**泰歐：**宙斯啊！蘇格拉底，「許多惡意之徒！」如荷馬說的，[82]他們帶給我所有屬於人的麻煩。

蘇：喔？你想要我們說你在某個時刻對你自己而言抱有真信念，對其他一萬個人而言卻是假的？

泰歐：似乎從論證上必然是了！

蘇：對勃泰哥拉斯他自己呢？難道不必然嗎？如果他自己不認為人是尺度，大眾也不，那麼，既然他們不這樣想，

171　對任何人而言｜他所寫的這項真理就不算數？另一方面，如果他自己這麼想，但大眾卻不同意，你知道：首先，就數量上不認為的人比認為的要多，按這情形應該是「不是」，而不是「是」。[83]

泰歐：必然如此。既然要依據每一個信念「是」與「不是」。

82　荷馬，《奧德賽》，十六卷，121行（按王煥生中譯，台北：貓頭鷹，2000）。

83　柏拉圖可能把勃泰哥拉斯的相對主義視為雅典民主所實踐的理論。（Chappell 112）這句中的「是」與「不是」並沒有特別針對誰而言；而這裡判斷「是」與「不是」的方式，採取雅典民主的「多數決」原則。

蘇：然後，最漂亮的這點來了：他，關於人們對他的想
法，那些抱持相反信念的人的想法，以此人們認為他信念
為假，［這個想法］他承認是真的，因為他同意所有人的信
念都是真的。

泰歐：當然。

b 蘇：那，他也同意他的想法為假，如果他同意人們認為
「他信念為假」的這想法是真的？

泰歐：必然如此。

蘇：而其他人並不認同他們自己為假？

泰歐：不認同。

蘇：而他又同意這個信念為真，基於他所寫的。

泰歐：看來是。

蘇：那，基於所有人，從勃泰哥拉斯開始，這點都要受到
爭議；不然，要是他同意這點，每當有人說相反的論調，

c 他都要同意這人擁有真信念；｜勃泰哥拉斯自己也不會同
意狗或隨便遇到的一個人是「尺度」，如果是關於一件沒
有學過的事。不是這樣嗎？

泰歐：是這樣。

蘇：那麼，這點要受到所有人的爭議了，對任何人而言勃
泰哥拉斯的《真理》都不真了，對其他人不，對他自己也
不。

泰歐：太……，蘇格拉底，我們對我這朋友太過分了。

蘇：但，朋友，看不出來有超出正軌的地方啊！可能他是

d 比較年長，而｜比我們有智慧；如果，比方說，就在這
裡，他冒出頭到脖子的地方，他大可說我在亂講，盡其可
能地，而你竟也同意，然後他就沈下去離開不見了。可

是，我們一定要，我認為，要做我們自己這樣的人，想的
和說的永遠要一樣。然後，現在我們難道不同意這樣的論
點：是有人比別人更有智慧，也有人是比別人更無知？

泰歐：我同意。

e　蘇：這是他的說法最能成立的方式了，就是｜我們描述過
我們幫忙勃泰哥拉斯的方式：[84]大部分的事物，似乎就是
每個人看起來的那個樣子，熱的、乾的、甜的、所有這一
類的事。可是，如果是在某些他同意有人和其他人不同的
領域上，關於健康與疾病的事，他會願意說，並不是所有
女人、小孩、甚至野獸，都有充分能力去治療自己、知道
自己的健康，而是在這個地方有人與其他人不同，如果有
的話？

泰歐：我也這麼想。

172　蘇：那，關於政治的事，美好（καλά）[85]、醜惡、正義、不
正義、虔誠與不虔誠，每個城邦怎麼想，就那樣為自己制
定法律，而且這些對於每個城邦而言就是真的，而且在這
些事情上，沒有任何個人或城邦是比其他人或其他城邦更
有智慧的；但在制定的法律對它自己是不是有利，這個地
方，如果有，他（勃泰哥拉斯）又要同意，在真理方面，
會有某個指導者不同於別的指導者，某個對城邦的信念不

b　同於別的信念，他絕不｜敢說，那些城邦認為對自己有利
而制定的事情，就一定是這樣而且未來也會有利；而是，

84　見前166d-167d對於為什麼有些人比較有智慧的解釋。

85　美好（原型καλός），基本上指外在的樣貌或舉止上的美好，有美、高貴、值
得尊敬／榮耀等意思。

在我說的那種情況，在正義、不正義、虔誠與不虔誠的事
情上，他們[86]想要主張：這些東西本性上沒有任何屬於自己
的屬性（οὐσίαν）；[87]而是，共同的信念一旦被認為真就成真
了，被認為多久就有多久為真。就算是那些並不全面主張

c　勃泰哥拉斯言論的人，也多少傳達了這智慧。我們啊，｜
泰歐多洛斯，被一個從比較小的討論得出的比較大的討論
得出的論證，逮著了。

泰歐：我們不是有時間嗎，蘇格拉底？

蘇：看來我們有。好多次了，我最棒的朋友，別的時候我
也曾想過、現在也認為，這很有道理：那些在哲學上消磨
許多時間的人，走上法庭時，看起來就像可笑的演說家。

泰歐：為什麼這麼說？

蘇：大概是這些從年輕時就在法庭和這類場合中打滾的

d　人，對照到那些[88]在哲學和｜那類活動中養成的人，就像
是奴隸對照到自由人的教養。

泰歐：是怎樣？

蘇：這樣：對那些人而言永遠有你所說的這個「空閒」，
而且他們的談話都在和平中、悠閒地進行；就好像我們現

86　文法上這裡變成複數用法。Cornford認為複數用法表示這已經不是勃泰哥拉
　　斯本人的立場。（Cornford 81 n.1）文脈上，「他們」也就是後句說「不全面
　　主張勃泰哥拉斯言論的人」。至於這立場和勃泰哥拉斯學說的差異卻有一些
　　爭議，見後面的哲學討論。

87　參見160b對οὐσία的注釋。

88　為了便於對照，在這段文字中的冠詞或指示詞方面，如果是談到常在法庭上
　　廝混的人使用「這些」、「這類」等，如果是談到哲學家則使用「那些」、
　　「那類」等。文脈上，這裡的對照，是為了預備進入更漫長的討論，指出真
　　正哲學的探討需要「空閒」，不是在短時間可以達到的。

在已經在討論中開始處理第三個論證了，[89]那些人就是這樣，當來到他們面前的論證比原先提出的好，就會像我們一樣滿意。說得長或說得短，無關緊要，只要他們企及

e 「是」。至於這些｜總是在匆促中說話的人——因為水流所逼[90]——不可能隨他們想要的主題去做討論，對手一定會拿著公開宣讀的起訴書來制約他，[91]在起訴書之外的都不該講。這些談話的主題總是他們的「奴僕同伴」，對象總是坐在法庭上的「主人」，主人手上掌握某個案件，這些爭辯從來不會為了其他目的，而總是和他自己有關，而且常常

173 是為了性命的｜逃脫。[92]由於這一切，他們變得強韌敏銳，懂得用話語諂媚主人、用行為取悅主人，在心靈方面狹小不正。因為，成熟、正直與自由精神（ἐλευθέριον）從小就被奴性給移除了，奴性迫使他們做邪門歪道的事，把巨

89　這也是前面172c1提到的「從（第一個）比較小的討論得出的（第二個）比較大的討論得出的（第三個）論證」。至於是哪三個論證？大範圍從泰鄂提得斯定義知識開始找，學者的揣測各有不同；比較容易獲得同意的，是小範圍從正式開始檢驗勃泰哥拉斯的部分來看，則三個論證分別是指：（1）161b以下有關勃泰哥拉斯學說導致的矛盾，（2）169d以下從勃泰哥拉斯本人的話重新推出矛盾，（3）現在這段談話。（Cf. Burnyeat 300 n.27; Chappell 121 n.100; Waterfield 67 n.1）

90　即，受時間限制所逼。雅典當時的法庭使用水鐘（容器裝定量的水，讓水從底部的小洞流出，以水流量計時）來限制發言時間。（O. Seyffert, *A Dictionary of Classical Antiquities*, rev. H. Nettleship and J. E. Sandys, London: Swan Sonnenschein and Co. Lim., 1906: 141）

91　雅典法庭上原告和被告都要寫一份文件，宣誓並朗讀出來。（Fowler 117 n.1）

92　雅典民主制的法庭（參見導讀註5），陪審的群眾具有決定權，案件雙方往往都希望取悅群眾，因此這裡把這些人稱為奴僕同伴，而把有決定權的群眾稱為主人。

大的危險和恐懼壓在柔嫩的心靈上，他們沒辦法遵循正義
和真理去承受這些，立刻轉向虛假，用不義回報不義，他

b 們大大地扭曲了、折損了；於是，｜沒帶有半點健全的思
想，他們就從青少年長成大人了，變得「厲害又有智慧」
（δεινοί τε καὶ σοφοί），他們自以為的！這些人就是這樣，
泰歐多洛斯，至於那些屬於我們隊伍（χοροῦ）[93]的人，要
不要仔細說一下，或是算了、再轉回論證上，免得在剛剛
所講的話上面，我們濫用過多的言論自由和話題切換。

泰歐：沒這回事，蘇格拉底。就仔細說一下吧！你剛剛說
c 得很好，我們在那邊隊伍中｜跳舞的人，不會去服侍論
證，而是論證像是我們的家奴，每個論證都等著在我們認
為合適的時候完成；既沒有法官，也沒有觀眾，像對詩人
的評價和宰制那樣，監控我們。

蘇：看起來，既然你認為恰當，我們就來談那些頂尖的；
何必有人去談那些在哲學裡混得不怎麼樣的人？那些頂尖
d 的人，從小，首先，他們不知道通往｜市場的路，也不知
道法庭、議會或其他公共的城邦議事場所在哪裡；法律和
法案，不管是用講的或用寫的，他們都沒看也沒聽；至於
參與爭權的派系、會議、宴席以及有吹笛女的派對，他們
就算做夢也不會與此牽連。不論城邦裡哪個人的出身是好
是壞，不管有什麼不好來自男性或女性的祖先，他都可以
e 忽略，比人們說大海有幾升水還可忽略。這全部他都不｜
知道，這點他也不知道；他超脫這些事不是為了沽名釣
譽，而是，實際上他只有身體留在城邦裡居住，而他的思

---

93 原文是指戲劇演出時的歌舞隊，下面的談話也沿用這樣的比喻。

想，認為這一切都微不足道，全都加以輕視，像品達說的
174　「深入地底」去測量地面，「高到天外」研究天文，[94]｜以各
　　種方式探究那些真正「是」的事物各自整體的所有自然本
　　性，對近的東西卻不屈就。

泰歐：怎麼說，蘇格拉底？

蘇：就像泰利斯[95]研究天文時，噯，泰歐多洛斯，他只顧
往上看，跌進井裡；有個聰慧狡黠的色雷斯女僕瞧見了說：
他急著想看天空，卻沒注意到他面前和腳邊的事。同一個

b　笑話適用在｜所有過著哲學生活的人。事實上，這樣的人
不會注意附近的人和鄰居，不只不注意人家在做什麼，也
很少注意對方是個人還是隻牲口；但「什麼是人」和「什
麼對這類自然秉性（φύσει）適合去做或接受，而異於其他
事物」，他探究並徹底研究這些事。你了解嗎？泰歐多洛
斯，或不了解呢？

泰歐：我了解；你說得沒錯。

c　**蘇：**所以，朋友，不管是私下當｜這樣的人遇到個別的
人，或在公共場合，就像我開頭時說過的，在法庭或其他
地方，他被迫對腳邊或眼前的事做討論時，就會引來嘲
笑，不只被色雷斯女僕笑，而是被所有群眾笑，他跌進井
裡和各種困惑中，因為缺乏經驗，而且他笨拙極了，獲得

94　品達（Πίνδαρος, Pindar）是西元前6-5世紀的抒情詩人。抒情詩（lyric）是一
　　種表述思想、看法（不限於抒情）的詩體。這裡的句子出自品達的 *Nemean*
　　Odes, 10.85-90, http://www.perseus.tufts.edu/cgi-bin/ptext?lookup=Pind.+N+10.1.

95　泰利斯（Θαλῆς, Thales），西元前6世紀左右的哲學家，傳統上，按亞里斯多
　　德《形上學》（*Metaphysics*, 983b27-33）的說法，把泰利斯視為第一位哲學
　　家、自然哲學的奠基者。

愚蠢之名；在那些詆毀謾罵的場合中，他拿不出任何一點個人〔的壞話〕去罵，他根本不知道任何人的任何壞事，

d 因為他從不關心這些；｜於是他陷入困惑，顯得很可笑。而在那些讚美的場合或其他類型的誇耀，他毫無掩飾真的笑出來，他做得很明顯，被認為很蠢。當他聽到獨裁者或國王受讚美，就像在聽一首牧農的讚歌，例如牧豬人、牧羊人或牧牛人，他認為他是在聽他們讚美豐富的乳汁；但他認為他們牧養、擠乳的對象是更難取悅、愛造反的生

e 物；由於｜缺乏悠閒，這樣子的人會變得粗野、沒教養，不比那些放牧的人好，猶如山裡的圍籬，他們被牆給圍了起來。而當他聽說有人擁有萬丈土地、甚或更多、財產不可思議的多，他聽起來，在他習慣的整個大地裡來看，似乎微不足道。至於對血統的吟誦，好比某個高貴的人能亮出七位有錢的祖先，他認為這種讚美徹底笨拙而且識見狹

175 小，｜是由於缺乏教養而不能一直看到全面，沒去思量每個人的爺爺祖先們有千千萬萬個、算不盡，其中有富翁、乞丐、國王、奴隸，外籍的、希臘籍的，千千萬萬個這類的人；在二十五個尊貴祖先的名單上，上溯赫拉克力斯，安菲特里翁之子，[96] 對他而言這種小家子氣真是莫名其妙，

b 因為安菲｜特里翁往上二十五代是這樣靠運氣產生出他，從他算第五十代也靠運氣，他會笑他們不能理解、不能脫除愚昧心智的空洞。在所有這樣的情況下，那樣一個人被

---

96 赫拉克力斯（亦見前169b注釋），也譯為海克力斯，希臘傳說中的大力士、大英雄。神話中是宙斯和安菲特里翁（Ἀμφιτρύων, Amphitryon）的妻子所生。

大家取笑，一方面看似心高氣傲，另一方面，卻對腳邊的事無知、對每件事困惑。

泰歐：事情完全就像你所說的，蘇格拉底。

c **蘇：**一旦這人，啊朋友，拉著誰往上、｜想要那個人和他一起走出「我對你做錯什麼或你對我做錯什麼」，進入對「正義」（δικαιοσύνης）和「不正義」（ἀδικίας）本身的思辨：[97]究竟這兩者各是什麼、這兩者和所有事情有什麼差別、或彼此之間有什麼差別；或是走出「國王快不快樂」、「有金子的人快不快樂」，朝向對於國王和人類整體而言「幸福」及「不幸」的思辨：這兩者是怎樣的，以人的自然本性而言，什麼方式適合去擁有其中一個、避開另

d 一個——如果是對所有這些事必須｜提出言論時，窄小心靈的人提出又機狡又精於法律的言論，再來換成他跳出反方向的舞：[98]他頭很暈，因為懸在高處在空中從上往下看，由於不習慣而不自在，他困惑、口吃。不是讓色雷斯女僕笑，也不是其他沒受教育的人，因為他們根本沒察覺；而是被所有那些教養和奴僕相反的人笑。這就是兩方

e 的情形，泰歐多洛斯：那真正在自由與｜悠閒中教養的人，你稱之為「哲學家」，看起來像個沒什麼好指責的老好人，一旦落入奴性事務中他就什麼也不是了，例如床單他不知道怎麼鋪，也不知道怎樣弄甜醬料或諂媚的話。至

---

97 這正是柏拉圖《理想國》探討的主題。

98 反方向的舞（τὰ ἀντίστροφα），原指歌舞隊回應先前從右跳到左的旋轉（τροφή），現在要從左跳到右。延續173b-c的歌舞隊比喻。這裡是指局勢反轉過來，反過來要心靈窄小的人以哲學討論為主題。

於另一種人則在所有這類事情上能夠靈巧機敏地打理，卻
不知道外襬要從左披到右、像自由人的穿法，[99] 也不會正確
176　掌握話語的和聲｜來歌頌神與幸福的人的人生。

泰歐：如果所有人，蘇格拉底，都聽信你所說的，像我一
樣，就會有多一點的和平、少一點的邪惡降臨在人類身
上。

蘇：但不可能摧毀邪惡，泰歐多洛斯——因為必然是有與
善相反的東西——在神之間邪惡無法安頓，基於必然，邪
惡在有死的自然與這個世間，遊晃。因此，應該試著從此
　b　界逃到彼界去，越快越好。[100]「逃」，｜就是要盡可能地像
神；「像」就是變得正義、虔誠、具有思慮（μετὰ
φρονήσεως）。然而，閣下，這很不容易使人信服：大多數
人並不會為了這緣故說「應該逃離惡、追求善」，之所以
他們說一個應該追尋、另一個則不，是為了看起來不邪惡
而且看起來善。對我而言好像這些都是老太婆說來玩的
話；來說說真格的！神無論如何不會不正義，而是最極致
　c　的｜正義，再沒更像神的了，最像的就是我們之中有人變
得盡可能地正義。關於這點，才是一個人真正的厲害，以
及沒用和軟弱。知道這個，就是真正的智慧與德性；不知
道，就是明明白白的無知與邪惡。其他這些表面看起來的
厲害、智慧，在政治權力中變成鄙俗，在技藝中則變成庸

---

99 雅典教養良好的人穿外襬的方式是從左肩繞過背到右邊，然後從右手上面或
　下面最後再到左肩上。（Fowler 127 n.1）

100「此界」指有死的人這邊、人世間；「彼界」指神那邊。即越快離開人世越
　好。《自辯》40e ff.、《斐多》62d ff.等都表達過類似觀點。

d　才。因此，對於｜不正義和不虔誠的人，不管是說話或行
　　為方面，到最好也就是不要以為透過奸詐可以是聰明的。
　　他們以這項譴責為榮，認為聽到的是他們不是笨蛋、「大
　　地的負擔」，[101] 必須像這樣的人才是城邦中的生存者。應該
　　說實話，他們更像是他們以為自己不是的那種人，因為他
　　們甚至以為自己不是；他們不知道有對不正義的懲罰，那
　　是最不應該不知道的事。不是他們所想的懲罰，鞭笞和死
e　刑，這些懲罰有時他們｜做不正義的事卻還不必遭受；而
　　是那種無法逃避的懲罰。

泰歐：你說的是什麼？

蘇：模式，朋友，其實已經建立起來了，一種是神聖最受
　　祝福的，另一種是背離神、最悲慘的，這些人沒看到事情
177　是這樣的：由於愚昧和｜最差勁的沒腦筋，他們沒注意到
　　自己因為做了不正義的事而越來越像這種人、不像另一
　　種。為此他們接受懲罰度過像他們所符合的那種人生；要
　　是我們說：如果不戒除小聰明，當他們死時，那免於邪惡
　　的純淨的彼界不會接納他們，他們會一直在此界過著和自
　　己相符的一生，壞人與壞人結交。這些話，由於他們徹底
　　地聰明、詭計多端，在他們聽來都是一堆笨人的話。

泰歐：就是這樣！蘇格拉底。

b　**蘇**：我知道，夥伴。然而有件事發生在他們身上：當私底
　　下必須對於他們貶抑的事物提出和接受討論時，他們會願
　　意勇敢地長時間把守著，不願懦弱地逃走。詭異的是，我

101　荷馬《伊利亞特》十八卷104行「大地的負擔」（羅念生、王煥生中譯）；
　　《奧德賽》二十卷379行「大地的一個重負」（王煥生中譯）。

最棒的朋友，結束時他們自己也不喜歡他們所說的話，那演說術凋萎了，他們看起來和一群小孩子們沒什麼差別。

c　關於這些，其實是多餘的話，我們別管了——要｜不然，會一直有更多的水流淹沒我們原先的論證——讓我們走向先前的討論吧！如果你覺得可以。

泰歐：依我看，蘇格拉底，這類的話倒不難聽；對我這年紀的人還容易跟。不過如果看來可以，我們就回頭吧！

蘇：那麼，我們大概是在論證的這裡：我們剛才講到那些說「『變動』（τὴν φερομένην）就是『是』（οὐσίαν）」[102]的人，還有對每個人而言，事情一直看起來是怎樣，這東西對於看事情的那個人而言就「是」那樣。在各種事情上他

d　們都想這麼主張，尤其是關於正義的問題，｜凡是城邦制定它認為適合的法，這些，對那立法的城邦而言，只要這些法還在，就是正義；至於「善」的問題（τἀγαθὰ），還沒有一個人這樣勇敢，敢去挑戰城邦以為對自己有好處（ὠφέλιμα）而制定的法。這法在那裡多久，就有多久的時間「是」有好處的，除非有人只是在講名稱；但這是在對我們所說的話開玩笑。不是嗎？

泰歐：當然。

e　**蘇：**他不會只是在講名稱，而是｜要用名稱來指事情。

泰歐：沒錯！

蘇：城邦使用這名稱，是真的要為了這目標而立法，而且所有的法律，都按想法和能力範圍，盡可能對城邦自己有好處而制定。或者，城邦是看著別的事來立法的？

102　οὐσία，有「是」、既有屬性等意思，參見160b注釋。

178 **泰歐**：當然不是。

蘇：那，城邦總是恰好做對，或者大部分情況下每個城邦都會出錯？

泰歐：我想會出錯。

蘇：再來，從這裡，所有人都會比較同意這些事是這樣的，如果有人問起整個「類型」（τοῦ εἴδους），究竟「好處」（τὸ ὠφέλιμον）會落在哪個類型裡；這類型大概是關於未來的時間。當我們制定法律時，我們設立這些法是因為它們在後來的時間裡也將是有好處的；這可以正確地稱之為「未來」。

b **泰歐**：完全正確。

蘇：來，就按這方向我們來問問勃泰哥拉斯或其他說話附和他的人：「『萬物的尺度是人』，如你所說，勃泰哥拉斯！[103] 白的、重的、輕的，其中沒有一件不在度量的範圍內；因為他自己身上擁有這些事物的判準，對這些他經驗到的事物，他認為怎樣，他便認為是真的、對他而言就『是』那麼回事。不是這樣嗎？」

泰歐：是這樣。

c **蘇**：那些未來的事物，我們會說：「噢，｜勃泰哥拉斯，他也有判準在自己身上，當他認為事情就將會是怎樣，對那個這麼認為的人就會變成那樣嗎？例如『熱』：當一個普通人認為自己就要發燒了，而且將是燒得那麼熱，但另一個人，一位醫生，並不那樣認為。我們會根據誰的判斷

---

103 接下來的對話，蘇格拉底再次模仿他是在與勃泰哥拉斯本人對話。（參見 170a）

去說未來的結果？或是兩個都根據，對醫生而言不會變熱也不會發燒，對那人自己卻發燒和那熱度都對？」

泰歐：這就好笑了。

d 蘇：「另外我想，關於酒未來的甜度與｜酸度會是怎樣，莊稼人的想法（δόξα）才有權威性，而琴手的沒有。」[104]

泰歐：怎不是呢？

蘇：「再來，關於即將出現的音調和諧不和諧，體育教練想的不會比音樂家好，而音樂家想的，到後來，體育教練自己也將會認為是和諧的。」

泰歐：一點也不錯。

蘇：「那，當一個人即將受到宴請，本身不是廚師，對於準備宴席，和即將出現的快樂，他的判斷不如廚子的權

e 威。因為關於｜對每個人已經是的或已經產生的快樂，沒什麼好用言語論戰的；但是，關於未來，對每個人而言事情將會看起來怎樣、將會是怎樣，是否每個人對自己而言都是最好的判準？或者你，勃泰哥拉斯，關於法庭上論證的說服力，對我們每個人將會是如何，你預測的會比隨便一個普通人要好？」

泰歐：好得多，蘇格拉底，這點他曾宣稱他和別人大大不同！

179 蘇：宙斯啊！親愛的！否則沒人會和他談個話｜就給大筆鈔票，如果他沒有說服那些跟他往來的人，未來將是怎

---

104 這裡的思路，類似蘇格拉底剛剛見到泰鄂提得斯時對泰歐多洛斯意見的評量（144e-145a），並又加上了時間（未來）因素。但外層對話提到，蘇格拉底對泰鄂提得斯的預測（142c），則符合這裡這種有關「未來」的判斷。

樣、將會看起來怎樣，不會有預言家或其他人能判斷得比他還好［對他自己而言］。105

泰歐：太對了。

蘇：那麼，立法、「有好處」，是關於未來的，大家都同意在立法時城邦必然常常在「有好處」這點出差錯？

泰歐：很對。

b　**蘇**：要「尺度得宜」，106我們對你的老師｜可以說：他必須要同意有人是比其他人更有智慧的，而這樣的人才是「尺度」；至於我這沒知識的人，再怎樣也一定不會變成是尺度；雖然剛剛那人的論證強迫我，不論願不願意，都「是」這樣一個尺度。

泰歐：就那方面，在我看來，蘇格拉底，很能駁倒那論證，也可以用來理解這點：他使其他人的信念（δόξας）具權威性，而那些信念顯示他們認為那人（勃泰哥拉斯）的說法完全不真。

c　**蘇**：在許多方面，泰歐多洛斯，可以用其他方式駁倒這樣的說法：並非所有人的所有信念都是真的。關於當下各人的經驗，從中形成感覺和依據感覺而來的信念，比較難當作不真。或許我在亂講；因為，如果發生了，就是不能不接受為真，而那些說它們明明白白而且是知識的人，或許

d　說得是真的，而這位泰鄂提得斯不算離｜譜，他剛剛說他設想感覺和知識是同一回事。所以我們應該往前靠近一

105　手稿中有 αὐτῷ，Schleiermacher版本則加以刪除。（Duke 333 n.179a3; Fowler 138 n.1）

106　μετρίως，字源來自「尺度」（μέτρον），指「公平地」、「恰當地」。

點，按勃泰哥拉斯的理論要求我們的，應該檢驗「運動和『是』是同一回事」，敲敲看它發出的聲音是健全的、或是破破爛爛的。為這而戰，既不平常，對手也不少。

泰歐：當然不平常！這場戰可遍及愛奧尼亞[107]到處都是。那些赫拉克力圖斯的同夥，支援論證可踴躍的呢！

e　**蘇**：衝著這點，親愛的泰歐多洛斯，我們更該從頭仔細想想，就照他們所提供的那樣。

泰歐：完全同意。因為，蘇格拉底，有關赫拉克力圖斯一派、或如你所說的荷馬一派和更古早的人的說法，要和這些以弗所的人們論辯，這些翻來變去很熟悉〔這說法〕的人，還不如去和發瘋的人論辯比較好哩！因為，他們就像他們寫的那樣在「動」，至於停留在論證和問題上並沈靜

180　地交互答問，｜他們比不行還糟。不誇張，即使一點點也沒有，這些人完全不能有任何一點「靜」。如果你問一個人某個問題，他就像從箭囊中抽出令人困惑的詞語射了出來，要是你從中尋找去理解（λόγον λαβεῖν）他說了什麼，你會被另一個重新換了名稱的話給糾纏。你永遠沒有完結的時候、什麼也完結不了；他們彼此也沒完。他們很會防

b　守，不讓任何東西確定下來，不論是在｜話語或在他們的心靈中。我認為，他們以為確定就是僵固。對此，他們大量開戰，盡可能從各個地方排除這點。

蘇：或許，泰歐多洛斯，你已經見過那些人在交戰，他們和平的時候你還沒相處過。因為他們不是你的夥伴。但我

---

107 愛奧尼亞（Ἰωνία, Ionia），小亞細亞靠地中海沿岸地區，下面提到的「以弗所」（Ἔφεσος, Ephesus，赫拉克力圖斯的出生地）也在這地區內。

想像這類的話他們閒暇時會向學生講述，那些他們希望造就得和自己一樣的人。

c 　**泰歐**：什麼學生，老兄？這種人當中沒有｜任何一個會成為另一個的學生！他們是自動長大的，他們每個人正好從什麼地方取得靈感，任何一個都認為別人什麼也不知道！從這些人身上，我要說的是，你永遠不能獲得理解（λάβοις λόγον）[108]，不管你願不願意。我們必須自己理解，就像在思考幾何難題。

　　蘇：你說的真是「尺度得宜」！這難題，不就是我們早已
d 從這些古人得來的嗎？他們用詩歌｜偽裝不向大多數人透漏，像是：所有「一切的起源為奧克阿諾斯和特梯斯」，也就是水流，[109]還有「沒有東西靜止」；另一方面，我們也從後來的人得到，他們在這些事上比較有智慧、公開揭露這些事，讓臭皮匠學習他們的智慧，聽了而不再愚昧地認為「有些東西是靜止、有些東西在動」，學習到「一切在動」而尊崇他們？我差點忘了，噯，泰歐多洛斯，還有其他人指出和這些相反的說法：

e 　如此「不動者」終是「一切」之名。[110]

108　這片語用字有 λόγον（原型 λόγος，「說明」），這個字在泰鄂提得斯第三個定義將會成為重要的關鍵詞。

109　《伊利亞特》十四卷，201行（蘇格拉底在152e引用過）。

110　一般判斷這句話來自巴曼尼得斯斷簡8.38；但出處不能完全確定。不過，由於柏拉圖之外，在古代Simplicius也有兩次引用（而且並非重複引自《泰鄂提得斯》），基本上可以研判這句話確實是巴曼尼得斯的說法。（Cornford 94 n.1; Duke 336 n.179e1; Waterfield 80 n.1）

以及其他主張，也就是梅利梭[111]和巴曼尼得斯一派的人反對所有剛剛這些人而主張的：一切是「一」，而且它依憑自身而靜止，沒有任何空間（χώραν）讓它在裡面運動。對於這些人，夥伴，這全部我們要怎樣處理？在一點一點

181 前進時，我們沒注意到我們落入兩者中間，｜除非我們有辦法防禦而脫逃，否則就要受罰，就像那些在摔角學校裡在線上玩的人，當他們被兩邊的人逮到，就被拖向相反的方向。[112]因此，我認為一定要先檢驗那些人，我們開始時的目標是他們，那些流變學派，要是他們顯得言之有物，我們就把自己和他們拉到一塊，試圖逃離另一群人。但是

b 倘若「整體」派的人看起來說得比較真，我們就逃向｜他們，離開那些攪動「不動」的人。如果兩邊說話都沒說什麼合理的（μέτριον），可笑的就是我們了，[113]還以為我們這麼平庸的人說了什麼，竟然否決了那些古早很有智慧的人！你看，泰歐多洛斯，是否有價值呢？冒這樣的險。

泰歐：受不了啊，蘇格拉底！如果不去徹底檢驗這兩群人各自說些什麼！

c **蘇：**我們是該檢驗，既然你這麼熱情！｜那，我想開始的

---

111 梅利梭（Μέλισσος, Melissus of Samos），可能是巴曼尼得斯的學生，並曾帶領撒摩斯人擊敗佩利克里斯帶領的雅典船隻；和畢達哥拉斯學派可能也有往來。（Kirk & Raven 1962 298-299）

112 這遊戲是把人分到場地中線的兩邊，並分別要把敵隊的人拉到線的這邊來。（Fowler 145 n.2）

113 這是一種謙遜的說法：因為蘇格拉底和泰鄂提得斯預設自己絕不可能比那些有智慧的古人更厲害，因此，如果討論中發現那些人說的不合理，則一定是自己這方有問題、弄錯了，是自己這方荒謬可笑。

檢驗是關於「動」（κινήσεως）[114]：當他們說「一切在動」
時，他們說的究竟是怎樣一回事。我想說的是這樣子的：
是否他們說的是單一的「動」的類型（ἔν τι εἶδος αὐτῆς），
或是像我所看到的，有兩類？不要只有我這麼認為，請你
也加入，好讓我們一起承受結果，如果有必要。告訴我，
你說「動」是指某個東西從一個地方變換到另一個地方、
或在同一個地方上打轉？

泰歐：我是。

d　**蘇**：這算是一類。當在同一個 | 地方，卻成長了，或從白
變黑，或從軟變硬，或在別的方面改變而改變了，不是應
該說是另一類的「動」？

泰歐：必然如此。

蘇：兩種，我說，「動」有這兩類：「改變」（ἀλλοίωσιν）
和「運動」（φοράν）。

泰歐：說得對。

蘇：這點，既然我們這麼劃分了，我們這會兒要和那些說
e　「一切在動」的人討論，我們要問： | 是否，你們說「一
切『以兩種方式』在動」，運動和改變；還是，有的兩種
都有，有的只有其中一種？

114　在接下來的討論中（181c1-183c7），有幾個和「動」有關的詞，為避免混
淆，固定翻譯如下：

κίνησις「動」，動詞 κινέω；

φορά 運動，動詞 φέρω；

ἀλλοίωσις 改變，動詞 ἀλλοιόω；

ῥέον 流變，動詞 ῥέω；

μεταβολή 變換（交換、改換），動詞 μεταβάλλω。

泰歐：宙斯啊！我沒法說！我想他們說的是同時有兩種。

蘇：如果不是，朋友啊！那些在動的東西在他們看來也是靜止的；[115]去說「一切在動」一點也不會比說「一切靜止」更正確！

泰歐：你說的很對。

182　蘇：那，既然這些東西一定在動，而「不｜動」對任何東西都是不可能的，所有事物就所有的「動」而言都永遠在動。

泰歐：一定的。

蘇：幫我檢查他們這說法。「熱」、「白」或這類東西的來源，我們剛剛不是說，他們是這麼說的：這些東西每一個都同時和感覺一起在運動，在主動者與被動者之間運動。被動者變成是「獲得感覺者」（αἰσθανόμενον）[116]，而非「感覺」（αἴσθησιν）；主動者是某個「如此這般的東西」（ποιόν），而非「如此這般的性質」（ποιότητα）？[117]或許，

115　因為如果有的只有一種「動」，從這種「動」的側面說雖然是在動，但從另一種「動」的側面來說這東西也是靜止的。比方說一瓶酒放在同一個位置，本身也沒任何動作，但逐漸變酸了，從沒有運動這點來說就是靜止的。這說法下，變酸的酒看起來只有改變而沒運動，但改變的底下其實也同時有運動。蘇格拉底隨後會以主被動之間的運動來解釋感覺到的性質。後面他也將解釋只運動沒改變的東西在流變說之下也同時有改變。於是，這裡蘇格拉底指的是極端的流變說，採取最廣義的「動」，「一切在動」是指任何東西始終都既在運動也在改變。

116　Burnet版為αἰσθητικὸν（具有感覺能力者）；Duke, Hicken etc.新校勘版採αἰσθανόμενον（獲得感覺者），較吻合文脈（同段後文出現相同用字（b7））。另，感覺中的主、被動，參見156a以下。

117　「如此這般的性質」（原型ποιότης），原來希臘文裡沒有這個字，而是柏拉

「如此這般的性質」看起來是個怪怪的名詞，你不懂它整

b　個在講的東西。｜分成一項一項來聽吧！主動者既不是
「熱」，也不是「白」，而會變成「熱的」、「白的」以及其
他這樣的東西。你或許記得，在先前的討論中，[118]我們這
麼說過：沒有任何「單一」（ἕν）、「只憑自己」（αὐτὸ καθ᾽
αὑτὸ）的東西，主動者與被動者都不能；而是，從兩者彼此
結合之中，生出那些感覺和那些可感覺的事物（αἰσθητὰ），
一邊變成某些「如此這般的東西」，另一邊變成「獲得感
覺者」。

泰歐：我記得；怎不是呢？

c　蘇：其他東西就讓它說拜拜吧！不管他們那樣說、還是這
樣說。針對我們討論的目的，唯有這點是我們要注意而加
以詢問的：按你們所說，一切都在「動」而且在流變？是
嗎？

泰歐：是。

蘇：那，兩種我們所區分的「動」，運動和改變，都是？

泰歐：怎不是呢？既然是完全在「動」。

蘇：如果它們只是運動，而沒有改變，我們或許可以形容
這些在運動的東西宛如「某些像這般的東西」在流變；不
然怎麼說？[119]

圖自己新造出來的。由常用字 ποιός（哪種的、哪樣的、有著什麼樣性質的）
加上 -της 字尾，變成名詞（類似英文中在形容詞後加上 -ness 變成名詞）。
（Burnyeat 311 n.37; Cornford 97 n.1）

118　指156a-157c。

119　這裡，柏拉圖延續前面對「如此這般的」和「如此這般的性質」的區分，
用字上小心地排除了任何客觀性質的可能。在柏拉圖解釋下的流變理論，

泰歐：就這樣說。

d 蘇：但，甚至「這流變的東西宛如『白的東西』在流變」[120]
這點也不能保持，而會變換。於是這個東西本身也有流
變，「白」的流變，變換成其他顏色，因而不會捕捉到保

可感覺事物並不具有特定性質，只會在不同變動中變成某種樣態。一位審
查人指出 οἷα ἄττα（某些像這般的東西）這個詞的重要性，以及接下來對話
中 ῥέω（流變）的不及物動詞用法，對釐清這段文字幫助很大，非常感謝。

120 英譯基本上都將「白的東西」（τὸ λευκὸν）視為動詞「流變」（ῥεῖν）的補
語，將子句中的 τὸ λευκὸν ῥεῖν 譯為 "... flows white"（Levett〔Burnyeat〕,
Fowler, Cornford, McDowell（McDowell & Brown）, Waterfield, Chappell；只
有 Benardete 1986 I. 50 不是）。但這英文也不易了解，子句的意思可能是：

1.「流變的東西流成白的」（類似 it becomes white，但 flow 一般沒有連綴動
詞用法）或

2.「流變的東西流得很白」（類似 it flows slow，將 white 視為副詞，但 white
一般沒有副詞用法。）

依照 Levett（Burnyeat）對前段問句（"what the moving things flow?"）的
說明，這段落裡的 flow 是類似 "what they are" 的說法，即，是連綴動詞，
採 1。（Burnyeat 316）

德譯則將「白的東西」視為對「流變的東西」的修飾："so daβ das
Fließende als etwas Weiβes flösse"。（E. Martens, übers. hrsg., Platon Theätet,
Stuttgart: Reclam, 2007: 131）如此，這子句意思是：

3.「流變的東西宛如『白的東西』在流變」。

前註提到的審查人指出，「流變」不能作及物動詞使用，且鄰近段落這字
作一般的不及物動詞使用，因此「白的東西」應是在修飾「這流變的東
西」，我認為很具說服力。另外，LSJ The Online Liddell-Scott-Jones Greek-
English Lexicon，ῥέω II.2 提到這個字有接「受格」（accusative）的用法，
例如「讓土地流出乳和蜜」，但「最好的作家通常使用與格（dative）」。
（http://www.tlg.uci.edu/lsj/#eid=94934&context=lsj&action=from-search）
（紙本 Liddell, Scott & Jones 1996 1568）柏拉圖公認是很好的希臘文作
家。因此，這子句裡「白的東西」（τὸ λευκὸν 受格）不應該視為「流變」
（ῥεῖν）的受格補語，而是在修飾「這流變的東西」。

持在相同狀態的東西。因此，究竟能不能說出某個顏色，而算正確的講法？

泰歐：哪有什麼辦法，蘇格拉底？或者，任何其他這類的東西，總是一說就溜掉了，既然都在流變？

e　　**蘇**：關於各式各樣的感覺，我們怎麼說？例如｜「看」或「聽」的感覺？有任何一刻保持在相同的「看」或「聽」嗎？

泰歐：應該沒有，既然一切在動。

蘇：我們不必把某個東西叫做「看」而不叫「不看」，不必說「有某個感覺」而不說「沒有」，既然一切就所有方面而言都在動。

泰歐：不必。

蘇：而，感覺就是知識，照我和泰鄂提得斯剛才所說的。

泰歐：是啊！

蘇：那，當我們被問到什麼是知識時，我們回答的，不見得是「知識」而不是「沒知識」。

183　　**泰歐**：好像是。

蘇：我們漂亮地結論出對那答案的修正，我們本來急著要證明一切在動，好讓那個答案顯得正確。但這點，看起來，其實好像是：如果一切在動，所有回答，不管對什麼問題任何人去回答，都同樣「是」正確的，可以說這樣、也可以說不這樣，或者你喜歡，用「變成……」（γίγνεσθαι），以免用字固定住它們。[121]

---

[121] 在157b-d曾指出在流變說之下，不能使用「是……」來說事物，而要用「變成……」。

泰歐：你說得對。

蘇：除非，泰歐多洛斯，我說「這樣」和「不這樣」。但
b 也不應該說這個「這樣」——｜因為「這樣」就沒在動
了——也不應該說「不這樣」——因為這就不是「動」
了[122]——而應該設立其他語彙給那些說這套言論的人，現
在針對他們的假設，他們沒有辭彙，除了「怎樣都不
是」[123]最符合他們了，因為這說詞毫無限制。

泰歐：這說話方式真是太適合他們了。

蘇：那，泰歐多洛斯，我們從你朋友的說法解脫了，我們
並不同意他「所有人都是萬物的尺度」，除非這人是有思
c 想的；｜我們也不同意「知識是感覺」，根據「一切在動」
的這條路徑，除非這裡這位泰鄂提得斯有別的說法。

泰歐：說得太好了，蘇格拉底！既然這些事情已經被處理
完畢，我應該不用再回答你，這是按照我們的協議，既然
關於勃泰哥拉斯的討論有了結尾。

d 泰鄂：不行，泰歐多洛斯，蘇格拉底和你｜還要討論那些
主張一切靜止的人，剛剛你們講好的。

泰歐：身為年輕人，泰鄂提得斯，你在教長輩亂來、打破

---

122 前半句的「這樣」是指「這樣」這個詞的使用；後半句的「這樣」是指如
流變學派的人主張的「一切在動」，因此說「不這樣」則表示「一切不動」。

123 原文 οὐδ᾽ οὕτως 採自 Vindobonensis 抄本（11 世紀），但有其他版本把 οὕτως
寫成 ὅπως（據 Clarkianus 或 Bodleianus 抄本，895 A.D.；以及 Venetus 抄本，
10-12 世紀）。（Duke 340 n.183b4; Fowler 152 n.1）按後者或許可以譯為
"nohow（絕對不是）"（Fowler 153），但 Cornford 認為這詞的意思比單純的
否定更進一步，應該譯為 "not even no-how"（連「不是」都不是）。
（Cornford 100 n.2）按文脈來看，Cornford 的譯法最容易講得通，亦即在流
變說之下，「非是非非」，既不能說是，也不能說不是。

協議？你就好好準備怎樣就剩下的討論向蘇格拉底回話
（δώσεις λόγον）吧！

泰鄂：只要他想。不過，聆聽我提到的那種討論，才是最
令人愉快的。

泰歐：你喊「騎士，馳入平原吧！」就會叫蘇格拉底馳入
討論中；你問，就會聽到了！

e 　**蘇**：但我認為，泰歐多洛斯，關於｜泰鄂提得斯所要求
的，我沒法順著他。

泰歐：為什麼不順著他？

蘇：梅利梭和其他人，那些說「一切是一」的人，要我們
輕率地檢查他們，我覺得還不夠窘呢！更窘的是光去檢查
一個人，但卻是巴曼尼得斯！巴曼尼得斯「在我的眼裡」，
就像荷馬說的，「可敬可畏」。[124]因為我遇到這個人時，[125]我

184 很年輕，他｜年紀很大，在我看來他具有某種深邃，極為
高貴。我害怕我們不能理解他說的話，對於他說的是在思
考著什麼，我們離得更遠了；而且，最主要的是，這段討
論展開的目的，關於知識究竟是什麼，會由於那些亂擠亂
撞的討論而沒被檢驗到，如果有人跟著那些討論走。尤其
現在我們引發的這討論，大得沒辦法處理。要嘛有誰只附
帶隨便檢驗，會感到太不值得了；要嘛充分討論，會延伸
到知識的問題都看不見了。兩種都不應該！泰鄂提得斯是

b 懷了關於｜知識的孕，我們應該試著用助產術接生出來！

---

124 《伊利亞特》第三卷172行，原來的話是海倫對特洛伊老國王說的。按羅念
生、王煥生中譯。

125 指柏拉圖在《巴曼尼得斯》設定的那場談話。

泰歐：如果看來是這樣，就該這麼做。

蘇：那，泰鄂提得斯，好好檢驗那些說出的話。你回答過「感覺就是知識」；是嗎？

泰鄂：是。

蘇：如果有誰問你：「一個人憑著什麼（τῷ）[126]去看白的和黑的東西，又憑著什麼去聽高的和低的聲音？」我想你會說：「眼睛和耳朵。」

泰鄂：我會。

c 蘇：自在使用名稱和用語（τῶν ὀνομάτων τε καὶ ῥημάτων）[127]，不到處盤查精確性，大部分情況下，不會不高貴；與此相反的做法才不適合自由人。但，有時這是必要的，例如現在，一定要去捉住你回答的答案哪裡是不正確的。檢驗一下，哪個回答比較正確：我們是「憑著」眼睛來看，或是「透過」它（δι᾽ οὗ）來看；我們「憑著」耳朵來聽，或是「透過」它來聽？

泰鄂：透過它們我們感覺各個東西，我認為，蘇格拉底，「透過」比「憑著」正確。

d 蘇：怪的是，孩子，如果許多感覺坐在我們之內，像在木馬[128]裡，卻沒有一個單一的形式（μίαν τινὰ ἰδέαν），不管

---

126 這段討論中固定以「憑著……」翻譯工具意義的與格（the instrumental dative；例如τῷ），以「透過……」翻譯「διά＋屬格（the genitive）」。在文意上「透過」表達出只是經由這東西、後面可能還有另一個主要憑藉的意思。

127 以文字表達而言，ῥῆμα（用語）指詞組、片語，ὄνομα（名稱）指單詞；以文法用語而言，ῥῆμα指動詞，ὄνομα指名詞。

128 指特洛伊戰爭的中空木馬；戰爭最後奧德修斯設計把希臘軍隊藏在木馬送

該叫「心靈」或該叫什麼，把所有這些拉到一起，我們是「憑著」它而「透過」這些感官（ὀργάνων）[129]感覺到所有可感覺的事物。

泰鄂：我認為這樣比另一種說法好。

蘇：這裡這點就是我挑剔你這些的緣故：是否有個屬於我們自己的同一個東西，我們「憑著」它「透過」眼睛接觸
e　到｜那些白的、黑的事物，而又「透過」其他感官接觸另一些事物。被問到時，你能指出所有這些都歸到身體嗎？或許由你說話回答比較好，而不是我替你多嘴。告訴我，熱的、硬的、輕的、甜的事物，你是「透過」什麼來感覺？你不認為是透過身體感覺每樣事物？還是透過其他東西？

泰鄂：不是其他的。

185　**蘇**：那你願不願意同意：透過各個能力所｜感覺到的事物，是不可能透過其他能力而感覺到相同的東西，例如，透過聽覺所感覺到的不可能透過視覺，透過視覺所感覺到的也不可能透過聽覺？

泰鄂：我怎會不願意？

蘇：如果你想到某個東西涉及兩種感覺，也不會是透過其中一個感官或另一個，就能感覺到兩種感覺。

泰鄂：不是。

入特洛伊城而一舉攻陷特洛伊城。（參見《奧德賽》第四卷264-289行。）意思是，眾多感覺如同許多個體居在另一個東西內部，但這些個體可以各自獨立、分散。

129　這個詞的希臘文也有「工具」的意思。

蘇：就拿聲音和顏色來說吧！首先是這點：你認為，涉及這兩者的同一個東西，就同時是這兩者吧？

泰鄂：我說是。

蘇：那，每一個都和另一個不同，而與自己相同？

b 泰鄂：怎不？

蘇：而兩者是「二」，每一個是「一」？

泰鄂：這也對。

蘇：那，這兩者彼此不同或相同，你能夠察看出來嗎？

泰鄂：或許。

蘇：所有這些涉及這兩者的東西，你透過什麼去想（διανοῇ）？既不能透過聽覺、也不能透過視覺，去掌握關於其中的共同處（τὸ κοινὸν）。關於我們所說的，這裡還

c 有個證明：如果可能察看出這兩者，嗯，是鹹或｜不鹹，你知道你能說你是「憑著」什麼去察看的，而且這東西顯然不是視覺、也不是聽覺，而是其他的。

泰鄂：那不就是透過舌頭的能力嗎？

蘇：說得好。但，是透過什麼東西的能力，把這所有的共同處和這兩者的共同處呈現給你，「憑著」它，你去指稱「是」與「不是」還有那些我們剛剛問的有關它們的東西？對這全部，你會提出什麼樣的感官，透過它，我們身上那獲得感覺者得以感覺到這每一項？

泰鄂：你是說，「是」（οὐσίαν）和「不是」（τὸ μὴ εἶναι），

d 「相似」與「不相似」，「相同」與「不同」，還有「一」｜和關於這些東西的其他數字。顯然你也在問偶數與奇數，還有隨著這些而來的所有其他東西，究竟要「透過」身體感官中的哪一個讓我們憑著心靈去感覺。

蘇：厲害！泰鄂提得斯，你真懂。我正是要問這個！

泰鄂：但宙斯在上，蘇格拉底，我說不出來，除了，我主要只有一個想法，這樣的東西不是對於這些事物的個別的感官，像剛剛那些一樣，而是｜心靈，它顯現給我的是，它透過它自己，察看到關於所有一切的共同處。

e

蘇：因為你很美，泰鄂提得斯，你不像泰歐多洛斯所說是醜的。因為你說話很美，人也是又美又好。除了「美」，你也好好地讓我從冗長的談話解脫了，如果對你顯得好像這些東西是心靈本身透過它自己去察看的，而另一些東西則是透過身體的那些機能。這正是我自己的看法，我剛才也是希望你也這樣想。

186　**泰鄂**：的確顯得像這樣啊！

蘇：那你把「是」放到哪邊？這個緊隨在所有事物身上的東西。

泰鄂：我把它放到心靈憑自己（καθ' αὑτὴν）而企及的那邊。

蘇：「相似」與「不相似」，還有「同一」與「不同」也是嗎？

泰鄂：對。

蘇：喔？美與醜、善與惡呢？

泰鄂：也是這種，我認為，在這些事物中，最重要的是去檢驗它們相較於彼此而「是……」的既有屬性，就它本身

b　去衡量｜那些過去、現在的事，對照到未來。

蘇：且慢！對硬的東西，透過觸覺感覺到某種「硬」；對軟的東西，以同樣的方式感覺到某種「軟」？

泰鄂：對。

蘇：至於「是〔硬或軟〕」的既有屬性（τὴν ... οὐσίαν），和「它倆是什麼」（ὅτι ἐστὸν），和它倆彼此相反的性質，以及那相反者「是……」的屬性（τὴν οὐσίαν ... τῆς ἐναντιότητος），心靈本身會去歸結、拿它們彼此比較來試圖幫我們做判斷？

泰鄂：當然。

蘇：那，那些人類和野獸生成後直接依其自然本性就可
c 以｜去感覺的事物，這些感受全都是透過身體而企及心靈。至於去衡量有關這些事物在「是……」和「對……好」的方面，很難而且需要時間透過許多實際的事情和教育才能達到，如果他們達得到的話？

泰鄂：完全同意。

蘇：有可能遇見真理，在那地方卻沒有「是……」嗎？

泰鄂：不可能。

蘇：對某個東西，當一個人沒遇見真理時，他會對這東西有知識嗎？

d 泰鄂：怎麼會呢，蘇格拉底？

蘇：那，知識不在那些感受裡，而是在那個把那些感受連合起來的思考之中。因為看起來，這裡才可能觸及「是……」和真理，在那邊是不可能的。

泰鄂：好像是。

蘇：你用同一個〔名稱〕叫那個跟這個嗎？它倆差異這麼大！

泰鄂：不妥吧！

蘇：你給那個取什麼名字？就是去看、去聽、去嗅、會冷、會熱的那個？

e　泰鄂：我稱為「去感覺」，不然呢？

蘇：整體來說稱之為「感覺」？

泰鄂：一定的。

蘇：它，我們說，無緣[130]和真理接觸；因為它也不能接觸「是」？

泰鄂：不能。

蘇：也不能接觸知識。

泰鄂：不能。

蘇：那，泰鄂提得斯，感覺和知識就不是同一回事了！

泰鄂：看來不是，蘇格拉底。現在看得非常清楚了，知識是感覺之外的另一種東西。

187　蘇：但我們並不是為了這緣故才展開討論，不是為了發現知識「不是」什麼，而是知識「是」什麼。不過我們同樣有了進步，就是根本不要在感覺裡找知識，而要另外那個不管叫什麼名字的東西裡，那個心靈具有的、當心靈自己只憑自己處理那些真正「是……」的事物（τὰ ὄντα）。

泰鄂：而那東西的名稱，蘇格拉底，我想，叫「形成信念」（δοξάζειν）。

b　蘇：你想得很對，朋友。現在來看看，再從頭｜開始，把前面那些都洗掉，看你是否會看得更清楚，既然你都走到這裡了。再說一次：知識究竟是什麼？

泰鄂：說是所有信念，蘇格拉底，那不可能，既然也有假信念（ψευδής ... δόξα）；但知識可能是真的信念（ἀληθὴς δόξα），這就當作我的答案吧！要是看起來沒什麼進展、

130　οὐ μέτεστιν指在某件事情上沒有份、參與不到等等。

像現在這樣，那我們再試著說點別的。

蘇：這樣才應該，泰鄂提得斯，積極說話，而不像你最初
c 那樣猶豫不回答。要是｜我們這麼做，二選一，要嘛我們
將會找到我們追尋的東西，要嘛我們比較不會認為我們知
道我們根本不知道的事。像這樣的付出並不是什麼罪過。
好，現在你說的是什麼？信念有兩種類型，一種真的，一
種假的，你定義知識為「真信念」？

泰鄂：我是啊！因為現在就我而言顯得像這樣。

蘇：那，是否值得再回去處理信念[131]——

泰鄂：你說的是怎樣一回事？

d 蘇：這事困擾著我，現在是，以前也常常困擾，讓我陷入
大量的困惑中，不論是在面對自己或面對別人：我無法說
出究竟我們的這個經驗是什麼、怎麼產生。

泰鄂：哪種經驗？

蘇：形成假信念。我思考著，現在也還在懷疑：我們要隨
便放過它，或是要好好檢驗、換個和不久前不同的一條
路。

泰鄂：怎不呢？蘇格拉底，如果情況顯得應該換條路。剛
才你和泰歐多洛斯在「悠閒」方面說得不錯，[132]這類討論
是急不得的。

e 蘇：你提醒得對。或許不算錯過時機，我們可以回頭追溯

---

131 這裡說「回去處理」是因為，先前在167a談到的勃泰哥拉斯學說認為，所
有信念都真，而完全不處理假信念的可能；現在則重新在承認信念有真有
假的情況下，預備要處理假信念的可能。（Cf. Cornford 110; McDowell 194;
Waterfield 91 n.2）

132 見172c-177c。

足跡。因為好好完成一點點，強過做一大堆卻做不了。

泰鄂：怎不是呢？

蘇：那怎麼進行？我們說的是什麼？我們是說，每一次當信念為假，就是我們有人形成信念為假（δοξάζειν ψευδῆ），有另一個人形成信念為真、一如事情自然原有的情形？

泰鄂：我們是這麼說。

188　**蘇**：那，對我們而言，整體的事物以及個別的事物，要嘛確實知道、要嘛不知道？學習和忘記是介於知道與不知道之間的事，此時此刻我就不談了；因為那對我們現在的談話沒什麼影響。

泰鄂：那，確實，蘇格拉底，其他別的都不留，只除了對每件事的「知道」或「不知道」。

蘇：那，一個抱持信念的人，他形成信念一定是針對他所知道的事或他不知道的事？

泰鄂：一定的。

b　**蘇**：而一個知道某事的人竟不知道同一件事，或不知道某事的人竟又知道，這是不可能的！

泰鄂：怎不是呢！

蘇：那，抱持假信念的人，對於他所知道的東西，他以為它們不是這些東西，而是另一些他也知道的東西。那，他兩方都知道，卻又對兩方無知？

泰鄂：但這不可能，蘇格拉底！

蘇：嗯，那對於不知道的事物，他會以為這些東西就是另一些他也不知道的東西，也就是說，一個並不知道泰鄂提得斯也不知道蘇格拉底的人，他會採取想法以為蘇格拉底是泰鄂提得斯、泰鄂提得斯是蘇格拉底嗎？

c **泰鄂**：哪會？

蘇：但他當然不會把他所知道的東西當作是那些他不知道的東西；也不會把那些他不知道的東西當作是他所知道的東西？

泰鄂：那會很怪。

蘇：那麼，一個人怎麼會產生假信念呢？因為，除了下面這種情況，不可能產生信念：既然，所有東西要嘛我們知道、要嘛不知道，但在這兩種情況下似乎都不可能產生假信念。

泰鄂：太對了。

d **蘇**：那，我們不該從這條路檢驗我們要探究的事、沿著｜「知道」與「不知道」來走；而應該沿著「是」與「不是」？[133]

泰鄂：怎麼說？

蘇：還不簡單：一個人對任何東西形成那些其實「不是」（τὰ μὴ ὄντα）的信念，他就不可能沒有形成假信念，只要他的思想裡把那些東西把握成任何一種情況。

泰鄂：好像也對，蘇格拉底。

蘇：哦？我們要怎麼說，泰鄂提得斯，如果有人反問我們：「但，有可能一個人會對『不是』（τὸ μὴ ὄν）形成信念嗎？不管它關係到那些真正『是……』的東西、或者只

---

133 沿著「是」與「不是」（κατὰ τὸ εἶναι καὶ μή），εἶναι 是動詞 εἰμί（相當於英文 be 動詞，至少有當作連詞、表示肯定、表達存在等意義，這裡譯為「是」）的不定式，加冠詞（τὸ）名詞化；後文的 ὄντα（複數）和 ὄν（單數）則是分詞。參見 152a 注釋。

e　憑它本身。」[134]我們呀，看起來，對於這些｜我們會說：
「當這人想而又想得不真時［就是在對『不是』形成信
念］。」不然怎麼說？

泰鄂：就這麼說。

蘇：那，還有別的地方是這種情況嗎？

泰鄂：哪種情況？

蘇：嗯，一個人看到了某個東西，卻又什麼也沒看到。

泰鄂：哪會？

蘇：而，如果他看到某「一」個東西，就是看到某個
「是……」的東西。[135]或者，你認為這「一」是「不
是……」的事物之一？

泰鄂：我不認為。

蘇：那看到某一個東西的人，看到某個「是」。

泰鄂：顯然如此。

189　**蘇**：而聽到某一個東西的人，聽到了某個「是」。

泰鄂：對。

蘇：還有，觸碰到某一個東西的人，觸碰到了某個
「是」，既然有個「一」？

泰鄂：是這樣。

蘇：但那抱持信念的人，不是在對某「一」個東西形成信

---

134 「只憑它本身」一詞，在某些英譯譯為「絕對」。（Cornford 114; Waterfield
94）這個詞可以回溯到早先152c-153d討論勃泰哥拉斯時所提出不須相對於
其他事物、只憑自己而「是」的意思。

135 在153d蘇格拉底就已將「單一」和「是」連結在一起：如果可以說某個東
西確實「是」如何如何，也就可以說那個東西是單一（獨立的一個實體）、
只憑自己（指不必相對於其他事物變化來確定「是」怎樣）的；反之亦然。

念嗎？

泰鄂：必定如此。

蘇：而對某「一」個東西形成信念的人，不是在對某個「是」形成信念嗎？

泰鄂：我同意。

蘇：那，對「不是」形成信念的人，就是沒對任何東西（οὐδὲν）形成信念。

泰鄂：顯然沒有。

蘇：而那沒對任何東西（μηδὲν）形成信念的人，完完全全沒有形成信念。[136]

泰鄂：很明白，看起來。

b　蘇：那就不能對「不是」產生信念了！不管關係到那些真正「是……」的東西、或者只憑它本身。

泰鄂：顯然不能。

蘇：抱持假信念，和對「不是」形成信念，是不同的。

泰鄂：好像不同。

蘇：那，不管這樣或像不久前我們檢驗的那樣，我們都沒有假信念。

泰鄂：的確沒有。

蘇：但接下來的這情形，我們才這麼說？

泰鄂：嗄？

---

136 巴曼尼得斯曾運用類似方式（「不是／沒有」的語意歧義），論證「不可能對『不是』進行思考」，因為「想『沒有』」（沒有任何思想的內容）等於「什麼都沒在想」。（Cf. Kirk & Raven 1962 269）對蘇格拉底這一論證的檢驗，見哲學討論。

蘇：我們說一個信念為假，是說它是某種「信念錯置」
c （ἀλλοδοξίαν）；｜當有人，對於某個「是……」的東西，
他在想法上錯換了而說它是另一個「是……」的東西。因
為，如此，他永遠是對「是……」的東西形成信念，但把
這個當成另一個，把他檢視的東西弄錯了，我們可以公允
地說他抱持假信念。

泰鄂：我認為你現在說得很正確！因為當一個人把美的當
作醜的、把醜的當作美的，而形成信念，他真的抱著假信
念。

蘇：顯然，噢，泰鄂提得斯，你小看我而且根本不怕我。

泰鄂：哪有？！

d 蘇：我想你以為我不會去駁斥「真的假」，｜詰問是否可
能慢慢的快、或重重的輕，或其他反過來不按自己的本
性、卻按相反者的本性而變成與自己相反狀態的東西。[137]
這點，為了別白費了你的勇氣，我就不說了。你樂意接
受，像你說的，抱持假信念就是信念的錯置？

泰鄂：我是。

蘇：根據你的信念，有可能在想法上把某個東西當作另一
個，而不當作原來那東西。

泰鄂：是。

e 蘇：當「思想」（ἡ διάνοιά）在做這件事，不是一定會想
到兩者或是兩者其中之一嗎？

---

[137] 蘇格拉底抓到泰鄂提得斯的語病，因為他剛剛說「他『真的』抱著『假』
信念」；「真」和「假」相反，所以泰鄂提得斯的話蘊含著「假」的東西可
以按照相反者（真）的本性變得「真」。

泰鄂：一定會；要嘛一起，要嘛一個一個來。

蘇：漂亮！你也把這思想活動稱為我所稱的東西嗎？

泰鄂：你叫它什麼？

蘇：討論（λóγον），就是心靈自己和自己對要檢驗的事物徹底進行的討論。其實我不懂，卻向你說明。這是我閃過的印象：當心靈思考時，不外乎是｜在對話，[138]它自問自答，自己肯定與否決。當它做決議時，不管它進行得很慢或是很快，已經說就這麼回事了、沒有懷疑了，我們把這個當作它的信念。所以我把「形成信念」稱為「談話」，把「信念」稱為「被說出的話」，不過不是對別人發出聲音說話，而是靜靜地對自己說。你怎麼樣呢？

泰鄂：我也一樣。

蘇：當有人把某個東西想成另一個，而且，就好像他對自己說這東西就是另外那個東西。

b 泰鄂：怎不是呢？

蘇：回想一下：你是否曾對自己說絕絕對對「這個美的東西是醜的」、「這件不正義的事是正義的」。或者，總而言之，請檢查一下：你是否曾試圖說服自己，某個東西絕對是另一個東西；或完全相反，你從不曾、在睡眠中也不曾對自己說無論如何這些奇數是偶數，或其他這一類的。

泰鄂：你說得對。

---

138 內心對話的比喻，在《詭辯家》263e-264b和《斐利布斯》38c-e也有出現。（因此Chappell 167 n.132判斷這項對思想的模型（model of thought）是柏拉圖自己的設想，而不是像對話錄中出現的其他許多說法一樣是在檢驗他同時代思想家的想法。）

c 　蘇：至於別人，你想，不管心智健全或瘋子，有人會認真對自己說、說服自己：這頭牛一定是匹馬，或「二」一定是「一」？

　　泰鄂：宙斯啊！我沒這麼想。

　　蘇：那，如果「對自己說話」是在「形成信念」，沒有任何人對兩個東西會又說話、又形成信念、又用心靈掌握了兩者，卻宣稱而且認為一個東西是另一個。但你也必須放

d 棄這說詞。我說的是這樣：｜沒有人會形成信念認為醜的東西美或其他這類的事。

　　泰鄂：呃，蘇格拉底，我放棄而且我認同你的說法。

　　蘇：而對兩個東西都抱持信念的人，不可能把其中一個想成另一個。

　　泰鄂：似乎如此。

　　蘇：但只對其中一個東西有信念、對另一個東西沒有的人，他又絕不會把其中一個想成另一個。

　　泰鄂：你說得對；因為那他就必須也掌握那個他沒在想的東西。

　　蘇：那，不管是對兩者、或只對其中之一抱持信念的人，

e 都不｜能夠錯換信念（ἀλλοδοξεῖν）。所以，如果有人界定假信念為「信念錯置」，他在胡說；不論是這條路或沿著先前的路，似乎，我們還是沒有假信念。

　　泰鄂：好像沒有。

　　蘇：可是，泰鄂提得斯，如果這看起來也不對，那我們將會被迫同意許多荒謬的事。

　　泰鄂：哪些呢？

　　蘇：我不告訴你，除非我先用各種方式試著檢驗過。因為

191 我會為我們感到羞愧，當我們在這裡還在困惑，卻｜被迫同意我說事情是像那個樣子。但是，如果我們找到了出路而且解脫了，然後我們就能去說其他人怎樣遭受到這些事，因為我們已經置身於這荒謬之外了！但如果我們無論如何仍在困惑，我想我們會被挫低而向論證降伏，好像暈船時走路，隨人家高興被擺弄。這樣的情況下，我仍然發現有條路，是我們探尋的出路，你聽聽看。

泰鄂：你就說吧！

蘇：我會說我們做的同意不正確：當時我們同意，一個人

b 對所知道的事，不可能把他所不知道的事想成是｜這些事而弄錯了。可是，某方面來說這是可能的。

泰鄂：你是在說我曾猜想過的事嗎？當時我們說這是像這個樣子的：有時，雖然我認識（γιγνώσκων）蘇格拉底，但我從遠處看到另一個我不認識的人，卻以為是蘇格拉底、我知道（οἶδα）的那個人？因為這種情況很像你說的。

蘇：我們不是離開了這點嗎？因為當我們知道那些我們知道的事時，它讓我們不知道？

泰鄂：那當然。

蘇：我們不要這樣假設，而要用別的方式：或許有某個方

c 式事情與我們｜一致，或許相反。但因為我們處於這樣一種狀況，在這狀況下，必須要轉動論證來進行測試。檢查看看我說的話：是否有可能先前不知道某件事，後來卻學了？

泰鄂：是可能的。

蘇：那，一件又一件？

泰鄂：怎不？

蘇：幫我假設，為了論證的目的，在我們的心靈內有個蠟

的模子，有的大，有的小，有的是乾淨的蠟，有的比較

d　髒，還有｜比較硬的，有些人的比較溼潤柔軟，另一些人的狀態恰當適中。[139]

泰鄂：我設了。

蘇：那就讓我們稱它為來自繆斯之母「記憶」的禮物，在這模子上，如果我們想記下什麼看到的、聽到的、或自己心中想的事，把它墊在這些感覺和想法下，印下來，就像印下指環上的印章；而印下的東西，就記得而且知道，只

e　要印記的形象還在上面。而被磨掉或沒能｜印下來的東西，就忘了而且不知道。

泰鄂：就這樣吧！

蘇：現在，一個知道這些事的人，同時也檢視著他看到或聽到的某個東西，請看看他是否會以這種方式形成假信念。

泰鄂：哪種方式？

蘇：對於已經知道的事，有時他想的是他知道的事，有時卻是不知道的事。這些事在先前的討論中，我們不大漂亮地同意過，同意那是不可能的。

泰鄂：現在你怎麼說？

192　**蘇**：必須把這些事從頭說起，我們界定：[140] 一個人所知道

139　蠟的模子（κήρινον ἐκμαγεῖον）可以印下圖形、記號等等；古希臘另外有種寫字用的蠟版（δελτος），可能更接近經驗主義「心靈如白板」的比喻。蠟喻與經驗主義的關係，見哲學討論。

140　以下共有十七種錯認的排列組合。在 Levett（Burnyeat rev.），Chappell，Waterfield 的譯文中都加入了編號，Chappell 甚至在譯文中以 X 和 Y 標示錯認的對象，以使閱讀清晰。但這裡為盡量保持文本原貌，將編號和整理置於哲學討論中。

的東西，他在心靈裡有過這東西的記憶，但現在沒在感覺它，而認作是另一個他所知道的東西，他有那東西的印子，但沒在感覺，這不可能。再來，也不可能把他所知道的東西，認作是他不知道也沒有印記的東西；也不可能把他不知道的東西，認作是他不知道的；也不可能把他不知道的東西，認作是他知道的；也不可能把他在感覺的東西，認作是另一個他在感覺的東西；也不可能把他在感覺

b 的東西，認作是某個他沒在感覺的東西；也不可能把他沒｜在感覺的東西，認作是他沒在感覺的東西；也不可能把他沒在感覺的東西，認作是他在感覺的東西。還有，再來，把他所知道、在感覺、也由於感覺而有印記的東西，認作另一個他知道、感覺到、也由於感覺而有印記的東西，這比剛剛那些更不可能，如果可能的話。而把他所知道、在感覺、而正確地擁有記憶的東西，認作他所知道的東西，

c 不可能；也不可能把他所知道、在感覺、並由於｜這些而擁有〔記憶〕的東西，認作他在感覺的東西；再來，也不可能把他不知道也沒在感覺的東西，認作他不知道也沒在感覺的東西；也不可能把他不知道也沒在感覺的東西，認作他不知道的東西；也不可能把他不知道也沒在感覺的東西，認作他沒在感覺的東西。所有這些，超出了在這些情況中形成某個假信念的不可能的限度。剩下的，在這一類的情況中，如果還有別的可能，就變成是下面這種情形。

泰鄂： 什麼情形？但願我能從這些事情多學一點；因為現在我跟不上了。

蘇： 在那些他知道的情況裡，以為這些東西是另一些他知道而且也在感覺的東西；或是，他不知道、卻正在感覺的

d 東西；或是｜把他知道也在感覺的東西，又再認作他知道
　　也在感覺的東西。

泰鄂：現在我遠遠地跟丟了，比先前都遠。

蘇：那換個方式重新聽聽看：我知道（εἰδὼς）泰歐多洛
斯，而且在我自己內心記得他是怎樣的人，我對泰鄂提得
斯也是同樣的情形，難道不會有的時候我看到他們，有時
沒看到，有時接觸到，有時沒接觸到，有時聽到或是獲得
其他感覺，有時我根本沒有任何和你們有關的感覺，但我
仍記得你們，一點也沒少，我在自己內心也仍認識你們？

e 泰鄂：當然。

蘇：這，你先學起來，這是第一點我想要釐清的，一個人
所知道的事物，有些是沒在感覺的，一種是正在感覺的。

泰鄂：真的。

蘇：那，不知道的東西，常常是沒在感覺的，但也常常只
有在感覺而已？

泰鄂：這也是。

193 蘇：看現在能不能比較跟得上：蘇格拉底如果｜認識
（γιγνώσκει）[141] 泰歐多洛斯和泰鄂提得斯，但當他沒在看兩
人中任何一個，他也沒有任何其他關於這兩人的感覺出
現，他也不會在自己內心形成泰鄂提得斯是泰歐多洛斯的
信念。我說的有意義嗎？

泰鄂：有！你說得很對。

蘇：這是我剛剛跟你說的那些情況裡的第一種。

---

141 柏拉圖似乎並不區分「知道」（οἶδα）和「認識」（γιγνώσκω），在這段落中
交替混用這兩個動詞。

泰鄂：是。

蘇：第二種情形：我認識你們其中之一，而不認識另一個，當我沒在感覺你們倆任何一個，我也不會把我知道的這個認作是我不知道的那一個。

泰鄂：對。

b　蘇：第三：我兩個都不認識，當我兩個都沒在感覺時，也不會把其中一個我不知道的人認作是另一個我不知道的人。還有先前其他那些情形，假設你全按順序再聽一次，在那些情況中，我永遠不會對你和泰歐多洛斯產生假信念，不論我兩個都認識、兩個都不認識、或認識一個而不認識另一個。關於感覺也是同樣的情形，你跟上來了嗎？

泰鄂：我跟上來了。

蘇：剩下可以形成假信念的是這情形：當我認識你也認識

c　泰歐多洛斯，而且在那塊｜蠟上就像用你們倆的圖章一樣蓋有兩人的印記，當我在長距離外而且沒有充分仔細看這兩人時，我急著把屬於其中一個的印記配給適合的那份視覺，放進去合到它自己的印痕裡，好能形成辨識，然後我弄錯了，就像鞋子穿反了的人，我錯把對其中一個人的那份視覺分配到另一個人的印記了，或是像那些鏡子裡視覺

d　發生的情形，左右對調，同樣的｜經驗，我搞錯了；於是結果出現「信念交錯」並形成假信念。

泰鄂：看來是的，蘇格拉底。你對於這種信念的經驗說得很讚！

蘇：再來，當我兩個人都認識，對其中之一除了認識我也正在感覺，但對另一個卻沒在感覺；而我對其中一個的認識沒有符合那份感覺，這也在先前我談到的情況裡，那時

你還不懂我的話。

泰鄂：是不懂。

e　**蘇**：我剛剛就是說這個：當有人認識其中一個，也｜正在感覺他，當這份認識符合對他的那份感覺，就絕不會把他想成是另一個也知道、也正在感覺、而且對那人的認識符合那份感覺的人。是這樣嗎？

泰鄂：是。

蘇：但我看還漏了我們現在講的，就是那個我們說會出現假信念的情形，兩個都知道，｜而且正在看這兩個或對兩者都有其他某份感覺，但兩個印記卻沒有各自合到自己的那份感覺，而是像差勁的弓箭手射偏了靶而失誤了，這就是所謂的「假（錯）」。

194

泰鄂：很合理。

蘇：當對於其中一個印記的感覺出現了，對另一個的沒出現，但沒出現感覺的印記卻合到了那個有出現的，所有這種情況就是想法弄錯了。一言以蔽之，關於那些一個人不曾知道也不曾感覺到的事物，｜看起來，既不可能出錯，

b　也不會是假信念，如果現在我們說的還算妥當。關於我們知道而且也正在感覺的東西，就是在這些情況下，信念轉變、轉換，而出現假信念和真信念，正好把恰當的印記和痕跡直接配起來為真，偏掉和扭曲為假。

泰鄂：不是說得很好嗎，蘇格拉底？

c　**蘇**：聽過下面這個，你更會這麼說。形成真信念很美好，而出錯則是見醜了。

泰鄂：難道不是？

蘇：人們說接下來事情會變成這樣：當心靈裡的這塊蠟是

深刻、豐富、平整而適當地軟化時，事物透過感覺，在這
塊靈魂的蠟，「心」，留下印象，荷馬說「心」，謎樣地暗
d 示它和蠟的相似，[142]當｜這些人形成的印記很乾淨，而且
夠深而能保持很久，像這樣的人，首先他們很能學，其次
記性很好，他們不會弄錯感覺的印記，而能形成真信念。
由於印記清晰又有大量空間，他們迅速分配到它們每一個
自己的模子上，這些模子就是所謂「是」的東西，這些人
就是所謂有智慧的人。或者你不這麼認為？

泰鄂：太了不起了！

e **蘇：**當某個人的心是粗糙的，雖然是那全智的詩人所讚
許；[143]或者當它有灰塵而且那塊蠟不乾淨，或是水分太
多，或太硬，其中溼潤的蠟很能學，但也忘得快，硬的則
相反。至於那些蠟粗糙不平像石頭的人，混雜了滿滿的土
或灰塵什麼的，他們抱著模糊的模子。模糊的還有那些蠟
195 很硬的人；因為裡面印不深。模糊的｜還有那些蠟太溼潤
的人；因為磨損太快而變模糊。如果，除了上述所有情況
之外，要是這是個小心眼的人的心，[印記]由於空間狹小
而彼此撞疊在一起，就會比剛剛那些還更模糊！所有這些
人都可能出現假信念。因為，當他們看、聽或是在想某件
事物時，他們不能迅速把每一個印記分配給每一個東西，
他們是慢的還有分配錯誤的人，他們看錯、聽錯、想錯大

---

142 希臘文「心」（κέαρ，柏拉圖用字）的縮寫（κῆρ，荷馬用字），和「蠟」
（κηρός）很相似。

143 荷馬《伊利亞特》第二卷851行用「胸口毛茸茸」當作對皮萊墨涅斯王的正
面形容（羅念生、王煥生中譯），「胸口毛茸茸」原文也可以譯為「心很粗
糙」。

部分的東西，這些人可以被稱為「弄錯了『是』」而且無知的人。

b 　**泰鄂**：你說得比任何人都對，蘇格拉底！

　　蘇：我們說，在我們之中是有假信念？

　　泰鄂：當然有！

　　蘇：也有真信念？

　　泰鄂：也有真信念。

　　蘇：我們想已經足以達成共識：確定是有這兩種信念？

　　泰鄂：太對了！

　　蘇：啊！泰鄂提得斯，恐怕一個亂講話的人真的是又糟糕又不討人喜歡。

　　泰鄂：什麼？你這是在說什麼？

c 　**蘇**：我受不了自己的遲鈍和真正的胡說八道。還能用什麼別的說詞？當一個人拖著論證上上下下，因為糊塗而不能讓人相信，而且又難以放棄每一個論證？

　　泰鄂：你受不了什麼？

　　蘇：我不只受不了，也害怕怎麼回答，如果人家問我：

d 「蘇格拉底，你已經發現到假信念既不是在感覺對應到｜感覺之間，也不是在想法對應到想法之間，而是在感覺對應到想法之間的關聯上[144]了嗎？」我想我會說是，炫耀一下彷彿我們已經發現了什麼很美妙的東西。

---

144 參見在192c-d指出只有三種可能發生假信念的情形（把知道的事物認作是另一個知道且感覺到、或不知道卻正在感覺的事物，或是把既知道也正在感覺的事物認作是另一個既知道也正在感覺的事物）。這三種情形，根據193e-194b的整理，對話雙方同意假信念是發生在當下感覺和心中印記（想法）之間的搭配。

泰鄂：在我看來，蘇格拉底，現在顯示的論點並不醜啊！

蘇：「那」，對方說：「你說，這個人我們只是在想，而沒在看，我們也絕不會想成是一匹馬；雖然那匹馬我們也沒在看、也沒觸摸，只是想，但完全沒在感覺牠？」我想我會說「就是這樣。」

泰鄂：對啊！

e **蘇**：「哦？」他說：「11，難道不是說，當一個人只用想的，照上面這說法，他就絕不會想成 12，這 12 也是只用想的？」來！你來回答。

泰鄂：我回答說：有人正在看或觸摸 11，卻想成是 12；然而在想法上來說，關於這些事，他並沒有形成這樣（11）就是那樣（12）的信念。

196 **蘇**：哦？你想，有個人自己在心裡想「5 加｜7」，我說的不是把 5 個人和 7 個人擺在面前檢查，也不是類似情況，而就是「5 加 7」，我們說它們是在那邊那模子裡的記憶，而且在這些情況不可能形成假信念，關於同樣這些事，是否會有人已經檢查過了，卻對自己說、問自己總數究竟是多少？是不是有的人說他想是 11，有的人說 12，或是所有人都說而且認為它們是 12？

b **泰鄂**：不，宙斯啊！很多人都會說 11；如果用較大的數來檢驗，更會出錯。我想你談的是所有的數。

蘇：你想得很對；仔細想想，這並不是把那模子上的 12 想成 11。

泰鄂：好像是。

蘇：那，又再回到最初的說法了？當一個人經驗到這情形，把一個他知道的東西認作是另一個他也知道的東西，

我們剛剛說這不可能，[145]而且正由於同樣這一點，我們剛
c　剛必須使｜假信念是不可能的，以免同一個人對同一些東
西必須既知道卻又同時不知道。

泰鄂：很對。

蘇：那，必須要指出「形成假信念」並不在於「想法到感
覺間傳遞上的變換（παραλλαγήν）」。因為如果是這樣，我
們絕不會在想法本身之中出錯。但現在，要嘛真的沒有假
信念，或者一個人所知道的事也能同時不知道。這兩者你
要選擇哪一個？

泰鄂：你設了沒有出路的選項，蘇格拉底。

d　**蘇**：不過，兩條路恐怕論證都不會容許。但同樣地——每
條路都該闖闖——我們要不要試著無恥一點？

泰鄂：怎麼做？

蘇：企圖去說究竟「知道」是什麼樣子。

泰鄂：為什麼這無恥？

蘇：你好像沒在想整個我們從一開始的討論就是對知識的
探索，因為我們不知道知識是什麼。

泰鄂：我有在想啊！

蘇：那麼，這看起來不是無恥嗎？不知道知識，卻要指出
e　「知道」是什麼樣子？因為，｜泰鄂提得斯，從很早我們
就充滿了不純淨的對話。我們說了一萬次「認識」和「不
認識」，「知道」和「不知道」，好像我們彼此都了解那是
什麼，其實我們仍對知識無知。如果你要挑，現在就在這
一刻，我們使用了「無知」和「了解」，彷彿恰當使用這

些詞，其實我們缺乏知識。

泰鄂：那要用什麼方式對話，蘇格拉底，當你避掉這些詞？

197　蘇：沒辦法，我不過是我，如果我是很善辯的人［就有辦法了］。那一類的人，如果現在出現了，他就能避掉這些詞，而且會向我們強烈抨擊我所說的話。既然我們是庸才，你想要我去說說「知道」是像什麼樣子嗎？因為，這對我顯得像會滿有用的。

泰鄂：憑著宙斯，放膽去吧！當你避不掉這些詞時，大可獲得原諒。

蘇：你有聽過現在人們怎麼說「知道」嗎？

泰鄂：或許有。但這時候我一個也不記得。

b　蘇：他們說：「知道」就是「有知識」（ἐπιστήμης ... ἕξιν）。

泰鄂：對喔！

蘇：我們來做一點小改變，就說是「擁有知識」（ἐπιστήμης κτῆσιν）吧！

泰鄂：我們這說法和他們的有什麼不同？

蘇：或許沒有。你先聽聽我的看法，然後一起檢驗看看。

泰鄂：如果我能的話。

蘇：對我而言，「擁有」（τῷ κεκτῆσθαι）顯然和「有」（τὸ ἔχειν）[146] 並不相同。例如衣服，某個人買下它，有權使用卻沒穿著，我們不會說他「有（穿）」那衣服，而會說「擁有」。

---

146 這裡的 τὸ ἔχειν 很難找到恰當的翻譯，可以指「掌握在手中」、「正穿戴著（衣物）」等等，不僅靜態擁有，也動態地正在掌握或運用。「擁有」只是「有」的其中一種意思而已。

泰鄂：對。

c　蘇：你看，知識是否可能像這樣被「擁有」而不是「有」，就好像有人把野鳥、鴿子或什麼的，捕了來，在家裡準備好鳥舍飼養，某方面我們會說他永遠「有」這些鳥，因為他「擁有」它們。是嗎？

泰鄂：是。

蘇：另一方面，他沒「（握）有」任何一隻，但他有能力接近它們，既然在自己家的籠子裡使它們在他的掌握之

d　下，｜想的時候就能抓住、握有，任何時候想要哪隻就捕哪隻，也可以放走，隨便他想幾次就可以這樣做幾次。

泰鄂：就是這樣。

蘇：再來，就像先前談話中我們在心靈裡設置了某種蠟，我不知道是怎樣的模子，現在，再次在每一個心靈裡，我們要做一個鳥籠，裝了各種鳥，有些自成一群和別的鳥分開，有些很小群，有些單獨一隻，穿梭在所有鳥之間飛翔。

e　泰鄂：已經做好了。接下來是什麼？

蘇：當我們是小孩時，應該說它是個空殼子，把那些鳥代換成知識來想。當一個人擁有了知識，就關進籠子裡，我們說這人學習到或發現了這件事，這知識就是對這事的知識，而這就是「知道」。

泰鄂：就是這樣。

198　蘇：再來，如果這人想要一項知識，他獵捕、捉著握住它，並又放走它，你想一想，需要用什麼名稱？和那些最初他所獲得的東西同樣的名稱或不同的？這樣你會更清楚明瞭我在說什麼：你說算術是技藝（τέχνην）嗎？

泰鄂：是。

蘇：請你把這技藝假設為「對所有偶數與奇數知識的獵捕」。

泰鄂：我在假設。

b　蘇：這個，我想，憑這技藝，這人能把｜對數字的知識掌握在手中，傳授的人也［憑這技藝］傳給別人。

泰鄂：是。

蘇：我們稱傳授的一方為「教」，獲得的一方為「學」，至於「有」的一方，藉由關在那個籠子裡而擁有，稱為「知道」。

泰鄂：太對了。

蘇：現在，從這裡，你要小心留意！是個完美的算數家，不就是所有數字都知道嗎？因為所有數字的知識都在他的心靈裡。

泰鄂：怎不？

c　蘇：像這樣的人，當他在算東西時，要嘛是自己對自己算那些數字本身，要嘛是其他某個外在的有著那個數量的東西？

泰鄂：怎不是呢？

蘇：而「算」，我們設想不外是去檢查數量上正好是什麼數字。

泰鄂：是這樣。

蘇：對於所知道的東西，當他檢查時，顯得好像他並不知道，這人我們已經同意過他所有的數都知道。你聽出像這一類的問題了吧！

泰鄂：我聽出了。

d　蘇：然後我們仿照對鴿子的擁有與獵捕，我們說「獵捕」

有兩種：一種是在擁有之前為了擁有的獵捕；另一種是已
經擁有了，但為了要捉住並在手裡握有（ἔχειν）那早先已
經擁有的東西。就是這樣，對於那些東西，這以前已經學
過的人有了知識，他知道它們了，仍可能再次學習同樣的
東西，獲取這每一項的知識，並加以掌握（ἴσχοντα），這
是他以前就已經擁有的，但並沒有用思想握有在手邊。

泰鄂：真的。

e　蘇：這就是我剛剛要問的，應該要怎麼樣使用這些詞語來
討論它們。當一個算數家來算數字，或是一個文法專家來
讀[147]某些東西，他雖然知道，但他又再次來到同樣的情
況，再向自己學一次他所知道的事？

泰鄂：但這很怪，蘇格拉底。

199　蘇：那，那些他現在不知道的東西，我們能說他將會讀｜或
是會算嗎？當我們已經給過他所有文字和所有數字去知道了
啊？

泰鄂：可是這沒道理啊！

蘇：那你想要我們說：我們對這些名稱完全不在意，隨人
高興扯來「知道」和「學習」，我們界定過，其中一個是
「擁有知識」，另一個是「握有知識」；一個人已經擁有的東
西，我們說不可能是不曾擁有過的；所以絕不會推論出一

b　個人不知道他所知道的事，但卻可能｜對這事抱持假信
念？因為可能握有的不是對這東西的知識，而是以另一項
知識替代它。當一個人在獵捕某項知識時，它們交錯飛

---

147 「讀」（ἀναγιγνώσκω），這個字由 ἀνα-（類似英文動詞後接 up）和 γιγνώσκω
（認識）組成，也有「辨識出來」、「認得」的意思。

翔，他錯把一項知識捉成另一項知識，這時，他把11想成是12，他捉著11的知識當作12的知識，這知識在他之內，就好像他捉著斑鳩當作鴿子。

泰鄂：很有道理。

蘇：當那個他試圖要捉的知識，捉到了，沒弄錯，這時是對真正「是」的東西形成信念。就是這樣，有「真信念」
c　也有｜「假信念」，對於那些先前談話裡使我們心煩的東西，沒有一項再絆住我們的腳了？或許你會同意我；不然你會怎麼做？

泰鄂：就是這樣。

蘇：而且我們也免除了「不知道所知道的事」！因為「沒擁有已經擁有的東西」這種結論不再產生，不管我們有沒有弄錯什麼東西。然而，更可怕的另一種經驗才要出現呢，我認為。

泰鄂：哪種經驗？

蘇：當那些知識的變換（μεταλλαγή），竟然變成假信念！

泰鄂：怎麼說？

d　**蘇**：首先，對某物有知識卻又對這個東西無知，並不是由於無知而是由於對這東西本身的知識；[148] 其次，又形成信念（δοξάζειν）把另一個東西當作這東西、把這東西當作另一個東西，這不是天大的荒謬嗎？當知識出現時，心靈卻又什麼也不知道，對一切無知？按照這說法，沒有任何

148　因為，以為「7+5=11」時是捕捉錯鳥，但原先預設鳥籠中的每一隻鳥都是先前獲取而來的知識，就算現在捉到手中的「11」是錯誤的鳥，但也是先前已經擁有的對「11」的知識。

一點可以防止無知出現卻使我們知道東西、盲目出現卻讓
我們看到東西，既然知識竟會使人無知！

e　**泰鄂**：或許，蘇格拉底，這不妥善，那些鳥我們剛才設定
時只設定成知識；我們應該也要設定「不知道」
（ἀνεπιστημοσύνας）也在心靈裡一起飛，獵捕時，有時捉
到知識，有時捉到對那事情的「不知道」，形成假信念就
是由於「不知道」，真信念才是由於知識。

蘇：要不讚美你，泰鄂提得斯，可真不容易！不過你說的

200　也是要再檢查一下。就讓事情如你所說：那個｜捉到「不
知道」的人，你說，形成假信念。是嗎？

泰鄂：是。

蘇：當然他並不會認為他在形成假信念。

泰鄂：哪會？

蘇：他認為真，好像知道一樣很確定那個他弄錯的東西。

泰鄂：怎不？

蘇：他會以為他獵捕到而握有的是知識，而不是「不知
道」。

泰鄂：顯然如此。

蘇：那，我們繞了好遠，又再回到最初的困惑了！[149]那位

b　善於論辯的人｜會笑我們說：「好人們！是否有人同時知
道兩者，『知識』與『不知道』，卻把他所知道的其中一
個，想成是另一個他也知道的東西？或者，當他兩個都不

---

[149]　見188b-c有關假信念如何可能的第一項檢驗，當時蘇格拉底已經否決過這
裡接下來列出的四種可能。

知道，卻把他所不知道的其中一個，認為是另一個他也不知道的東西？或者，當他知道一個，不知道另一個，他會把知道的，認為是不知道的？或者，把他不知道的，想成他知道的嗎？還是，你又要告訴我，也有關於那些『知識』與『不知道』的知識，當一個人已經擁有這些知識，

c 不管是在別的莫名其妙的鳥籠裡或在蠟模子裡｜關著，只要他已經擁有了，他就知道，即使並未握有在他心靈的手裡？就這樣，你將被迫跑進相同的地方一萬次，一點進展也沒有？」面對這些話，泰鄂提得斯，我們怎麼回答？

泰鄂：宙斯啊！噢，蘇格拉底，我沒有什麼該說的了。

蘇：那，孩子，這論證是不是漂亮地擊倒我們，並證明我

d 們先｜探索假信念而把知識放走了，是不正確的？這是不可能知道的，除非先充分掌握到知識究竟是什麼。

泰鄂：一定的，蘇格拉底，在現在的情況下，只得按你說的想。

蘇：再從頭開始，有人說知識是什麼？我想我們不會放棄吧？

泰鄂：不，只要你不放棄。

蘇：說吧！到底我們要說什麼，才最不會讓我們自相矛盾呢？

e 泰鄂：就我們剛剛試過的，蘇格拉底，前面的話裡；因為我沒有別的答案了。

蘇：哪個？

泰鄂：「真信念就是知識」。沒出錯就是在形成真信念，而那些憑著真信念產生的全都又美又好。

蘇：這個帶我們過河的人，[150]泰鄂提得斯，他說：事情會

201　自己顯現；而且這事，當我們前去尋覓它，很可能｜它在

路上絆住我們的腳而自己顯現，這個我們探尋的東西；但

當人們停下來，就什麼也不明白了。

泰鄂：你說得對；我們前進吧！檢驗吧！

蘇：那，這點需要簡短的檢驗：有項技藝，整個會向你指

出知識不是真信念。

泰鄂：怎會？什麼技藝？

蘇：這技藝屬於那些智慧上最了不起的人，人們稱這些人

演說家和律師[151]。他們運用自己的技藝去說服（πείθουσιν），

而不是去教（διδάσκοντες），使人形成他們想要的信念。

b　或者你認為有這麼厲害的教師，｜教那些不在場的人「有

人被搶了錢」或「受了其他暴力欺負」，他們能夠在水

鐘[152]催促下，足以教出一丁點關於事件的真相？

泰鄂：我想根本不能，他們只是在說服。

蘇：說服，你說的不就是「使人形成信念」？

泰鄂：怎不是呢？

蘇：如果是被公正地說服，陪審團的人們（δικασταὶ）[153]對

---

150 「帶我們過河」的典故是：有個帶人過河的人，到河邊時，別人問他水有多
深，他回答：「（河水）自己顯現。」也就是說，問帶路的人問不出結果，
必須自己去試。（Cf. Fowler 219 n.1; Burnyeat 337 n.49）

151 δικανικούς（原型 δικανικός）原意指很能在法庭案件上勝出、具有法庭論辯
與訴訟技巧的人，相當於訟師或律師。

152 雅典法庭用水鐘計時限制發言時間。（見172e注釋）

153 原型 δικαστής 有裁判者、法官的意思，但雅典法庭制度中以這字的複數
（即這裡的用法）來指陪審團；我們一般認知的「法官」（審理、宣告案件
裁決者）通常使用另一個字（ὁ κριτής）。

於那些只有眼見為憑才能知道、否則就不能知道的事，藉

c 由｜聽證來做判斷，他們把握的是真信念，沒靠知識判斷，卻正確地獲得說服，只要他們好好裁決？

泰鄂：非常正確。

蘇：那就不會，啊，朋友，如果真信念和知識是一樣的，一流的陪審員就不會形成了正確信念卻沒有知識！但現在看起來它們各自是不同的。

泰鄂：有個說法，蘇格拉底，我聽過人家說，先前忘掉了，現在我想起來：他說，「加上說明的真信念」（τὴν ...

d μετὰ λόγου｜ἀληθῆ δόξαν）就是知識，而沒有合理說明的（ἄλογον）則在知識之外；一件事沒個說明，就不是「可知的」（ἐπιστητὰ），他用詞就是這樣，而有說明的，才是可知的。

蘇：你說得很好。那這些可知的和不可知的事，要怎樣區別？說吧！看你和我聽到的是不是相同。

泰鄂：但我不知道我能不能想出來；要是由另一個人來說，我想我可以跟。

e **蘇：**那就聽一場夢來回應夢。[154]因為我｜想我也是從別人

---

154 用「夢」一詞可能是在表示下面所說的理論是聽來的：如《斐利布斯》20b也用「夢」形容「在作用和效果上，可能有別的事物會比快樂與智慧更好」這聽來的說法。或是無法直接說明清楚、不夠確定的：如《卡密迪斯》173a蘇格拉底以「夢」形容他對智慧的看法；《理想國》443b以「夢」形容他對城邦的設想；《克拉梯樓斯》439c以「夢」形容有關絕對美、絕對善的主張等等。由於這裡用「夢」一詞，文中接下來所說的理論，一般討論上稱為「夢理論」（the Dream Theory）。至於「夢理論」的來源，比較被討論到的有兩種可能：一是艾克芬特斯（Ecphantus of Syracuse），是受恩培多克勒斯（Empedocles）醫學、生物學影響，畢氏學派的（Pythagorean）哲學家。這

聽來的：有一些最原初的元素（τὰ ... πρῶτα ... στοιχεῖα），
由這些元素組合出我們和其他東西，這些元素沒有說明。
因為它們只能各自憑著自己去命名，不可能再進一步說別
的，不管說它「是」（ἔστιν）怎樣或「不是」怎樣；因為
202 那就已經把「是」（οὐσίαν）或「不是」放在它們身上，｜
可是應該沒有任何東西在它們身上，既然人家說它是自己
單獨一個。那麼，不論「它」或是「那個」、「每個」、
「單獨一個」或「這個」，都不應該被加上去，其他許多這
類詞語也不行。因為這些詞語到處跑，被運用在所有東西
上，這些詞語不同於那些加上它們的東西，應該要，如果
它是能被說的，要有屬於它自己的說明，[155] 而不會說到所
b 有其他的東西。但現在｜不可能以任何方式用語言去說這
些最初元素：因為，對於它，無法不是只叫名稱——因它
只有名字——至於那些由它們組合出的東西，就好像它們
被編織起來，就這樣，它們的名字交織成一套說明；因為
名稱的交織就是「說明」的屬性（οὐσίαν）。就這樣，那
些元素是無可說明的，也是不可認識的，但卻可以被感
覺；而組合物（συλλαβὰς）則是可以認識、可以說，也可
c 以形成真信念。於是，當沒有說明的真｜信念，有人掌握

說法早先由Burnet提出。（J. Burnet, *Early Greek Philosophy*, 3rd ed., 1920:
277 ff.; Cf. A. E. Taylor 1966 345-6）另一則是Antisthenes，是和柏拉圖同時
代的雅典哲學家，曾提出：要去說一個事物，必須要以本來就屬於這事物
的說明來說。這說法早先由Gillespie提出（C. M. Gillespie, "The Logos of
Antisthenese," *Archiv für Geschichte der Philosophie* 26（1912-3）: 479-500, &
27（1913-4）: 17-38. Cf. Burnyeat 164-173; Cornford 144 n.2; Chappell 204-5）

155 柏拉圖這裡的用字（οἰκεῖον ... λόγον），和亞里斯多德《形上學》1024b33-34
說明Antisthenes相關主張（見前註）時的用字（... οἰκείῳ λόγῳ）相同。

了，他的心靈對這事抱持真理，但卻並不「認識」；因為
當他不能夠給予或接收一套說明，他就不是「知道」這件
事；而當他進一步取得說明，他就能夠認識這一切，並在
知識方面達到滿全。你聽到的夢也是這樣，或你聽到的不
一樣？

泰鄂：完全一模一樣。

蘇：你樂意這樣設想：真信念加上說明就是知識？

泰鄂：樂意之至。

d **蘇：**噢，泰鄂提得斯，現在，就這樣，就在今天，我們已
經捉住了那長久以來許多有智慧的人都在尋找、找到以前
他們就變老了的那個東西嗎？

泰鄂：我完完全全認為，蘇格拉底，現在這說法說得很
好。

蘇：很可能事情就是這個樣子。哪會有知識是和說明以及
真信念分開的？然而在我們說的話裡有一點讓我不滿意。

泰鄂：哪一點？

e **蘇：**那點好像說得很漂亮，就是｜「元素」不可認識
（ἄγνωστα），而「組合物」這類則是可認識的（γνωστόν）。

泰鄂：不對嗎？

蘇：我們一定要明瞭：就好像抵押品一樣，我們有這理論
的例子，而這些例子對方卻用來說這一切。

泰鄂：哪種例子？

蘇：文字的元素（字母）和組合物（音節）。[156] 或者，你想

---

156 希臘文中「字母」和「元素」都是στοιχεῖον；「音節」和「組合物」都是
συλλαβή。

對方會以什麼別的觀點來說這些事，那位說出我們所說的
這些主張的人？

泰鄂：沒有，就這些。

203　**蘇**：讓我們檢測一下，把這些東西拿回來，更要檢視我們
自己，我們是不是這樣子學習文字的。先拿第一點：音節
可以說明，而字母則是無法說明的。

泰鄂：或許。

蘇：就我而言也顯得如此。假如有個人問到「蘇格拉底」
的第一個音節，像這樣：「泰鄂提得斯，告訴我什麼是
『蘇』（ΣΩ）？」你怎麼回答？

泰鄂：Σ加上Ω。

蘇：於是你就有對這音節的說明？

泰鄂：我是。

b　**蘇**：來，按同樣方式告訴我對Σ的說明。

泰鄂：一個人怎能說出字母的元素呢？因為，蘇格拉底，
Σ是個無聲字，只是一個聲響，好像舌頭噓一下；還有Β
既不發音、也沒聲響，大多數的字母都沒有。因此，我們
大可說這些字母是無法說明的，其中最特別的七個（母
音），也只有發音，而沒有任何一種說明。

蘇：這裡，夥伴，我們達成有關知識的論點了。

泰鄂：好像是。

c　**蘇**：哦？元素是不可認識的，但組合物可以，我們闡述得
對嗎？

泰鄂：可能對。

蘇：那麼，我們剛剛說的那音節是那兩個字母，要是多於

　　兩個，就是所有那些字母（τὰ πάντα），[157] 還是會變成單一
的一個觀念（μίαν τινὰ ἰδέαν），當它們結合起來時？

　　泰鄂：所有那些字母，我認為。

　　蘇：看這兩個，Σ和Ω。這兩個是我名字的第一個音節。
一個認識這音節的人不就會兩個都認識嗎？

d　**泰鄂**：怎不？

　　蘇：他認識Σ和Ω。

　　泰鄂：對。

　　蘇：哦？那，他對分別的每一個無知，對兩者都各不知
道，但這兩個一起他就認識了？

　　泰鄂：但這很怪、不合理（ἄλογον），蘇格拉底！

　　蘇：可是，如果一定要分別認識每一個的話，只要一個人
認識這兩個一起，就必須先認識所有那些字母，接下來這
人才會認識音節，就這樣那美好的說法就溜走了、離開我
們了。

e　**泰鄂**：而且好突然啊！

　　蘇：因為我們沒有好好看守它。或許應該假設音節不是就
那些字母，而是由字母中形成某個形式（εἶδος），它具有
屬於自己的單一觀念（ἰδέαν μίαν），而不同於那些字母。

---

157 因為後文將針對 τὰ πάντα、τὸ πᾶν 和 τὸ ὅλον 建立論證，以下這幾個詞固定中
　　譯為：

　　τὰ πάντα 所有；

　　τὸ πᾶν 全部；

　　τὸ ὅλον 整體、整個。

　　在文法上，「整體」和「全部」都是單數形，而「所有」則是複數形。行文
　　上要表達一個東西有好幾個「部分」時，會使用複數的「所有」來形容。

泰鄂：很對！或許事情就是這樣，而不是剛剛那樣。

蘇：必須要檢驗，而且不能這樣膽怯地放棄了偉大而莊嚴的說法。[158]

泰鄂：不能放棄！

204　蘇：就讓事情如我們現在說的，組合物由各個配合起來的元素形成單一的觀念，在文字上和其他所有事情上都一樣。

泰鄂：當然。

蘇：那它就不應該有「部分」（μέρη）。

泰鄂：為什麼？

蘇：如果它有「部分」，「整體」（τὸ ὅλον）必定是「所有的部分」（τὰ πάντα μέρη）。或者，你說「整體」由那些「部分」形成某個單一的形式，而異於「所有的部分」？

泰鄂：我是。

蘇：那「全部」（τὸ … πᾶν）和「整體」，你說它們相同

b　或｜彼此不同？

泰鄂：我不清楚，但因為你要我積極回答，我就冒個險，我說不同。

蘇：這份積極，泰鄂提得斯，很對！但是不是就這答案，應該要檢驗。

泰鄂：應該！

蘇：那，「整體」和「全部」不同，按現在的說法？

泰鄂：是。

蘇：哦？那「所有的東西」和「全部」有什麼不同嗎？[159]

c 例如當我們說「一、二、三、四、五、六」，和│「三乘二」或「二乘三」或「四加二」或「三加二加一」，這些全部我們說是同一個數或是不同？

泰鄂：同一個。

蘇：不就是六嗎？

泰鄂：是啊！

蘇：就每一個說法，我們都說「所有共是六」？

泰鄂：對。

蘇：再來，我們沒在說什麼東西嗎？[160]當我們說「全部」？

泰鄂：當然有。

蘇：不就是那六個？

泰鄂：沒錯。

---

159 「所有」（πάντα）和「全部」（πᾶν，在算術上指「總數」，但因為這個字不僅僅用在算術上，這裡基本上都譯為「全部」），在希臘文是同一個字的單數與複數型。

160 這裡按Duke等校訂的原文πάλιν δ᾽ οὐδὲν翻譯。讀者如果對照各英譯本，可能會讀到不同的翻譯。因這裡的原文在各版本中不大相同：Campbell（及Burnet）版，是πᾶν δ᾽ οὐδὲν，Cornford英譯還特別強調πᾶν字的重要，譯為"is there no sum that we express"（我們難道不是在說「總數／全部」嗎）；Hermann的版本，則將οὐδὲν作οὐχ ἓν，如Fowler的英譯為"again do we not speak of one thing"（我們不是在說「一個」東西嗎）。

另外，後面子句中的「全部」（τὸ πᾶν），bTW（b指西元895的Bodleianus或Clarkianuus版、T指10-12世紀的Venetus版、W指11世紀的Vindobonensis版）則作「所有」（τὰ πάντα）。（Cf. Cornford 150 n.2; Duke 1995 370; Fowler 1987 232-3） d　蘇：在所有由數字構成的情形中，我們稱「全部」和「所有的東西」是相同的？

泰鄂：看來是。

蘇：關於這些我們還可以這麼說：里程數和里程相同，是嗎？

泰鄂：是。

蘇：丈量數也是這種情形。

泰鄂：對。

蘇：部隊的數和部隊，還有所有這類事物，都一樣？全部的總數（ὁ γὰρ ἀριθμὸς πᾶς）就是各事物的「全部」。

泰鄂：是。

e　蘇：而這各事物的數不就是那些部分嗎？

泰鄂：沒錯。

蘇：有多少部分，就是由多少部分構成？

泰鄂：看來是。

蘇：而所有的部分，我們同意就是「全部」，既然全部的總數就是「全部」。

泰鄂：是這樣。

蘇：那「整體」就不是由「部分」構成。因為那樣就會是「全部」，是「所有的部分」。

泰鄂：似乎不是。

蘇：但既然是部分，難道是別的東西的部分，而不是「整體」的部分？

泰鄂：是「全部」的部分。

205　蘇：泰鄂提得斯，你很勇敢地應戰！而「全部」，如果什麼也沒少，它就是這東西「全部」？

泰鄂：必然如此。

蘇：「整體」不也是相同這東西，如果其中什麼也沒缺？要是其中缺了什麼，不論「整體」或「全部」就都一起從和這東西相同變成和這東西不同了？

泰鄂：在我看來，現在，「全部」和「整體」沒什麼差別。

蘇：那，我剛剛說這是有「部分」的，那「整體」和「全部」就會是「所有的部分」？

泰鄂：當然。

b 蘇：再來，就我剛剛試的，不就是說，如果｜組合物不只是一堆元素，它必定不只是具有它的那些元素當作「部分」，不然它就等同是它們，和那些元素是同樣程度地可知？

泰鄂：就是這樣。

蘇：那，為了避免變成這樣，我們假設過它和它們不同？[161]

泰鄂：是。

蘇：哦？如果元素不是組合物的「部分」，你能說什麼東西是組合物的「部分」、卻又不是那組合物的元素？

泰鄂：根本沒有！如果，蘇格拉底，我同意它有「部分」，卻又離開那些元素而走向其他東西，會很好笑。

c 蘇：非常確定的，泰鄂提得斯，根據現在的論證，組合物是單一不可分的觀念。

泰鄂：看來是。

蘇：那，你記得嗎？朋友，不久前的談話中，我們接受因為我們認為這話說得很好：最原初的東西沒有說明，別的

---

161 見203e。

東西是由它組合出來的，因此，它是各自「只憑自己」沒有組合的，把「是」用在它身上去說它，並不正確，也不能說「這個」，因為這樣就說到別的、它以外的東西，而就是這原因，造成它不可說明也不可認識。

泰鄂：我記得。

d　**蘇**：那，不就是這個原因，所以它是單一樣式的（μονοειδές）、不可分的？我看不出別的原因。

泰鄂：因為顯然沒別的了。

蘇：那麼，組合物就和那（元素）落入同一個類型（εἶδος）了，既然它沒有部分又是單一的觀念？

泰鄂：完全正確。

蘇：如果那組合物是很多元素，又是某個整體，這些元素是它的部分，那些組合物和那些元素就同樣地是可以認識的、可說的，既然「所有的部分」和「整體」被顯示為是相同的。

e　**泰鄂**：很對。

蘇：但如果它們是單一又沒有部分的，組合物一樣，元素也一樣，既沒有說明也不能認識；因為同一個原因使得它們這個樣子。

泰鄂：我沒別的可說。

蘇：下面這點我們不能接受：如果有人說組合物可以認識也可以說，元素卻恰恰相反。

泰鄂：是不能，如果我們被這論證說服了。

206　**蘇**：再來這個怎麼樣呢？相反的說法，你不會比較接受吧？從那些你自己已經知道的事，在對文字的學習上？

泰鄂：哪些？

蘇：當你進行學習時，不外乎是持續用看的、聽的試圖分辨這些字母，按每個字母本身各自分辨，以免字母的位置在說話中、書寫中，令你混淆。

泰鄂：你說的很對。

b 蘇：在琴師那裡要學到好，不外乎｜是要對於每一個音，都能夠曉得那是屬於怎樣的弦；既然大家同意說這些音是音樂的元素？

泰鄂：沒錯。

蘇：從這些我們自己也有經驗的元素和組合物來看，如果需要從這些印證到其他事物上，元素這類具有的認知，我們會說，比組合物的要清楚多了，而且更具關鍵性，就「分別要學到好」的側面而言。而且要是有人說組合物可以認識，而元素卻本來就不可認識，不管是不是故意的，我們會認為他在開玩笑。

泰鄂：的確。

c 蘇：針對這點還會出現其他證明，就我來看；至於原先設定的問題，我們可別因為這些而忘了去看，原先說的是：真信念加上一份附加的說明，變成究極完美的知識。

泰鄂：是該看看。

蘇：來，究竟「說明」對我們而言是指什麼意思呢？因為在我看來是在說三個意思裡的一個。

泰鄂：哪三個？

d 蘇：第一個是把對這事的想法透過聲音用詞語（ῥημάτων）和名稱（ὀνομάτων）[162]表明出來，就好像在鏡子或水面似

---

162 如果特指語句分析或文法方面，指動詞和名詞。見184c1注釋。

的，信念投影在從嘴流出來的河流裡。或者，在你看來「說明」並不是這一類的？

泰鄂：我看來是。無論如何，當有人這樣做，我們說他在說話（λέγειν）。

蘇：再來，這事大家或快或慢都能做到，表達自己對每件事的看法，只要這人不是一開始就聾就啞。於是，如此而

e 形成正確∣信念的人，所有人顯然都有伴隨說明的信念，而且正確信念將變得和知識毫無差距！

泰鄂：真的。

蘇：我們不要輕易評斷他亂講，當有人指出知識是我們現在所檢驗的說法時。或許這說話的人並不是在說這個，而是在被問到每一個事物是什麼時，能夠以那東西的元素作

207 為答案∣提供給問問題的人。

泰鄂：例如什麼呢，蘇格拉底？

蘇：例如赫西俄德（Ἡσίοδος），關於馬車，他說：「馬車有一百根木頭。」[163] 那些木頭我沒有能力去說，我想你也沒有。但，我們會很高興，如果人們問什麼是馬車時，我們能說得出有輪子、輪軸、車架、輪框、車軛。

泰鄂：那當然。

蘇：他或許會認為我們，比方說，在被問到你的名字時按

b 音節來回答，∣很可笑：我們一方面正確地形成信念，並正確地說出我們所說的話，另一方面竟以為自己是文字專

---

163 赫西俄德《工作與時日》456行，這是說要造一輛馬車必須使用到各式各樣的木頭一百根。這些木頭有各種不同的名目，例如輪軸、輪框或更專業的詞，所以蘇格拉底說他沒有能力說出所有這些名目。

家、能夠像文字專家似地說出對於「泰鄂提得斯」這名字的說明；但根本沒有人能夠有知識地說，直到有人徹底通過那些元素，伴隨著真信念之外，還說盡了每一個，也就是前面的話裡所說過的。

泰鄂：是說過了。

蘇：就是這樣，關於馬車，我們有正確信念，但那位能夠

c 徹底通過那些東西的每一個來敘述｜馬車屬性的人，都掌握了這點，已經掌握了加上說明的真信念，不是只會形成信念，而是變得對馬車的屬性既專業（τεχνικόν）又有知識，通過元素他完成了整體。

泰鄂：你認為好嗎，蘇格拉底？

蘇：只要你，夥伴，認為好，而且你也承認這條徹底通過元素的路、一項一項地，就是「說明」，而沿著組合物或

d 較大事物的路則無法說明，告訴我這點，｜好讓我們仔細檢驗。

泰鄂：我完全承認。

蘇：你是否認為［這種情況下］任何人是知道任何東西的：當這同一個東西在他看來有時屬於這事物，有時又屬於別的事物？或者，當他形成「有時是這東西屬於這事物、有時是別的東西」的信念？

泰鄂：宙斯啊，我不認為！

蘇：那你不記得在文字的學習上，開始時，你自己和其他人都做了同樣的事？

e **泰鄂：**啊，你是說有時屬於同一個音節的｜某個字母，有時我們把它想成另一個字；還有同一個字母有時放入適當的音節裡，有時放入其他音節？

蘇：我就是在說這些。

泰鄂：宙斯啊！我沒忘，我想，那些有這種情況的人還不算「知道」。

蘇：哦？如果，就在這樣的時間點，某個人寫下「泰鄂提得斯」的Θ和E，他認為該這麼寫，也就這麼寫了；｜又再試「泰歐多洛斯」，他寫T和E，他認為該那麼寫，也就那麼寫了，我們會說他知道你倆名字的第一個音節嗎？[164]

泰鄂：剛剛我們同意過這樣的人並不知道。

蘇：那，有什麼能防止這同一個人對第二個音節、第三個、第四個也這樣？

泰鄂：沒有。

蘇：那，這時候，他是通過元素的路而寫出「泰鄂提得斯」，伴隨著正確信念，當他按順序寫出來時？

泰鄂：顯然是。

b　**蘇**：但他仍舊是不知道的，雖然他抱持正確信念，像我們所說的？

泰鄂：是。

蘇：而他也有伴隨正確信念的說明。因為他是按著通過元素的路來寫的，這我們同意過是「說明」。

泰鄂：真的。

蘇：那，夥伴，加上說明的正確信念，應該還不能叫做知識。

---

164 「泰鄂提得斯」和「泰歐多洛斯」兩個名字的第一個音節的希臘文都是Θε-。希臘字母Θ（相當於英文Th-的音）是T（相當於英文T-的音）的出氣音，發音接近，容易弄錯。

泰鄂：恐怕是。

蘇：夢啊，好像是，我們原以為自己很富有，有最真的對
c 知識的說明。或者，我們先別｜否定？或許他下的定義不
是這個，而是三者中剩下的那一型，他把「說明」假設為
我們剛剛說的三個之一，那位把知識定義為「正確信念加
說明」的人。

泰鄂：你提醒得很正確：還剩一個。因為，一個是想法在
聲音裡的倒影，一個是剛才說的，經由組成元素達到整體
的路；第三個你說是什麼？

蘇：就是大多數人都會說的，要能說出某個特徵，藉此區
別所有東西和那個被問到的東西。

泰鄂：例如對什麼東西的什麼說明，你能告訴我嗎？

d 蘇：例如，如果你願意，關於太陽的說明我想對你是足以
示範清楚的了：它是在天上繞著地球走的物體中最光輝的。

泰鄂：當然了。

蘇：注意剛剛說這話的目的。就像我們剛才說的，那每個
事物的差異點，你掌握住，以此去和其他東西做區別，像
人們說的，你就掌握了「說明」；另一方面，一旦當你把
某項共同點抓牢，你的「說明」就會是有關那些凡是具有
這共同點的東西。

e 泰鄂：我懂了；在我看來這樣很好，把這一類的事情稱為
「說明」。

蘇：如果有人伴隨著對任何「是」的東西的正確信念之
外，他還掌握了它和其他事物的差異點，就變成是對先前
他有信念的那東西「有知識」了？

泰鄂：我們是這麼說。

蘇：現在啊，泰鄂提得斯，無論如何，我就像看一幅影畫，[165]我已經太接近所說的話，而一丁點也不了解；倘若離得遠遠的，剛剛似乎是有對我說些什麼的。

泰鄂：為什麼這樣？

209　蘇：我會指出來，如果我能的話。我啊，有對你的正確信念，如果再多掌握了對你的說明，我就「認識」你；否則，就只是在形成信念而已。

泰鄂：是。

蘇：「說明」是對你與眾不同的特點的解釋。

泰鄂：是這樣。

蘇：所以，當我只形成了信念時，任何藉以區別你和其他人的地方沒有一項是我用想法抓牢的？

泰鄂：看來沒有。

蘇：我想的是某個共同點，其中沒有任何一項你有而別人沒有。

b　泰鄂：必定是。

蘇：來，敬宙斯！在這種情況下，我如何能對你形成信念，而不是對其他任何人？因為，假設我想著：「這位是泰鄂提得斯，這是個人，有鼻子、眼睛和嘴巴，還有如此這般的每一個部分。」這想法能使我想的是泰鄂提得斯，而不是泰歐多洛斯或所謂「最遠的一個密西亞人（Μυσῶν）」

165　影畫（σκιαγραφήματος，原型 σκιαγράφημα，σκια- 陰影，-γράφημα 圖畫），原始的意思是一種用光影的深淺變化作出的畫，觀看的視覺效果有點類似印象派畫家秀拉的點畫（Brunyeat 348-9 n.62），或像利用許多黑白色階圓點呈現圖像的網版圖。（Waterfield 128 n.1）這種圖遠看反而比較能看清楚。

嗎？[166]

泰鄂：哪能？

c　蘇：但如果我不只想著你有鼻子和｜眼睛，而且也想到你的扁鼻子和向外闊的眼睛，我就形成對你的信念、而不是對我自己或所有類似的人了？

泰鄂：一點也不。

蘇：但，先前，我想，「泰鄂提得斯」並沒有在我內心形成信念，直到這個扁鼻子本身和其他我所看過的扁鼻子之間的差異點，作為已經熟悉的記憶被放在我這邊——還有其他同樣使你之所以是你的特點——這特點使我，要是明天遇到時，也會想起，並使我形成對你的正確信念。

泰鄂：太對了。

d　蘇：關於那與眾不同的特點，正確信念也可以是關於各個特點的。

泰鄂：顯然是。

蘇：所以，多掌握了對正確信念的說明，會多些什麼呢？如果，一方面，說是多了對藉以區別某個東西和其他事物的信念，這決議會變得非常可笑。

泰鄂：怎麼說？

蘇：我們已經有一個正確的信念藉以和其他事物做區別，

---

166 密西亞（Mysia）在小亞細亞西北部。有說法認為密西亞人比較羸弱、不值一提。（Fowler 253 n.1; Waterfield 128 n.2）但《伊利亞特》中密西亞人也勇敢參戰（二卷858行、十卷430行、十四卷512行），希羅多德《歷史》提到特洛伊戰爭前密西亞人和特於克利人（Teucrians）曾組成相當強大的遠征軍隊（七卷20段），和羸弱形象不合。這裡不清楚為什麼用密西亞人當例子，可能只是表示隨便一個特徵不清楚或他們不熟悉的人。

在這些上面又要我們多掌握一個正確的信念，用來和其他
e　事物區別。這樣子，那在機密捲軸[167]、杵或｜任何東西上
的捲曲文件，跟這決議比起來，可說是根本不算什麼；說
是瞎子的指引還比較恰當呢！因為，對我們已經有的東
西，同樣這些又要我們多取得一次，好讓我們曉得那些我
們有信念的東西，這簡直就像是在極度黑暗中的人的看
法。

泰鄂：如果是另一方面[168]──剛才你問話時探究的是什
麼？

蘇：如果啊，孩子，多掌握「說明」是要去「認識」，而
不只是對那與眾不同的特點有信念，我們對那關於知識的
210　最美好的說明，該有多甜美啊！因為「認識」｜就是去
「掌握知識」；不是嗎？

泰鄂：是啊！

蘇：當你被問到「知識是什麼？」好像，得到回答是：
「正確信念加上對差異點的知識。」因為這就是多掌握的
「說明」，依據那說法。

泰鄂：好像是。

蘇：真是太蠢了！我們在找「知識」，卻說它是「正確信
念加『知識』」，不管是對差異點、還是對任何東西的。
b　哎，感覺也不是，｜泰鄂提得斯，真信念也不是，真信念

167　σκυτάλης（原型 σκυτάλη），是一種用來傳遞機密文件的權杖，把羊皮紙捲起
　　來繞在上面後縱向寫字，要兩個相同權杖在一起時，才能辨識羊皮紙上的
　　字；把羊皮紙打開時，上面的字是無法辨識的。（Fowler 255 n.1; Waterfield
　　129 n.1）
168　回應209d「如果，一方面……」。

加說明也不是，都不能進一步變成是知識！

泰鄂：似乎不能了。

蘇：結果，我們仍懷著知識的孕、在陣痛嗎，朋友？還是我們已經生完了？

泰鄂：宙斯在上！我，藉由你，已經說得比我自己內在有的還多！

蘇：那，這一切，我們的助產術告訴我們生下的是「風卵」，而且不值得養？

泰鄂：完全就是這樣。

c　蘇：如果在這之後你懷了其他孕試圖要｜生，泰鄂提得斯：要是會生，經過現在的嚴格檢驗你將會懷著更好的東西；要是不會生，你將比較不會急躁對待你的同伴，也會比較溫和、有智慧，不會自以為知道某些其實你並不知道的事。我的技藝所能夠的就只是這樣，再沒多的了，我並不知道其他那些人知道的事，那些現在或曾經是偉大、了不起的人；這助產術，我和我媽媽從神那裡獲得的，我媽

d　媽那是｜女人的助產術，我則是對年輕、高貴、所有美好人們的助產術。現在，我必須去「皇家柱廊」[169]面對梅利特斯[170]的文件，那個他寫來告我的。早上，泰歐多洛斯，我們再到這裡見。[171]

169　ἡ τοῦ βασιλέως στοά（the Royal Stoa），位於在雅典公民廣場（Agora，也譯為市場）中，是專門執掌殺人、不虔誠等重大案件的官員辦公的地方。

170　梅利特斯（Μέλητος, Meletus）是控告蘇格拉底「敗壞青年，不敬城邦的神而引入新神」的三個人之一（另外兩個是 Anytus 和 Lycon，在《自辯》23e 這三個人的名字都有列出）。審判事件見導讀「壹」註5。

171　泰歐多洛斯、泰鄂提得斯和蘇格拉底，將在《詭辯家》繼續對話。

哲學討論

對話形式

142a-143c 外層對話

　　《泰鄂提得斯》這篇對話的結構安排上，在進入主要內容之前，先有一段外層對話：其中，馬格拉城的尤克里迪斯和泰波希翁兩人談到泰鄂提得斯命危的事，緬懷泰鄂提得斯的好，並追憶起多年前蘇格拉底和泰鄂提得斯的一場談話。我們從尤克里迪斯和泰波希翁對泰鄂提得斯的惋惜，可以感受到：長大後的泰鄂提得斯是個優秀的人。而他青少年時期與蘇格拉底的談話，不論當時的討論是否獲得明確的結果，似乎都因此染上正面的意義，讓人覺得是一場很有價值的談話。後來，尤克里迪斯在泰波希翁的央求下，取出他對那場談話的記錄，由僕人拿著筆記朗讀，更增添了這篇「對話錄」「值得一聽」的氛圍。

　　在這段外層對話中，尤克里迪斯和泰波希翁談到的科林斯戰役，可以作為一項時間指標，幫助我們標示出《泰鄂提得斯》這篇對話的寫作時間可能晚於369年；即使對柯林斯戰役採取394-391年份之說的學者，也不認為對話成書時間會提早。（Cf. Gill 2012 103）大部分學者認為，這篇對話是在所謂中期對話錄的代表作（如《斐多》、《理想國》）以後。柏拉圖作品大致分為早、中、晚期。一般而言，在哲學風格方面，早期對話錄蘇格拉底問答色彩濃厚，也被稱為「蘇格拉底對話錄」，對話常以「無解」（*aporia*）[1]作終；中期則已發展出所謂理型論（theory of Forms）；晚期則對理型論等中期思想進行反省。這篇《泰鄂提得斯》雖然

1　ἀπορία源自「沒有」（ἀ-）「通路」（πόρος），表達一種無路可走的狀態，也可引申為難以處理、困惑、不知所措的意思。

最後也以「無解」作終，而且似乎沒有提到理型論，但就年份推斷上卻屬於中到晚期作品。這表示：「無解」問答的特點並不完全限於早期對話錄，而《泰鄂提得斯》的「無解」結局也很可能帶有與早期對話錄不同的意涵（見導讀「貳」）；另一方面，未使用理型論解釋知識這一點，也表示中期以後的對話錄不見得都要討論到理型。

　　另外，在對話中尤克里迪斯表示他是聽了蘇格拉底講述對話，然後寫下來，現在又預備讓小僕人拿著他寫的筆記朗讀給泰波希翁聽。這裡，柏拉圖展現出一種特殊的書寫方式：間接轉述主要的對話內容。間接對話的書寫方式增加了一種閱讀上的距離感。身為讀者，我們原本就不是直接參與蘇格拉底和泰鄂提得斯的談話，但這裡我們甚至也不是直接讀到這場談話的記錄，而是間接去讀別人的轉述，甚至這位轉述者也並沒有參與當年的對話，而是聽蘇格拉底講的。此外，按柏拉圖這裡的安排，寫下這篇對話的作者不是柏拉圖，而是尤克里迪斯。這又更增加了讀者和真正的作者柏拉圖之間的距離。柏拉圖使用間接轉述手法的作品有四篇，除了《泰鄂提得斯》，還有《斐多》、《饗宴》（Συμπόσιον, *Symposium*）和《巴曼尼得斯》（Παρμενίδης, *Parmenides*）。其中，《泰鄂提得斯》是唯一明白指出被寫下而且真正「被讀」的對話錄（Benardete 1984 I.85; Waterfield 2004 136），主要對話內容經過「書寫」媒介而被轉述。（《巴曼尼得斯》也涉及一份筆記，但並非單純去讀出對話錄。）不過，卻也正因為藉由「書寫」的媒介，尤克里迪斯從開始寫下他所聽到的部分，到後來一有機會就詢問蘇格拉底加以修正的過程，使對話錄展現出「書寫」而非「口說」可以達到的完整度。這使得整篇對話具有一種對書寫的實驗性。

○、開場與問題的釐清

143d-146b 進入主要對話

　　尤克里迪斯的小僕人開始朗讀筆記後，進入這篇對話錄的主要內容。其中的對話者是蘇格拉底、泰歐多洛斯和泰鄂提得斯。開始時，泰歐多洛斯向蘇格拉底介紹年輕優秀的泰鄂提得斯，說他「很能學」，蘇格拉底隨即開始檢驗泰鄂提得斯。由於泰鄂提得斯跟隨泰歐多洛斯學習幾何，蘇格拉底就從幾何與其他知識的學習這點，開始詢問泰鄂提得斯「什麼是知識？」。

　　在這段引導性的談話中，可以從話題如何引入「什麼是知識？」來了解柏拉圖對知識的定位。外層對話兩位談話者尤克里迪斯和泰波希翁都是馬格拉學派的人，馬格拉學派注重邏輯與數學；至於主要對話裡的泰歐多洛斯、泰鄂提得斯，也都是數學家。[2]柏拉圖讓這場探詢「知識」的對話發生在這些數學家之間，似乎是將數學視為是「知識」的一個代表性的例子；此外，這裡也出現類似早期對話錄以「技藝」（τέχνη, techne/ expertise）檢驗知識的模式：[3]當蘇格拉底開始和泰鄂提得斯談話時（144e-145b），他先用「琴音的事必須問音樂家」、「長相的事必須問畫家」為例，表明各種不同領域的事物應當要尋求專業有技藝的人來判斷，以此說明自己為什麼要檢驗泰鄂提得斯。早期對話錄常出現檢驗對話者專業技藝的情節，並以此檢驗對方

2　見導讀註9-11。

3　Burnyeat 3-4指出這段引導性的談話使用了「技藝」概念，而幾何學（抽象的技藝／專業知識）比鞋匠的技藝等等更合乎對話錄接下來對「知識是感官知覺」的否定。

的知識：例如《伊安》（῎Ιων, *Ion*）檢驗詩人的知識，《勃泰哥拉斯》（Πρωταγόρας, *Protagoras*）檢驗詭辯家的知識，《高吉亞斯》（Γοργίας, *Gorgias*）檢驗演說家的知識等等。這裡，對話中的蘇格拉底要檢驗的，是數學家（泰歐多洛斯）對數學學生（泰鄂提得斯）在「學習」「知識」上的評判。但檢驗的目的，既不是針對泰歐多洛斯的專業技藝與知識，也不是針對泰鄂提得斯有沒有幾何學知識，而是直接將泰鄂提得斯視為一起探究知識的夥伴。不同於早期對話錄對個別技藝與知識所進行的檢驗，這裡是要更後一層地去討論「知識」是什麼。

用字上，平常在柏拉圖對話錄裡常常將「智慧」與「知識」二詞互換，這裡蘇格拉底正式地和對話者取得同意，將「智慧」和「知識」視為同一回事。（145e）這使得「有智慧的人」（οἱ σοφοί, the wise）或「智者」（σοφιστής, sophist）可以被「有知識的人」取代，因而也可以藉由檢驗「是否有知識」這種清晰的要求，來檢驗有智慧的人。不過，作為一名年輕的學子，泰鄂提得斯並不是被當作有智慧的人而受檢驗；這裡對「知識」的討論，比較接近《米諾》（Μένων, *Meno*），是從「學習」的角度來進行的。泰鄂提得斯在此是被當作很能「學習」「知識」的人，而不是已經擁有「知識」的人。

另一方面，「知識」這個詞又代表什麼意思？Bostock藉法文中的savoir和connaître來區分兩種「知道」，[4]亦即中文裡「知道（某件事）」和「認識（某人／物）」的區別。前一種在英文討論中稱為propositional knowledge（命題知識）；後一種稱為

4　Bostock 237; 以及他寫的 "Plato," an entry in T. Honderich ed., *The Oxford Companion to Philosophy* (Oxford: Oxford University Press, 1995): 685.

knowledge by acquaintance（藉由熟悉而認識）。[5]在這篇對話裡的
「知識」，兩種都涵蓋。[6]這表示，柏拉圖可能沒有這種區分。但許
多討論柏拉圖知識的研究文獻會涉及這議題。中文讀者很容易可
以了解「知道」和「認識」的不同：當我說「我知道蔡依林」，
只表示我知道有這樣一個人，知道一些關於這個人的訊息，可能
是報紙或電視上得來的，但並不認識她本人；可是，當我說「我
認識蔡依林」，通常表示我親身見過她本人，並和她有一定程度
的熟悉，甚至隱含她也認識我的意思。尤其是對一些很有名的
人，我們常常只「知道」她的事，但不「認識」她本人。由於人
有許多面向，確實也有可能我認識某個人，卻對她的事情知道得
很少；但，無論如何，我至少必須知道「她就是我認識的那個
人」這命題，因此「認識」蘊含至少一項命題知識（反之，不論
多少相關的命題知識卻都無法保證「認識」）。在當代討論到知識
的定義時，所界定的是「命題知識」，也就是「知道（某件事）」
的這種知識。Fine認為，對柏拉圖而言，「認識」其實是藉由
「知道」有關某人或某物的命題為真而認識，柏拉圖舉例討論知
識時，有時似乎也將「認識」與「知道」互換，「認識x」可以改
寫成「知道x是如此這般的」。（Fine 1979 98）不過，Fine的解釋

5　柏拉圖常以「親身認識」的情況作為知識的例子。這或許是因為柏拉圖理型
　　論常用「看到美本身」、看到「正義本身」的文字來表達。對「理型」的知
　　識似乎是「親身認識」的知識。但這有爭議的空間（如下面Fine的說法）。
　　關於柏拉圖如何使用「親身認識」的例子，和這類知識與「理解」、與柏拉
　　圖「理型論」的關係，在Yahei Kanayama, "Plato as a Wayfinder: To Know
　　Meno, the Robbery Case and the Road to Larissa," *JASCA: Japan Studies in
　　Classical Antiquity*, 1（2011）: 63-88有深入的討論。

6　例如，「風是冷的」（151e-152c）、法庭陪審團的判斷（200e-201c）是前者；
　　而「認識泰鄂提得斯」（191-196; 208c-210a）則是後者。（Cf. Chappell 31）

雖然可以幫助我們溝通當代知識論與柏拉圖對知識的討論，但這種改寫最多只能是單向的：如果「認識 x」，也就「知道 x 是如此這般的」；但反過來說，如果「知道 x 是如此這般的」，卻並不就是「認識 x」。這點從上面「知道蔡依林」的例子就能了解。再者，「認識」與「知道」也無法互相作量化的比較：「我認識蔡依林」，雖然可以改寫成「我知道蔡依林是……」，但也有可能我雖然認識她，擁有的相關命題知識卻很貧乏；而一個不認識蔡依林本人的歌迷，反而知道很多蔡依林的事情，她所出的每一張專輯、每一首歌曲、她的生日、星座、血型、所唸過的學校等等，但把這許多命題知識集合起來，不論多麼大量，都不能等同於「我認識蔡依林本人」。

　　至於另一種現代對「知識」的區分，是 G. Ryle 的「knowing that（命題知識）」和「knowing how（實際操作能力）」。[7]例如，我知道騎腳踏車要雙腳分別踩著腳踏車的踏板順著往前踩，保持平衡，我擁有關於騎腳踏車的命題知識；但實際上我卻很可能仍無法騎腳踏車。又或者，我會騎腳踏車，但卻無法說出騎腳踏車是怎麼回事。雖然實際操作的細節可以寫成一連串命題，但知道這些命題和真正可以操作，卻是兩回事。《泰鄂提得斯》討論的「知識」，除了涵蓋前面所說「認識」和「知道（命題）」兩種知識，在 177c-179b 有關醫生、農人、廚師等進行專業判斷的部分，也涵蓋了涉及實際操作的知識。（Burnyeat 6）

7　代表作為 G. Ryle, "Knowing How and Knowing That," *Proceedings of the Aristotelian Society* N.S. 46 (1945): 1-16. 國內學者蔡政宏在 Knowing how 的議題上有深入的研究。見 Cheng-hung Tsai, "The Metaepistemology of Knowing-how," *Phenomenology and the Cognitive Science* 10 (2011): 541-556.

因此，以現代對知識的區分，不論命題知識（knowing that）、認識之知（knowing what）或實際操作之知（knowing how），都在柏拉圖討論的「知識」範圍內。

146c-148e 蘇格拉底所要求的「定義」

當蘇格拉底詢問泰鄂提得斯「知識是什麼？」泰鄂提得斯以自己學習幾何為例，指「幾何學」為「知識」；又以鞋匠等手工匠人的技藝為例，指那些技藝為「知識」。但蘇格拉底表示這不是他要問的！為了釐清問題，蘇格拉底以「黏土」的定義說明他要問的不是有哪些技藝領域所使用的黏土，而是要知道黏土是什麼；他要問的是一個簡明的界定。為了確認蘇格拉底對定義的要求，泰鄂提得斯講述幾何老師如何讓他們了解什麼是「平方根」，雖然平方根的例子有無限多，卻可以綜結出一個定義，去涵蓋所有平方根的例子。蘇格拉底接著表明，當他在問「知識是什麼？」時，要的就是這樣的定義：用一個形式、一句話去囊括所有知識的例子。

這類定義問題（「什麼是……？」（What is X?））常出現在早期對話錄裡。當蘇格拉底的對話者提出例子來回答時，蘇格拉底就會釐清：他問的是定義，不是例子。當蘇格拉底在《尤悉弗若》（Εὐθύφρων, Euthyphro, 5d-6e）問「虔誠」、在《米諾》71d-72d問「德性」時，都向對話者指出他要的是一個「單一的形式」；在《拉凱斯》（Λάχης, Laches, 190e-192e）問「勇氣」、在《理想國》問「正義」，也都出現類似情況：蘇格拉底不要特定情境下施展勇氣、正義的例子，而要那個在所有情境下都適用的定義。

當代分析哲學家Geach在討論《尤悉孚若》時，卻認為蘇格

拉底對定義的要求是有問題的，並稱之為「蘇格拉底的謬誤」
（the Socratic fallacy），[8]其中包含——前提（一）要知道是否正確
使用了某詞語 T，必須要知道「什麼是 T」，指的是要能提出一個
普遍判準可以判斷任何事物是不是 T；前提（二）用例子去了解
T 的意義是沒有用的。（Geach 1966 153）這裡的謬誤在於，將
「知道定義」視為「知道例子」的必要條件。Geach 說《泰鄂提得
斯》也犯了「蘇格拉底的謬誤」。（154）蘇格拉底這裡對定義的
要求似乎吻合 Geach 的批評：如果對方還不知道什麼是黏土，就
不會知道做爐子、磚頭的技藝所使用的黏土；如果對方還不知道
什麼是知識，就不會知道關於鞋子的知識。（147a-b）

　　並不是所有哲學家都會像蘇格拉底一樣拒絕用例子去回答
「什麼是知識」。在討論這問題時，好幾位英語注釋者都提到了維
根斯坦。[9]維根斯坦接受用例子去了解「什麼是……？」的問題。
蘇格拉底式的定義，不見得比實際指出的例子更能使人了解所討
論的事物。在實際經驗中，我們似乎常常必須仰賴舉例的方式，
來了解某些難以用其他辭彙代替的詞語。尤其是一些越簡單常用
的名稱，越是如此。關於這種簡單名稱的定義，洛克曾指出：如
果所謂「定義」是要使用其他非同義詞的幾個辭彙去表示出某個
詞語的意義，簡單概念（simple ideas）的名稱，由於簡單到沒有
任何組合在其中，而無法定義。[10]例如，「紅色」這概念過於簡

8　P. T. Geach, "Plato's *Euthyphro:* An Analysis and Commentary," *The Monist*
　　(1966); reprinted in W. Prior ed., *Socrates: Critical Assessments of Leading
　　Philosophers* (London: Routledge, 1996): 153-162. 頁碼按後者。

9　Burnyeat 4-5; Chappell 37; McDowell 115; Waterfield 138；維根斯坦相關論點
　　的出處是 *The Blue and Brown Book*, 17-20。

10　John Locke, *An Essay concerning human understanding*, vol. 2, in Everyman's

單，除了指出各種紅色物品的例子，很難向人說明什麼是紅色。
如果像「紅色」這樣的概念要以蘇格拉底的方式來定義（例如用
光波波長範圍來下定義，囊括所有我們稱為紅色事物的波長範
圍），就「使人了解」這點而言，反而不如舉例來得清楚。現在
這種以例子來做定義的方式也被接受為一種定義的類型，稱為
「明示定義」（ostensive definition）。

　　為什麼蘇格拉底拒絕用例子作定義？針對Geach所謂「蘇格
拉底的謬誤」，Santas回應說：雖然蘇格拉底拒絕對話者用例子來
回答「什麼是……？」的問題，但這並不表示柏拉圖或蘇格拉底
犯了「蘇格拉底的謬誤」，而是在提出問題——為什麼我們常常
能在並不知道定義的情況下知道例子，又為什麼常常不能？[11]也
就是說，柏拉圖並不真的認為知道定義是知道例子的必要條件，
而是在探討這件事。Burnyeat則釐清日常語言上的了解和清晰的
哲學上的了解不同，以此解釋「不知道什麼是知識，就不會知道
鞋子的知識」。（Burnyeat 4）這裡的「知道」是指清晰的哲學理
解，這和我們一般日常語言中用例子去了解事物的情形並不衝
突。Bostock提到「本質」（essence）和「意義」（meaning）的曖
昧關係：雖然洛克認為「意義」是指名稱詞語上的本質（nominal

Library（London: Dent, 1974）: 27, III, iv, 6-7.

11　G. Santas, "The Socratic Fallacy," *Journal of the History of Philosophy* 10, 1972:
　　127-141; reprinted in W. Prior ed., *Socrates: Critical Assessments of Leading
　　Philosophers*, Routledge, 1996: 163-179.頁碼按後者。Santas檢驗的文本除了
　　《尤悉孚若》、《泰鄂提得斯》外，還有《拉凱斯》、《利西斯》（Λύσις,
　　Lysis）、《卡密迪斯》（Χαρμίδης, *Charmides*）、《大希比亞斯》（Ἱππίας
　　Μείζων, *Hippias Major*）。這些對話都出現「什麼是……？」的定義問題，最
　　後也都以「無解」作終。

essence），但晚近也有看法以真正的本質（real essence）作為意義，柏拉圖要的是這種掌握真正本質的定義，這定義不只符合實際的例子，而且符合所有可能的例子，不只真，而且「必然真」。[12]

　　我們還可以從文本上找到明確的證據來說明，蘇格拉底拒絕以例子當作定義，但沒有犯Geach所謂的「蘇格拉底的謬誤」。當蘇格拉底為了要讓泰鄂提得斯了解他所要求的定義，一樣使用了舉例（黏土例）的方式；而泰鄂提得斯也用舉例（「平方根」）的方式獲得蘇格拉底肯定，確認他們要討論的問題。（147a-148b）柏拉圖自相矛盾了嗎？他一方面讓蘇格拉底拒絕泰鄂提得斯用舉例來回答，另一方面又讓蘇格拉底自己採用了舉例的方式？在這麼短的段落中，尤其是在蘇格拉底舉例說明的過程中出現他拒絕例子的情節（147a-b），不大適合視為自相矛盾。比較合理的解釋是，柏拉圖也認為例子對於了解意義是有用的（和Geach指出的前提（二）相反）。尤其是在學習過程中，「使人了解『什麼是……？』」，和「提出『什麼是……？』的定義」不同。前者有助於學習，後者則是已經完成學習後所提出的陳述。從泰鄂提得斯講述他找尋「平方根」定義的那段話，可以看到這兩者的差別。首先，幾何老師泰歐多洛斯畫了好幾個不同大小的方形，從這些圖形的面積與邊長的關係，來讓學生了解他所要講的「平方根」是無法開出整數的，正是藉由那些不同大小的方形做為例子，泰鄂提得斯才能了解「平方根」所指的意思；後來，泰鄂提得斯才找到恰當的話語去講述什麼是「平方根」。在這過程中，泰鄂提得斯先熟悉什麼是「平方根」這詞語的正確使用，之後才提出對這詞語的普遍判準或定義（和Geach指出的前提（一）相

12　Bostock 36 n.39；晚近看法是指Kripke和Putnam。

反）。從文本中的這段情節來看，柏拉圖很清楚知道舉例可以協助了解，尤其是在教學上；只不過，這不是他要找的定義。

蘇格拉底確實拒絕對話者用例子來回答定義問題，但這與其說是犯了所謂「蘇格拉底謬誤」，不如說是蘇格拉底在向對話者釐清他的問題。用例子說明使人了解，和提出一個可以囊括所有例子的定義不同。由於《泰鄂提得斯》最後也並沒有找到蘇格拉底所要求的這種定義，我不認為可以斷定柏拉圖相信有那樣的定義而用維根斯坦的觀點去批評他。比較清楚的一點是，他沒有犯「蘇格拉底謬誤」，也沒有忽略「明示定義」可以具有說明上的效力。

148e-151d　蘇格拉底的助產術

在明白蘇格拉底的問題之後，泰鄂提得斯卻表示無法對「知識」提出那樣的定義。蘇格拉底將泰鄂提得斯的煩惱比喻成生產前的陣痛，將正在思索但還沒有獲得答案的狀態比喻成懷孕，並開始介紹自己的「助產術」。他說自己的母親是助產士、擁有幫人接生嬰孩的技藝，而他自己則擁有幫人接生智慧的技藝。助產士是由已經不能生育的人擔任；能分辨誰懷孕、誰沒懷孕；能催引陣痛也能緩和；能幫人接生，也能拿掉小孩；同時也知道誰配誰可以生出最好的孩子。按這譬喻推想：蘇格拉底是知識或智慧的助產士。他自己不能產生知識；但他能分辨誰可以產生知識、變得有智慧，而誰不行；他能造成思考上的痛苦、也能緩解；他能引導人產生知識，如果要拿掉時也能拿掉；同時也知道誰應該跟誰交往。

不過，蘇格拉底的助產術和他母親的不同之處在於：針對的是心靈而非身體。身體的孩子沒有真假問題，心靈的孩子卻有真

有假，因此「分辨真假」是他工作中最重要的部分。他現在看泰鄂提得斯是「懷了孕」的，並鼓勵他生下孩子、提出對「知識」的定義；但基於「分辨真假」這項重大任務，他也提醒泰鄂提得斯，如果生下的不是真的知識，就要拿掉。

　　這個段落就是所謂「蘇格拉底助產術」的文本來源，是同時期談到蘇格拉底的主要文獻中最明確使用到「助產術」或「助產士」稱呼的文本。我們對蘇格拉底的了解，主要來自色諾芬和柏拉圖，但色諾芬或柏拉圖的其他對話錄都沒有提到這點。除了《泰鄂提得斯》之外，最接近「蘇格拉底助產術」的描述可能是在喜劇家亞里斯多芬（Ἀριστοφάνης, Aristophanes）的《雲》（Clouds），有個角色是蘇格拉底的學生，抱怨想法可能流產。但以此仍無法斷定歷史上的蘇格拉底究竟有沒有說過自己是助產士。[13]《自辯》裡蘇格拉底講述「早先的控訴者」時特別提到亞里斯多芬喜劇中對他形象的傷害。（19c）由這點來看，亞里斯多芬的《雲》雖然不是對蘇格拉底的正面記錄，但仍反映出蘇格拉底的形象可以和思想上的生產或流產聯想在一起。而僅就柏拉圖作品來看，早期對話錄裡蘇格拉底不斷反覆詰問、檢驗對話者知識的形象，和他宣稱自己無知的形象，以及《饗宴》中對心靈生殖的細緻描述，都使得柏拉圖筆下的蘇格拉底和「助產士」的角色相合。

　　「助產術」的譬喻中，蘇格拉底催引對話者生下自己本來懷

13　Cornford 和 Waterfield 都引《雲》137行作為證據，但做出相反的推斷：Cornford 以此稱「歷史上的蘇格拉底操作心靈上的助產術」，Waterfield 則認為那只是喜劇形象，真正的蘇格拉底並未說自己是助產士。（Cornford 28; Waterfield 140）

有的知識。傳統上，自古就有注釋家以「回憶」（ἀνάμνησις, recollection）的知識理論來解釋這裡所謂的「助產」。[14]「回憶說」出自《米諾》，其中蘇格拉底藉由提問引導小奴僕思考，想出一個幾何題目的答案，由於這過程中蘇格拉底並未直接給予小奴僕解答，蘇格拉底以此解釋說人的靈魂本來就有知識，但不記得，需要藉由問答激起回憶，記起曾經有過的知識。學習，就是回憶。以「回憶說」和「助產」的過程相對照，這兩種說法的確都是以蘇格拉底發問去引導對話者自己提出回答，蘇格拉底並不直接提供答案，如果最後獲得什麼知識，也都是對話者自己提出來的。不過，「回憶說」裡對知識的學習是去回憶靈魂在出生前接觸到的知識，整個說法必須仰賴靈魂不朽（至少靈魂在出生之前就已經存在），同時涉及「天生知識」（innate knowledge）的問題。而《泰鄂提得斯》這段原文並沒有特別預設「天生」或「出生前」的知識，也沒有預設助產結果一定可以生出真正的知識。

　　以20世紀以後的柏拉圖研究來看，Cornford、Sedley特別強調「回憶說」和「助產術」的緊密關聯；Burnyeat在解釋這段文本時，只提到蘇格拉底式的詰問，並未提及「回憶說」；而McDowell、Waterfield則甚至提出否決。McDowell認為這段文字中重視的正確與否問題（真假問題）在「回憶說」裡並不明顯，蘇格拉底身為助產士的「不孕」特質在「回憶說」中也找不到對應處；Waterfield則採取類似Burnyeat的態度，表示「助產術」生動描繪出蘇格拉底的詰問法，但又指出它和「回憶說」雖然都是

14　Cornford提到古代注釋者註解149a時將「回憶」與「助產」兩概念等同；Sedley論述古代無名注釋者觀點時，將「助產」和靈魂對知識的回憶加以對照、說明。（Cornford 28; Sedley 29和1996 95 ff.）

在講蘇格拉底式的方法，可是回憶說預設我們自己之內有正確答案，助產說則表示有接生出死胎或不孕的可能。[15]Chappell也否決回憶說和這裡助產術的關係，以此說明對話中的蘇格拉底和泰鄂提得斯並沒有傳達出柏拉圖的理型論。[16]

關於是否涉及理型論的問題，如果我們更全面審視Cornford連結「回憶說」和「助產術」的思路，會發現：由於Cornford對柏拉圖的「知識」，明確地採取必須用認識理型來解釋真正知識的立場，一方面以「回憶說」解釋「助產術」，另一方面很一致地用理型知識來說明靈魂在和身體結合之前已經接觸的知識，更進一步引用強調靈魂不朽並也提及「回憶錄」的《斐多》交叉詮釋獲得知識的過程。[17]《斐多》在講述哲學家樂意接受死亡的脈絡中，談到靈魂在沒有身體干擾時得以探索對「正義本身」、「善」、「美」的知識。（65d-e）這是人活著時始終無法達及的理型知識。（66e）

相較而言，《泰鄂提得斯》裡的「助產術」，卻不是在談一種生前死後的純靈魂的知識活動。《米諾》的「回憶說」預設靈魂出生前曾接觸知識，《斐多》談到靈魂在人死後可以企及知識，而《泰鄂提得斯》是很現實地考慮到知識助產術可能遇到死胎、不孕等情形，在這樣的現實下去檢視問答過程中的真假。將「回

15 Cornford 27-28; Sedley 28-30; Burnyeat 6-7; McDowell 117; Waterfield 140-141.

16 Chappell 46-47；他認為這段文字並未表達出理型論的看法，雖然和Cornford對這個段落的解釋不同，但整體而言仍維護了Cornford的主要論點：真正的知識必須是理型知識，《泰鄂提得斯》沒有提到理型論，就無法界定知識；因此這對話頂多「只帶我們到理型論的門檻」（"brings us only as far as the threshold of the theory of Forms"）。

17 Cf. Cornford 2-6.

憶說」和「助產術」對照來讀是有趣的；但以回憶說解釋這裡的
助產譬喻，卻可能流失掉其中對知識活動可能失敗的現實考量。
前述無法贊同以回憶說解釋助產術的學者，基本上也都注意到知
識助產術接生失敗的可能；雖然知識助產術也可能成功。[18]

　　正是因為知識活動可能失敗、生出幻影，原文中蘇格拉底強
調他的助產術最重要的工作在辨別真假。（150b）這是對話主角
自己提出的重點。於是，在面對可能失敗的現實後，泰鄂提得斯
反而可以放心地提出可能會錯的回答，因為當他拋出答案時，有
一個助產士蘇格拉底會協助他辨別答案的真假。

一、第一個定義「感覺就是知識」與檢驗

151d-e 第一個定義「感覺就是知識」

　　先前泰鄂提得斯對自己很沒把握，因為怕錯、怕達不到要
求，不敢提出知識的定義；現在，既然有蘇格拉底這位知識助產
士幫忙分辨真假，泰鄂提得斯便放心而勇敢地試著提出回答：
「感覺就是知識」。

151e-152c「感覺就是知識」與勃泰哥拉斯學說

　　然後，蘇格拉底隨即以勃泰哥拉斯著名的學說「人是萬物的
尺度」來解釋這項定義。照蘇格拉底的解釋（也獲得泰鄂提得斯

---

18 Chappell認為蘇格拉底成功接生的就是柏拉圖思想（46-47），Sedley更以整
　本書說明蘇格拉底是柏拉圖哲學的助產士。（Sedley 2004）雖然這兩人在
　「助產術」與「回憶說」的關聯上看法相左，但在這點看法相同。

同意），勃泰哥拉斯認為一件事物對於任何一個人而言，「顯得是」怎樣，就「是」那樣。這裡的「顯得是」，又可以視為「感覺上覺得是」。如此一來，例如，我覺得這陣風很冷，對我而言便直接可以說這陣風「是」冷的；你覺得這陣風不冷，對你而言便直接可以說這陣風「不是」冷的。「人是萬物的尺度」，不論事物「是」怎樣或「不是」怎樣，都以感覺到的那個人作為判斷的尺度。

對話中，蘇格拉底直接把「顯得是（或不是）」劃到「感覺」這邊，將「確實是（或不是）」劃到「知識」那邊，並認為以感覺定義知識也就等於取消了「顯得是」和「確實是」的區別。

文本中針對「感覺就是知識」這項定義的討論從151d延伸到187a，和後兩個定義相較，占了全篇對話錄最大的篇幅，也是對話中泰歐多洛斯唯一真正參與（160d-162b, 168c-184b）的討論。檢驗一開始蘇格拉底就將這項定義和勃泰哥拉斯的學說連結起來。之後的討論也都涉及勃泰哥拉斯的學說。[19]如同學者注意到的，柏拉圖筆下的勃泰哥拉斯，不見得就是歷史上真正的勃泰哥拉斯。[20]按其他古代文獻佐證，「人是萬物的尺度」、判斷「那些『是……』的東西的『是』和那些『不是……』的東西的『不

---

19 Mi-kyoung Lee 甚至論證：泰鄂提得斯的第一個定義，只是為了引入勃泰哥拉斯學說而造出的媒介。（M-K. Lee, *Epistemology after Protagoras: Responses to Relativism in Plato, Aristotle, and Democritus*, Oxford: Oxford University Press, 2005: 80）

20 Cornford 31 指出「柏拉圖或亞里斯多得都不是在寫哲學史」，認為不能把這裡對勃泰哥拉斯的說法視為可靠的史料；Burnyeat 7 n.12 列出對此問題的相關討論。柏拉圖這裡的解釋，與真正勃泰哥拉斯說法之間的差異，見 Lee 2005 83-84。

是』」，是勃泰哥拉斯的學說。[21]但接下去的討論，卻經過柏拉圖對勃泰哥拉斯學說的解釋。

　　柏拉圖的解釋試圖要將「感覺就是知識」這定義和勃泰哥拉斯的學說連結起來，但勃泰哥拉斯的學說原本並不是針對感覺而說的，只談到事物「是」或「不是」的問題。按原文分析，

　　a.人是萬物的「是」與「不是」的尺度
　　b.人是尺度判斷出萬物「確實是……」或「不是……」

「人」原文用單數無冠詞，指任何一個人；[22]用比較合乎我們語言習慣的說法是，

　　b.任何人判斷某事物「是」或「不是」怎樣，
　　a.這個人就是這事物「是」或「不是」的標準。

柏拉圖接下來分兩步連結到「感覺」問題上：第一步，他用「對我顯得……」（ἐμοὶ φαίνεται，文字上有「顯得」、「好像」的意思）來講任何人對事物的判斷；第二步，他用風冷不冷的例子，

21　這學說出自勃泰哥拉斯的《真理》。Cf. K. Freeman, *Ancilla to the Pre-Socratic Philosophers*（Oxford: Basil Blackwell, 1962）: 125.相關古代文獻見 T. Schirren and T. Zinsmaier, *Die Sophisten*（Stuttgart: Reclam, 2003）: 42-5, §5-6; R. Waterfield, *The First Philosophers*（Oxford: Oxford University Press, 2000）: 205 ff. T1, T3-6（T6即《泰鄂提得斯》的這段文本）。

22　直接從文法上可以這樣了解，這也是McDowell採取的解讀。（118）但Chappell（及他提到的Versenyi）認為這裡「人」也可以讀成人類全體。（57-58）不論歷史上的勃泰哥拉斯原意指什麼，按文脈，柏拉圖這裡是以「任何一個人」來解讀。

來引導泰鄂提得斯接受事情「顯得」像怎樣就是感覺上的「覺得」（αἰσθάνεται）。事實上152b蘇格拉底的前兩段問句並沒有使用「感覺」一詞，152b譯文中出現「覺得」的地方，原文沒有寫出動詞，但理解上幾乎自然而然補上「覺得冷」、「覺得不冷」等語，這裡的「覺得」其實是含混地表達一種相對於每個人的看法（在日常口語中表達類似前面使用的「對我顯得……」的意思，例如「我覺得很棒」、「你覺得怎樣？」等等）。這種相對於每個人的「覺得」，引導泰鄂提得斯在對話中自然地接受將「顯得……」換成「感覺」的議題。就是從這點，蘇格拉底把勃泰哥拉斯學說和泰鄂提得斯的第一個定義連結起來：「覺得是」等於「顯得是」（納入前面分析中的b），而「顯得是」又和「是」沒有差別（從b接回到a）。

同一陣風有人覺得冷，有人覺得不冷。對於這種情形，蘇格拉底提供泰鄂提得斯兩種選項：一種是「就其本身而言，我們去說風冷或不冷」；另一種是勃泰哥拉斯式「對覺得冷的人而言是冷的、對不覺得的人就不冷」。在用語上，有一點需要特別釐清：近代哲學以後對感覺與認知的討論常有明顯的主客對立。例如，「我感覺到這陣風冷」，「我」是感覺主體（subject），「這陣風」則為感覺對象（object）。但在柏拉圖原文脈絡中，「我」屬於「獲得感覺者」這方，「這陣風」則屬於「可感覺的事物」。雖然不大恰當，大致上「主體」指獲得感覺者，「對象」指可感覺事物。為銜接討論，以下保留「主體」與「對象」的用語。

基於「同一陣風」這用語，也就是感覺對象的同一問題，Cornford說蘇格拉底區分出感覺對象（the sense-object）與物理對象（the physical object）。物理對象才是指那「同一陣風」或「那陣風本身」。他並進一步討論那陣風本身可能：一、既暖又冷；

二、既不暖也不冷。一是兼容相反者的愛奧尼亞傳統（the Ionian tradition）；二是伊利亞學派（the Eleatics）的傳統。（Cornford 33-35）在之後的對話我們還會讀到蘇格拉底他們將勃泰哥拉斯一路追溯上去的論述歸諸愛奧尼亞傳統（179d）；另一方面，他們也談及伊利亞傳統中的重要哲學家巴曼尼得斯。（180e）愛奧尼亞傳統對於各種感覺所獲得的結果都承認為真；伊利亞傳統則認為真理必須經由思想而非感覺來獲得，因而對於任何感覺所獲得的結果都不承認為真。Cornford關於古希臘兩種思路傳統的說明對了解整段討論很有幫助。不過，如McDowell所指出，從152b5-7看，勃泰哥拉斯根本沒有「風本身」和「風對每個人而言是怎樣」的區別。（McDowell 119）而且，直接從文本上閱讀，蘇格拉底在提供泰鄂提得斯選項時，本來就已經將「就其本身而言」和勃泰哥拉斯的看法劃分開了。勃泰哥拉斯式的思路根本不會有對「那陣風本身」的討論。「同一陣風」這詞語恐怕只能是方便說法，按蘇格拉底後面的討論，這脈思路會引起語言上的困難（157b）和對同一性的破壞（158e ff.），確實無法說「同一陣風」如何如何。蘇格拉底這裡做的區分並不是感覺對象與物理對象的差別，而是有所謂「那陣風本身」，和不討論那陣風本身、只談個人感覺如何，這兩種看法的差別。

當蘇格拉底引導泰鄂提得斯將「顯得是」代換成「覺得」，由於「對於我顯得是……」、「我覺得」一類詞語在日常口語使用上表達了一種相對於每個人的看法，這裡的「感覺」已經混合了某種判斷。[23] 一般英譯都將泰鄂提得斯這裡說的「感覺」譯為

23　但究竟柏拉圖的「感覺」牽涉多少程度的判斷（judgement）或意識（awareness），有很大的討論空間。（Cf. Kanayama 1987 43-51） perception（知覺），而不是 sensation（感覺）。[24] 簡單地說，perception 中含有某種判斷；而 sensation 是 perception 的主觀面，主體去接觸外物（屬 perception）而引起內在的感覺與料（sense-data，屬 sensation），這些感覺與料是獨立於想法、概念，也不涉及任何判斷的，英國經驗論傳統似乎認為柏拉圖這裡講的是對這種感覺與料的感覺。[25] 前述 Cornford 區分「感覺對象」與「物理對象」，可能也是受經驗論傳統影響而來的。中文裡，sensation 和 perception 都可以說成是「感覺」。雖然中文的哲學討論常用「知覺」來譯 perception（如《知覺現象學》裡的「知覺」），但在日常語言如對話中，尤其是動詞的使用上，I perceive the wind. 或 I perceive that the wind is cold. 通常會說「我感覺到風」、「我感覺到這陣風很冷」，如果用「我知覺到風」、「我知覺到這陣風很冷」未免太生硬了。當然，在有感覺與知覺之分的討論脈絡下，必須用「知覺」一詞來避免混淆；不過，我懷疑柏拉圖這裡有這樣的區別。一個理由是，這裡沒有區別物理對象和感覺對象，亦即沒有區隔出感覺與料這種屬於主體內在的私有感受。[26] 另一個理由則是這裡的「感覺」有時可以夾帶判斷，有時沒有。「感覺到」或

---

24 如 Benardete, Chappell, Cornford, Fowler, Levett, McDowell, Waterfield 的英譯。

25 見 McDowell 117-8 對 perceive, perception 翻譯的說明。Burnyeat 更提到巴克萊（Berkeley）對這篇對話錄的感覺理論的認同。以在主體內在的感覺來解釋的話，這裡的感覺很接近巴克萊的「觀念」（如「紅」、「熱」是那個感覺主體所獲得的觀念、不是事物具有的客觀性質）。（Burnyeat 1, 8, 10; cf. T. Honderich, *The Oxford Companion to Philosophy*, Oxford: Oxford University Press, 1995: 821-2）

26 沒有區隔不表示沒有考慮到，而是都涵蓋到。柏拉圖稍後在 154a 就會談到私有感覺的問題。

「覺得」這個動詞，就像「認識／知道」有 knowing what 和 knowing that 的雙重用法（見前面對 143d-146b 的討論）一樣，一方面可以是去感覺一個對象（perceiving what），另方面也可以是去感覺一件事（perceiving that）。前者例如我感覺到風；後者例如我感覺這陣風是冷的。前面談「認識／知道」時說過，柏拉圖探討的「知識」兩者都涵蓋；這裡的「感覺」也是兩者都涵蓋。「我感覺到風」通常蘊含「我覺得風是如何如何」，後者屬於感覺一件事的用法，而且已經涉及某種判斷。[27] 但是到整個對泰鄂提得斯第一定義的討論最後，蘇格拉底卻引導泰鄂提得斯將「覺得『是……』」之中對「是」或「不是」的判斷，和「感覺」區分開來。（187a）柏拉圖對「感覺」一詞的使用，既可以夾帶某種判斷，又可以和判斷隔開，如果一定要區分用法，必須隨對話者相互討論脈絡來看。而現在的脈絡，蘇格拉底已經引導泰鄂提得斯將判斷夾入感覺中。

152c-153d 赫拉克力圖斯流變說與勃泰哥拉斯學說（祕密學說）

接著，蘇格拉底聲稱勃泰哥拉斯有祕密學說（the Secret Doctrine），並對勃泰哥拉斯學說做進一步的闡釋：既然任何東西都相對於不同的人而「是」不同的樣子，那麼就沒有任何東西可以獨立自存，而且無法固定「是」某個樣子，而會一直變化。就強調「變化」這點，蘇格拉底把赫拉克力圖斯到荷馬等人都列在勃泰哥拉斯這邊，而把巴曼尼得斯列在另一邊。劃分好之後，蘇

---

27 Bostock 認為這種意思貫穿這整段相關討論，感覺一定涉及判斷；反過來說，「對我顯得……」有時卻可以指不涉及感覺的判斷。（Bostock 42-43）因為「顯得……」可以只是事物顯現出來的現象，而不必挾入我的看法。

格拉底開始援引赫拉克力圖斯的流變說來解釋勃泰哥拉斯學說，先以正面角度說明「變化」或「變動」是一切事物存活的要件。

　　由於蘇格拉底聲稱那是勃泰哥拉斯的「祕密」學說，使得蘇格拉底的對話者以及閱讀對話的我們，都無從驗證這學說的可靠性。這顯然不必是歷史上真正那位勃泰哥拉斯的主張；從勃泰哥拉斯到赫拉克力圖斯流變說之間的關聯，也比較適宜看作是柏拉圖的闡述，而不宜視為勃泰哥拉斯的原意。[28]那麼，為什麼柏拉圖這裡要從勃泰哥拉斯學說連結到赫拉克力圖斯的流變說？學者對此有不同的看法。Burnyeat 把這些看法區分成兩種解讀：「讀法A」是以勃泰哥拉斯和赫拉克力圖斯的學說作為對泰鄂提得斯第一定義的最佳解釋，由此解釋來檢驗第一定義，並認為（如Cornford）柏拉圖引進赫拉克力圖斯流變說是為了引進自己對感覺事物一直變化的看法；「讀法B」認為泰鄂提得斯第一定義到勃泰哥拉斯學說，再到赫拉克力圖斯流變說，是充分必要條件的關係，柏拉圖引進赫拉克力圖斯並不是為了自己的論述，而是為了釐清泰鄂提得斯的第一定義和勃泰哥拉斯學說。（Burnyeat 8-9, 12）Chappell 則將這兩種解讀，視為統一論和修正論的不同。在過去幾十年間，學界對柏拉圖思想與其作品的解讀常被分為兩種不同的立場：一是統一論（unitarianism）——認為柏拉圖作品展現的思想可以形成一整體，尤其理型方面的立場沒有改變，也比較認同理型論；一是發展論（developmentalism），Chappell 稱為

28　M-K. Lee 指出柏拉圖所說的「祕密主張」也不等於真正赫拉克力圖斯的流變說，而是柏拉圖就勃泰哥拉斯知覺理論而發展的形上學。在與歷史的赫拉克力圖斯及勃泰哥拉斯所留下的文獻進行比較後，她反對將泰鄂提得斯定義、勃泰哥拉斯理論、赫拉克力圖斯流變說看做是彼此蘊含的（即，不同意McDowell、Burnyeat 等多位重要學者的看法）。（Lee 2005 86-88; n.24）

「修正論」（revisionism）——認為柏拉圖思想隨不同時期作品而有改變。[29] Chappell認為Burnyeat以為前者把勃泰哥拉斯到赫拉克力圖斯的連結看得較鬆、後者較緊密，又論說其實統一論觀點也可以把這兩者間的連結看得緊密，為統一論辯護，進一步以柏拉圖對感覺事物的變化（即柏拉圖接受流變說）作為理型論的前提。（Chappell 63-64）雖然統一論和發展論一度是學界中重要的立場差異，但其實Burnyeat區分的兩種解讀並未冠以統一論和發展論之名，Chappell的論述對Burnyeat似乎不很公平。而在閱讀柏拉圖作品的進路上，採統一或發展論的不同立場，是否一定伴隨著對柏拉圖思想（以這裡的脈絡而言是指柏拉圖自己是否抱持流變說）的特定解釋？這似乎已經是對當代柏拉圖研究的哲學史討論了。即使不涉及這種討論，我們還是可以直接從文本上研讀到：蘇格拉底是把勃泰哥拉斯和赫拉克力圖斯劃分到同一邊，而且這一邊的基本立場就是強調變化。（152e）不論柏拉圖自己是否抱持流變說，在152d-e蘇格拉底的談話中可以讀到他在勃泰哥拉斯到赫拉克力圖斯之間建立的思路：勃泰哥拉斯學說，如152b「風」的例子來看，「風」就是任何人覺得它是的那個樣子；因此，風，對我而言是一個樣子，對你而言可能是另一個樣子，所

---

29 這種區分在許多柏拉圖研究都可以看到（但最近幾年已沒那麼強調）。從亞里斯多得以來的傳統解釋基本上都是統一論。「修正論」這用詞似乎有晚期作品否定早期的意味，「發展論」是比較中性的詞，也是一般討論這議題時較常使用的詞。對發展論提出重要反思的Kahn，以Vlastos為提出發展論的關鍵學者。（C. H. Kahn, *Plato and the Socratic Dialogue*, Cambridge: Cambridge University Press, 1996: 39. 這本書的接續作品 *Plato and the Post-Socratic Dialogue*［Kahn 2013］之中，則雖然行文顯得較為緩和，但仍保有統一論的傾向。）在 Chappell 16-17 列出的名單中，將 Ryle, McDowell, Bostock 等學者都歸為修正論者。

謂的「是……」都要附加上「對誰而言」來看，不能單獨去講風自己「是」怎樣。風，可以從對我而言是冷的，變成對你而言是不冷的，或者從對你而言不冷，變成對我而言冷。如此一來，「是……」總是「變成是……」。在前一段文本中蘇格拉底把「顯得是……」代換成「覺得是……」後，也就可以用這種相對性的「是……」來講感覺；這裡他又把相對性的「是……」說成「變成是……」，也就是說，感覺始終在「變成是……」。於是，按這思路，泰鄂提得斯的定義，是以一直在變化的感覺作為知識。

　　一直在變化的感覺，無法固定「是」某個特定狀態，而會處於流動、變動的狀態。蘇格拉底接下來指出了「動」的正面意義，一種活生生的力量，不論在身體或心靈上都需要「動」。然而這個正面意義不保證能構成知識。接下來，蘇格拉底要針對變動中的感覺是否能構成知識，進行檢驗。前面我們講「是……」總是「變成是……」，相對於不同主體（你、我）來講這變化；但嚴格來說，相對的不只是不同的主體而已，接下來蘇格拉底進一步分析流變說裡劇烈的相對性。

153d-154b 檢驗感覺的相對變化（質）：以「白」為例

　　蘇格拉底用眼睛看到白色的東西為例，分析：「覺得『白』」的感覺，既不在獲得感覺這方、也不在可感覺的事物上，否則就無法因為相對狀態而改變。而且，感覺不但會相對於不同個體而改變，就算是對同一個主體，也會相對於不同時間不同情境而改變。也就是說，獲得感覺者本身自己沒變，或可感覺事物本身自己沒變時，感覺卻變了；這表示任何感覺到的性質既不屬於獲得感覺者、也不屬於可感覺的事物。

154c-155c　檢驗感覺的相對變化（量）：以骰子為例

　　蘇格拉底又用骰子的數量做例子，分析：同樣都是六個骰子，比四個多，比十二個少。都是六個，卻因相對情況不同而變多變少。在檢驗這種量的相對變化時，蘇格拉底指出三項前提：一、一個東西等同於自己時，本身沒變，就不會有量的變化；二、一個東西沒有增減時，就永遠等同於自己；三、一個東西不可能在沒有經過變化的情況下，先前「不是」、後來又「是」這東西。但是，骰子卻會因相對性的比較而變多變少，蘇格拉底的身高也會因相對於不同時期的泰鄂提得斯而變高變矮。既然骰子的數量和蘇格拉底的身高沒變，按那三個前提，既然它們的量沒有增減而等同於自己，不可能原先不是少或矮的、後來卻是少或矮的。如此一來，感覺的相對變化就和那三個前提發生衝突了。

　　在討論「感覺」的脈絡下，按柏拉圖所結合的「勃泰哥拉斯—赫拉克力圖斯學說」來看，一方面由於相對性，任何事物都是相對於那進行感覺活動的主體而言的，被感覺的對象就「是」對於主體而言的那個樣子；另一方面，由於流變說，一切都在變化，那個進行感覺活動的主體和被感覺的對象也都各自在變化，這兩個變數使得任何一次感覺活動都彼此不同。因此，每一次的感覺都是特屬於某特定個體的，不僅私有於個別的主體，甚至是私有於各個不同剎那的主體。我看到的顏色和小狗看到的不同，現在的我看到的也和其他時候的我不同。可是前面又說感覺對象就「是」所感覺到的那樣，因此，感覺對象就「是」那些相對於不同主體不同情況而不同的私有感覺。因此，如果泰鄂提得斯要維持一致，當六個骰子相對於四而變多了，他就必須說那六個骰子「是」增加了。（154c-d）

　　特屬於個體感覺當下的私有感覺，很接近後來的哲學討論中

所謂「感覺與料」（sense-data）或 Cornford 所謂的「感覺對象」
（參見前面對151e-152c的討論）。討論到這段文本時，Burnyeat、
Bostock 和 Sedley 使用的都是 "private"（私人的、私有的）這個
字，並以「感覺與料」來解釋這種感覺的私有性。[30] 但也有學者
只單純地以 "peculiar to each one"（特別針對每一個）來翻譯，[31] 並
認為這裡談的感覺是「介於主體與對象之間」的，和當代討論中
在「主體」心靈「之內」的感覺與料不同。[32] 確實，蘇格拉底解釋
下的這套感覺理論，並沒有將「感覺」（比方說「覺得白」）說成
是在主體的心靈之內，甚至明白表示那白色的感覺不在主體之
內。不過，當我們回顧「人是萬物的尺度」這點，任何一個人作
為感覺的主體，比方說「我」，覺得眼前看到的東西是白的，這
裡的「『我』覺得」混合了感覺和判斷，並同時使「我」可以被
宣稱為是「萬物的尺度」。從這層面來說，判斷的尺度歸諸於
「我」這個主體。於是，雖然感覺發生在主體與對象之間，但就
判斷歸諸於「我」的私有性來說，和在主體之內的「感覺與料」
很接近。

　　不過，感覺的「私有性」很值得懷疑。即使不涉及當代對私
有感覺與料的批評，僅以蘇格拉底這裡的談話來檢驗，我們也可

30　Burnyeat 15, 154; Bostock 48, 55-56; Sedley 40-41. Sedley 表示他使用「感覺與
　　料」一詞雖然並未套用特定理論，但仍以 G. E. Moore, "A Defence of Common
　　Sense"（in J. H. Muirhead ed., *Contemporary British Philosophy*, London, 1925:
　　193-223）中的「感覺與料」來作說明。（41 n.2）

31　例如 McDowell 19, 131 n.154a2 和 Chappell 67。

32　這是 McDowell 143 的看法。Chappell 雖然說 *pace McDowell*，卻又說這裡
　　的「勃泰哥拉斯—赫拉克力圖斯學說」談的私有對象類似「感覺與料」。（67
　　n.45）

以反省到：感覺雖然相對於主體而顯得「私有」，卻也正因為相對於主體而不可能完全地「私有」。因為「相對性」需要以某個同一的事物為基礎來比較各種不同的情況，如果感覺完全是針對單獨一刻單一個主體而私有的，那麼，任何一次的感覺都無法和其他感覺加以比較。結果反而使任何一次的感覺都絕對化了。沿先前的討論以「我覺得風冷」為例，這一剎那的我覺得這陣風是冷的。假設有一個同一的「我」，穿上衣服後的我，和先前冷的感覺比較，覺得變暖了，而有冷暖變化的相對性感覺。可是，在劇烈的流變說裡，雖然一方面因為這一剎那的我覺得這陣風是冷的，對我而言風就「是」冷的，別人無法否決我作為「尺度」的判斷；然而另一方面，不論別人或是在這剎那之前、之後的我，都不能衡量我在這剎那的感覺，於是待在屋子裡還沒吹到風的我，或是吹了風之後穿上衣服感覺溫暖的我，都無從感覺到變冷或變暖。在任何一次感覺彼此之間都無法比較的情況下，「我」無法拿覺得暖的經驗去比較，要如何作為「這陣風是冷的」的尺度？

　　這裡主要的癥結在於：「是」和相對性的變化，無法協調。感覺或包含判斷意味的「我覺得」，需要經由一種相對的比較才有意義。所謂「尺度」，是比較出來的。這一點，從蘇格拉底舉出的骰子例可以更明顯地看出：六個骰子比四個多，比十二個少，這裡的「多」或「少」都是經過比較而來的判斷。在數量方面的判斷，不論多少、大小、高矮，這些相對性的感覺，都無法單獨私有於某一剎那的某一主體，而必須經過比較。如果沒有經由比較，直接去說「是」多或「是」少，無法了解是什麼意義。

　　這或許可以解釋為什麼蘇格拉底用骰子和身高的例子來作說明。「白」和骰子、身高的例子有個巨大的差異：骰子的數量或

身高都不是直接的身體感覺。[33] 這點使得這個例子出現在對「感覺」的討論中，似乎有些奇怪。以骰子的例子來說，不但不是一種直接的身體感覺，而且涉及簡單的計算。而這簡單的計算使得像我這種算術差的人，很明顯感覺到，當我覺得「六個骰子是多的」這剎那，必須要和我算出四個的剎那做比較。必須經由比較，就不能等同於「只憑自己」而「是」的東西。依此思路，蘇格拉底點出問題所在，要問那「只憑自己」的東西「是」什麼。（154e）接著，他條列三項檢驗的前提。（155a-b）在前兩個前提中，講到一個東西「等同於自己」（a=a），如果我們把勃泰哥拉斯學說納入這等式（「覺得a是怎樣」＝「a是那樣」）：等號左邊是「對我而言」、「對你而言」或「對任何有感覺的生物而言」的東西，有各種相對的變化、有增減；右邊則是確實「是」而沒有變化和增減的東西。可是，如上面的討論指出，相對的變化不能等同於只憑自己而「是」的東西。以對話中蘇格拉底的前提來說，這「等同於自己」的東西不會變大變小、不會自己增減。於是，他們討論的前提已經和原先所講的勃泰哥拉斯學說發生衝突。按勃泰哥拉斯學說，第三個前提裡從原先「不是」的東西變成「是」那個東西，是可能的；蘇格拉底則反過來說沒有變化就不可能從「不是」到「是」。雖然對話中蘇格拉底說是這三項前提自己打了起來，其實這三項前提彼此一致，而是和前面所解釋的勃泰哥拉斯學說打了起來。畢竟前面所解釋的勃泰哥拉斯學說

33　依循Bostock 60的看法：六個骰子和四個骰子之間，或蘇格拉底和長高的泰鄂提得斯之間，根本沒有"physical interaction"；這裡的重點在於：感覺到的性質（sensible qualities, properties）不應視為性質，而應視為「關係」（relations）。

才是這整段討論的共同前提。

155d-157d 勃泰哥拉斯學說與「是」的說法矛盾

泰鄂提得斯無法理解蘇格拉底在前段指出的矛盾。於是，蘇格拉底一方面讚許泰鄂提得斯的哲學天賦，另一方面又再重新解釋勃泰哥拉斯學說。這次的解釋整合了流變說強調的「動」與勃泰哥拉斯強調的「感覺」：從主動和被動之間互相依賴的關係去解釋感覺，用生殖的譬喻去分析感覺活動，強調感覺主體或可感覺的對象必須相對於對方，無法各自獨立。依照這必然的相對性，感覺活動中的任一方都不能使用「是」這種固定性的詞語。在這學說之下，沒有任何東西「是……」，只有「變成……」。

蘇格拉底在156a-c的一段話，將「動」區分「主動」與「被動」，並以此分析感覺活動中的感覺主體與可感覺的對象。不過，與我們熟悉的區分不同的是，這裡不能直接以感覺主體為主動，或以可感覺的對象為被動。實際上，恰好相反，稍後在159d蘇格拉底又再以主、被動關係分析感覺時，明白地把酒（可感覺的對象）視為「主動」這方，而把獲得感覺的舌頭（感覺主體）視為「被動」那方。（Cf. Bostock 62）這反映了古希臘對感覺主被動關係的基本看法。在亞里斯多得凡是以「動」來討論感覺知覺時，也同樣是把感覺對象視為主動、感覺主體視為被動（《靈魂論》（De Anima）第二卷）。但，如果我們進一步考慮到柏拉圖接下來使用的生殖譬喻，則感覺主體和可感覺的對象都是主動去生殖的雙親，而各種感覺和被感覺到的性質才是被動地被生下的孩子。這樣的錯綜複雜顯示，主、被動是一種隨時流動的關係，無法固定地稱某種東西為主動者，而稱另一種東西為被動者。一如接下來157a所說「和某個東西一起出現的主動者，在和另一個

東西交會時可能顯現為被動者。」在用主、被動關係分析感覺活動時，不論哪方主動、哪方被動，重要的是在強調兩方都不能單獨界定，而是在一個關係中同時出現。而且這種關係是流動的。

　　隨後，在156c以下，對話錄中的蘇格拉底又提出對「動」的另一種區分：「慢的動」和「快的動」。其中，感覺主體和可感覺的對象，都屬於「慢的動」；所產生那被感覺到的性質和那一份感覺，則屬於「快的動」。按159d的模式，把可感覺的對象視為主動、把感覺主體視為被動，以「眼睛看到一個白色的石頭」的感覺活動為例，依照蘇格拉底的說法可以分析為這樣的一場生殖活動：

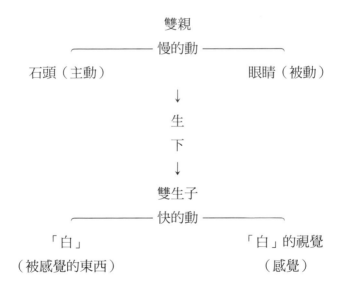

眼睛這感官作為感覺主體，石頭作為可感覺的對象，這兩者是「雙親」，一起生出「雙生子」，即「白」和視覺上「覺得白」的那一份感覺。雙親任何一方都不能單獨生下孩子；而且，以我們

現在對基因遺傳的常識很清楚知道，雙親任何一方如果換成別人，生下的孩子也會不同。反過來說，雙生子中任何一個也都不能單獨歸屬於雙親中的任一方。雖然，按156e，視覺來自眼睛這邊、「白」來自石頭那邊，但是如果不是這組雙親的交合就無法生下這對雙生子，單獨有眼睛不能生出那樣的視覺，單獨有石頭也不能生出那個「白」。這對雙生子，唯獨這組雙親能生。這也是為什麼154a曾說感覺是個別屬於個人私有的。[34]除了這組雙親的配對之外，沒有其他東西可以分享這對雙生子。

眼睛和石頭在這場生殖活動中，屬於「慢的動」。[35]慢，是指停留在同一個位置上的變動，像眼睛去看石頭時，眼睛並沒有跑到石頭那裡去，石頭也沒跑過來，而是各自留在同一個位置上去

---

34 關於感覺的私有性，在153d-155c的討論曾提到McDowell反對將感覺等同於「感覺與料」。現在可以比較細緻地將先前說的「感覺」，區分為被感覺到的性質（例如「白」）和所形成的感覺（例如「覺得白」的視覺）；而McDowell所說的感覺是指「被感覺到的性質」。（143）

35 我採取的是一般的解釋，主要根據是156d說「慢的動」生出「快的動」，又說眼睛和眼睛所衡量的東西生出「白」和「白」的感覺，閱讀上可以很自然而直接地將「慢的動」對應到眼睛和眼睛所看的對象。但這解釋並非毫無爭議。Bostock指出：一般解釋（Cornford, Nakhnikian, Runciman, Gulley, Crombie, McDowell等）都以眼睛和石頭為「慢的動」。（Bostock 62）但在這解釋下，眼睛或石頭分別是許多「慢的動」的集合（a collection of slow changes），另一方面由於眼睛或石頭就「是」那些相對性的感覺和被感覺到的性質（依照勃泰哥拉斯「我覺得風冷，風就『是』冷的。」的說法解釋），於是眼睛或石頭又分別是許多「快的動」的集合（a collection of fast changes）。如此便和原先由「慢的動」生出「快的動」的生殖關係不合。（Cf. Bostock 67-8）另一種解釋（指Sayre, *Plato's Late Ontology*）則以眼睛和石頭「之內」發生的變化為「慢的動」。（Bostock 63）但這解釋下「慢的動」變得難以明瞭。兩相權衡，Bostock仍偏向一般解釋。（68-70）

進行感覺活動。所產生的「白」和覺得白的「感覺」，則既不停留在眼睛這邊，也不停留在石頭那邊，而是在眼睛和石頭兩者之間移動，屬於「快的動」。

　　關於眼睛看到石頭所發生的這兩種「動」，很難理解。Cornford援引柏拉圖另一篇對話錄《蒂邁歐》對顏色的解釋，來說明這裡的感覺活動。《蒂邁歐》說，顏色是從物體發出的光流，由細小分子組成，流向眼睛而引起視覺的感受。（67c）套回這裡的例子來看，眼睛發出視覺的光流，石頭也發出一種光流，兩道光流結合，生下「白」和當下覺得白的那一份「感覺」，直到這時眼睛被視覺充滿而發出的光流才可以稱為視覺，石頭被「白」充滿而發出的光流也才可以稱為白色。（Cornford 50）這說法可以更動態地描述出光流在眼睛與石頭間的快速運動。Bostock並不贊同援引《蒂邁歐》的物理理論來解釋這邊的知識論問題，因為：一、按照《蒂邁歐》，石頭可以發出分子組成的光流（彷彿這些分子光流原屬於石頭），而不是像《泰鄂提得斯》這段文字一樣限定只有在被感覺時才出現「白」；二、分子仍然「是」某種東西，但這裡是要說根本沒有那種「確實是」的東西，一切都只是變化、變動而已。（Bostock 64）的確，《蒂邁歐》對顏色的說明並不完全吻合這裡的描述。上述第二個理由或許還可以用說話上的權宜與習慣來打發掉（一如蘇格拉底157b提到他們在還沒明白應該抽掉「是」這個字時，「也受習慣和無知所迫使用這個字」）。至於第一個理由，按文本來看是很充分的：這裡的「白」顯然不是單一物體發出的一種物質，而必須由感覺活動的「雙親」結合後生出。就像為小孩爭吵的夫妻常說：「孩子又不是你一個人生的。」被感覺到的性質「白」也不是石頭自己生的。

　　不過，援引《蒂邁歐》的解釋，協助我們回憶起恩培多克勒

斯的類似說法:各種感官都有不同的孔道,「感覺」是事物進入大小適合的孔道而形成的。[36]也就是說,物體發出的光流,必須穿過感官的孔隙才會引起感覺。套回到這裡的例子,眼睛看到石頭時,石頭發出光流,但眼睛提供的孔道像篩子一般篩濾石頭發出的光流,篩出的光流才是被感覺到的性質「白」。因此,「白」不單獨屬於石頭,當下「覺得白」的那一份視覺也不單獨屬於眼睛,兩者都是在石頭和眼睛組合才有的產物。換成另一個眼睛提供的孔道,或另一個石頭發出的光流,都會影響篩出來的光流。這樣解釋下,便能回應前述的第一個理由了。此外,按文脈來看,對話錄中的蘇格拉底先前已將恩培多克勒斯歸到和勃泰哥拉斯與「一切是動」學說的這個行列中。(152e)用恩培多克勒斯的說法可能比援引《蒂邁歐》來解釋,更直接而合乎文脈。

　　在蘇格拉底的解釋下,基於「一切是動」這點,所有參與在感覺活動裡的事物,不論主體、對象、被感覺到的性質或所形成的感覺,都是動;而這些主、被動以及慢的、快的動,都不是單獨只憑自己的東西,而全部是雙雙對對和其他變化一起發生的變動。這又再支持先前(152d-e)的話:沒有單一、只憑著自己的東西,沒有任何東西「是……」,只有「變成……」。在這裡,他更指出:按照「一切是動」的感覺理論,不但不能使用「是」一字,連各種指示詞(如「這個」)、所有格(如「我的」),都不能使用。因為「這個」、「我的」這類詞語,指涉了某個可以和其他事物劃分開來的單獨的一個東西為「這個」,或把某個東西單獨歸屬於「我」。然而,尤其當一切都在變化,任何一次感覺都

36　Kirk & Raven 343, t.455: Theophrastus *de sensu* 7.(即 *Die Fragmente der Vorsokratiker* 中的 31A86.)

特屬於當下感覺的主體與對象的情況下，參與在感覺活動中的雙方（或多方）都具有高度的特殊性，無法不使用指示詞或所有格。這點，152以來的討論中顯而易見。而且，蘇格拉底又指出：不僅局部地對個別事物（κατὰ μέρος, 157b）不能使用「是」和指示詞、所有格，對集合名詞也不能使用，而必須要用能表達變化的詞語來陳述。再度套回前面的例子，一方面不能用這些詞語去說某個特定時刻某個特定的人的眼睛把那顆石頭看作「白」的那份感覺；另一方面也不能為了迴避指示詞和所有格而改用沒有特定個別指涉的集合名詞去說人看石頭是白的。如此一來，語言變得極為困難！

揭示了這極端的語言困境後，蘇格拉底157d重述結論：「沒有什麼東西『是』，只有永遠在『變成』善、美[37]、和所有剛剛我們講的東西。」

157e-160e 幻覺問題

為了盡可能釐清「感覺是知識」這項定義，蘇格拉底舉出幻覺作為一種感覺的例子，引導泰鄂提得斯提出「並非所有感覺都真」。蘇格拉底又以「夢」與「醒」難以分辨，讓泰鄂提得斯了解到，在不同情況的感覺中，很難證實哪個感覺比較真。幻覺問題可能可以反駁「感覺是知識」的定義。如果「並非所有感覺都真」，我們要如何從中分辨出可以作為知識的感覺？蘇格拉底試

---

37 McDowell注意到這裡把善、美視為感覺述詞。（145 n. on 157c-d; 119 n. on 152a6-8（3））這點或許可以這樣解釋：以柏拉圖對「感覺」和勃泰哥拉斯學說的討論脈絡來看，「覺得」一詞含混地表達一種相對於不同個人的看法。（見先前對152b的討論）也就是說，在柏拉圖解釋下的勃泰哥拉斯學說，對於善、美這類有關抽象、非感覺性質的述詞，和感覺述詞之間並沒有區別。

著幫這套「勃泰哥拉斯—流變說」的感覺理論，提出回應。他一方面回顧前面談到的生殖譬喻，另一方面又從「同一性」的問題展開分析，用「生病的蘇格拉底喝酒覺得甜」和「健康的蘇格拉底喝酒覺得苦」為例，說明：當感覺主體不再是同一個主體時，即使感覺對象相同，所生出的結果（那被感覺到的性質和當下那一份感覺）也不會相同。另一方面，感覺對象也有同一性的問題；而且感覺對象一定有它對應到的主體，否則不能成為感覺對象。因此，每一份感覺都是屬於某個主體的屬性，我的感覺就是屬於我的，不論對象「是」什麼或「不是」什麼，都是對我而言，這些屬性都以感覺主體作為判準（即勃泰哥拉斯學說「人是萬物的尺度」），蘇格拉底認為這也就是泰鄂提得斯所提出的定義「感覺就是知識」。按照這套說法，根本沒有分辨感覺真假的問題，因為所有感覺都真！而討論雙方同意，把這整套「勃泰哥拉斯——流變說——感覺是知識」的說法，都視為泰鄂提得斯的回答。

雖然在這階段的對話中，蘇格拉底顯現一種盡量為「感覺是知識」這項定義作解釋的立場（正如先前他也以這樣的立場，援引了勃泰哥拉斯學說所強調的相對性，以及赫拉克力圖斯「一切變動」的主張），但在這裡對幻覺問題的對談中，卻似乎埋下了否決「感覺是知識」的伏筆。[38]

如果「感覺就是知識」，任何事物看起來怎樣就「是」那樣，如何解釋錯誤的感覺？當蘇格拉底以感覺錯誤的極端例

---

[38] 基本上這段討論的文脈中，蘇格拉底站在感覺理論解釋的這方，協助泰鄂提得斯為「感覺」做深入而盡可能一致的闡釋，（Cf. Burnyeat 19, Chappell 84）但我贊同Bostock的提醒：柏拉圖本來就是要批評這套理論的。（Bostock 83）

子——幻覺——提出這問題時，泰鄂提得斯很素樸地判斷作夢、瘋狂、生病、想像等等狀況下產生的感覺，亦即幻覺，是假的。在這一問一答間，泰鄂提得斯已經預設某些感覺為真、某些感覺為假。[39]然而，當感覺就是知識時，感覺都是真的，不會假。這是因為在討論中預設「知識」具有「不會假」、「不會錯」的特點。[40]這點，實際上早在152c就已經提出，也已獲得泰鄂提得斯的同意。但現在蘇格拉底為了盡量為感覺理論作解釋，再度提出這點，並用他解釋之下的勃泰哥拉斯和赫拉克力圖斯學說，來解釋感覺不會假、不會錯。雖然蘇格拉底的確幫感覺理論解釋過來了，但這段討論仍顯示出：這套感覺理論，和泰鄂提得斯素樸的判斷（即，一般認為幻覺不真的直覺判斷）發生衝突。也就是說，「感覺是知識」違反直覺。

　　在蘇格拉底盡量為感覺理論作解釋的部分，簡單來說，整段再次表達出感覺的「相對性」。各種不同的感覺，不管是否被認為是幻覺，相對於當下獲得感覺的那個主體而言，都是真的。只

39　這裡由幻覺問題檢驗感覺的論證，有些類似笛卡兒《沈思錄》I所陳述的懷疑論。（R. M. Eaton ed., *Descartes: Selections*, New York: Charles Scribner's Sons, 1955: 90-91）但笛卡兒認為清醒的時候可能也在幻夢中，這裡泰鄂提得斯則仍認為有真假之分；（Cf. Burnyeat 18）而蘇格拉底解釋下的感覺理論，更進一步認為全都是真的。

40　Cornford認為「知識」有兩項特點：一、不會錯（infallible）；二、知識的對象是真實不變的（real and unchanging）。（Cornford 28-9）其中的第二點，由於《泰鄂提得斯》並未直接指明知識的對象，即使強烈主張從對象界定認知狀態的Cornford，也須以其他對話錄（如《理想國》第五卷）來說明。只就《泰鄂提得斯》的討論，不能確立這點。然而，第一個特點，從這篇對話中檢驗是否算是「知識」的談話，可以看出對話雙方確實設定「知識」是「不會錯的」。

不過，根據流變說，不論感覺主體或對象，都在變化，任何一個
當下的主體或對象，都不相同；因此，相對於那些已經不同的主
體或對象，所產生的感覺和被感覺到的性質，也都不相同，卻都
是真的。感覺活動的高度「相對性」，先前在154a已經提出，當
時指出：感覺不僅會因對我、對你而有不同；即使都是對你自
己，也沒有任何一刻相同。這項論點的前半段只是一般相對於不
同的人而有的相對性，後半段則強化到相對於不同時間、不同狀
態下的同一個人。當相對性的論點從前半段擴及到後半段時，已
經挑戰了後半段「同一個人」的同一性了。現在，蘇格拉底以他
自己這同一個人在不同狀態下去感覺酒的味道，正式處理同一性
的問題。

　　在討論中，蘇格拉底和泰鄂提得斯建立兩項關鍵性的共識：
一、他們把不同狀態下的蘇格拉底，分別當作一整個個體來看；
二、運用類似現在所謂萊布尼茲律[41]來對同一性進行判別，於
是，當一個個體和另一個個體不同，這兩個個體在感覺的時候一
定會產生不同的結果。但這兩點，都是有問題的。

　　就第一點而言，他們把「健康的蘇格拉底」和「生病的蘇格拉
底」視為不同的人。（159b）可是，首先，為什麼我們要拿
「健康的蘇格拉底」當作是「整個這一位」，而把「生病的蘇格拉
底」當作是「整個那一位」？如果他們分別都是一整個個體，為

41　Leibniz's law，亦即：對於任何x和任何y，如果「x具有任何性質f」和「y
　　具有這性質f」彼此是充分必要條件，則x和y就是同一個東西。（Cf.
　　Honderich 391；原始來源是 G. W. Leibniz, "On the Principle of Indiscernibles,"
　　Leibniz: Philosophical Writings）這原則即「無可分辨的同一性」（the identity
　　of indiscernibles）。也就是說：如果x和y所有性質都相同，則x=y；反之，
　　如果x≠y，則x和y一定有不同之處。

什麼不就直接叫做「蘇格拉底」，而必須要再用「健康的」或「生病的」來加以限定（qualified）？如果加上限定條件後的蘇格拉底是「整個一位」，那麼，「蘇格拉底」恐怕就不只是一位、而是許許多多位整個的蘇格拉底的合成。[42] 可是一般日常語言的使用上，會直接把「蘇格拉底」當作一位蘇格拉底；通常我們對「同一個人」的思考，不只是三維（長、寬、高）的，而是四維（加上時間）的，或者是必須加上心理歷程（psychological history）的考慮。「蘇格拉底」這個人，不是指單一時間點上那一團人形的物質而已。當我們介紹說「這位是蘇格拉底」，並不是只指那介紹當下單一時間點上的切面而已，而是早已隱然預設了他有過去和未來，而且讓被介紹的人預設下次見到這個人時可以叫他蘇格拉底。只有單一時間點的切面，並不形成整個一位個體。其次，假如我們把「蘇格拉底」視為許許多多蘇格拉底感覺活動的合成，如同休謨式的主張「自我不過是一束知覺」，[43] 則必須面對休謨提出的問題「什麼使它們成為一束？」畢竟，不論健康的、生病的、睡覺的、瘋狂的蘇格拉底，都叫「蘇格拉底」。

42　Bostock 79所謂的「合成說」（the collection doctrine）。Bostock在66 ff.指出事物視為許多稍縱即逝的項目的「合成」（collections），並在「快的動」和「慢的動」脈絡下，對事物是什麼的合成，有較深入的討論。

43　或者說，是休謨的說法和柏拉圖這段落的討論很接近：休謨認為一般對「自我」的看法，是把事物都恆常在流變中各種感知形成的關聯，當作是「同一性」了。（David Hume, *A Treatise of Human Nature*, Oxford: Oxford Uuniversity Press, 1975: 252-3, Bk I, part iv, sec. vi.）在對《泰鄂提得斯》這段落的討論上，從Cornford就使用了類似休謨的詞語；（"Socrates is for this purpose nothing more than a bundle of sense-organs." Cornford 56；而休謨的用語是 "they are nothing but a bundle or collection of different perceptions."）Burnyeat和Bostock則都明文提及休謨。（Burnyeat 18; Bostock 82）

（Bostock 82）因為，和休謨不同的是，蘇格拉底這裡甚至沒有像休謨一樣以知覺間某種緊密關聯來提供對「同一性」的解釋，而是把它們說成是許多不同又分別是完整一位的蘇格拉底。

就第二點而言，雖然萊布尼茲律是判斷同一性的一項好原則，但蘇格拉底的運用並不恰當。在運用萊布尼茲律，用性質是否相同來判斷事物的同一性時，我們用來分判的性質或述詞，必須指明時間。如果要採取單一時間切面，則恰當的運用萊布尼茲律是：如果 x 在某一特定時間點具有的任何性質，y 在同樣那個時間點上也都具有，反之亦然，那麼，x 和 y 是同一個東西。至於不同時間點，則同一個東西可以有不同的性質。（Bostock 74; McDowell 150）同一個蘇格拉底可以在不同時間點上，有時是健康的，有時是生病的，這並不違反萊布尼茲律。

不論如何，現在泰鄂提得斯接受將「健康的蘇格拉底」和「生病的蘇格拉底」分別看作一整個個體，如此一來等於宣告「蘇格拉底」其實是由許許多多不同狀態的蘇格拉底所合成的。在這裡的脈絡，那許多不同狀態可以用先前所說的「動」來解釋，而這裡說的「動」便是感覺活動所造成的各種變化，或者說是感覺的生殖活動中所形成的配對關係和親子關係。（156a ff.）在舉例說明時，蘇格拉底把感覺對象（例如「一啜酒」）視為主動的一方，而感覺主體（例如「健康的蘇格拉底」）是被動遭逢感覺的一方，兩者一起生出雙生子：就感覺對象那方生出「甜」，就感覺主體這方生出覺得甜的「感覺」。（159c-d）在這樣的脈絡下，在某狀態下我所獲得的感覺，是我的「οὐσία」──不管要稱之為本質、財產、屬性等任何這個希臘字可以指涉的名稱──總之是屬於我的孩子。但前面討論生殖譬喻時，已經強調過：孩子，不只是我一個人的，因為它有雙親。更奇妙的是，由於前面

已經把一般以為的單一「個體」視為許多變動的「合成」，它的雙親，不管是我或作用在我身上的感覺對象，都不是單一的「一個」人或物。160b因而又再指出：說話時，不論使用「是」或「變成」（其實157d已經指出不能用「是」，必須用「變成」），都還必須加上「對於……」這類詞語。這不僅是再次表達「相對性」而已，同時也已經摧毀了「οὐσία」這個詞所表達明確屬於某人事物的意思：我獲得的感覺是屬於我的οὐσία，但矛盾的是，這感覺不只是我的，而是我和感覺對象一起生的；此外，「我」不能算是「一個」人，而是許多感覺的合成，那些感覺又再是許多不同的我和不同的感覺對象所生。如此，根本沒有任何事物或性質「是」「οὐσία」。回到勃泰哥拉斯學說，「我」是所有「是……」的事物的判準；可是「我」其實反過來由無數感覺合成的，也沒有任何東西「是……」。這個泰鄂提得斯的胎兒在蘇格拉底正式巡禮繞圈之前，已經有些不堪了。

160e-162b 插入泰歐多洛斯的討論一

　　蘇格拉底把泰鄂提得斯的第一個定義「感覺就是知識」和勃泰哥拉斯、赫拉克力圖斯的學說都視為泰鄂提得斯「生下的孩子」，預備開始檢驗；這時，泰歐多洛斯卻問蘇格拉底是否認為勃泰哥拉斯學說是錯的，而加入討論。蘇格拉底先指出這說法是從泰鄂提得斯那接生下來的，隨後又再指出勃泰哥拉斯學說導致的矛盾。按勃泰哥拉斯「人是萬物的尺度」，則：一、任何有感覺的生物，都是判斷自己想像與信念的尺度，都具有同等的智慧；二、既然任何人都有同等的智慧，便無法解釋為什麼勃泰哥拉斯可以用智慧賺錢；三、既然任何人的想像與信念都是真的，便無法檢驗或反駁任何想像與信念。泰歐多洛斯退出討論。

　　雖然，前段討論中，蘇格拉底針對幻覺問題提出了勃泰哥拉斯式的解釋，但脈絡中隱然透露勃泰哥拉斯學說違反直覺。現在，當蘇格拉底開始要檢驗這套「勃泰哥拉斯——流變說——感覺是知識」的混合學說時，特別強調出可能會有「拿掉這孩子」的風險；泰歐多洛斯也彷彿是在蘇格拉底已經否決了這套學說的情勢中（實際上這時蘇格拉底才剛剛正式表示要開始檢驗而已），試圖支援勃泰哥拉斯而加入討論。

　　這段討論簡而言之是在指出：勃泰哥拉斯「人是萬物的尺度」之說，和「人（或任何有感覺的生命體）有智愚不同、信念有真假之分」，是不一致的。類似的論點，在柏拉圖另一篇對話《克拉梯樓斯》386c也有出現；這似乎是柏拉圖對勃泰哥拉斯尺度之說的一貫看法。[44]然而，在前段討論幻覺問題時，蘇格拉底展現出盡力為感覺理論做解釋的風度，這裡他難道無法再次展開救援解釋？與前段相較，蘇格拉底不但沒有盡力為勃泰哥拉斯的立場進行解釋，甚至他還拿「豬」、「狗頭狒狒」或「蝌蚪」來和勃泰哥拉斯的智慧相提並論時，有對勃泰哥拉斯做「人身攻擊」之嫌。[45]實際上，如果我們要徹底為感覺理論做解釋，即使人有智愚不同、信念有真假之分，而和尺度之說發生矛盾，也仍不會造成困難。按照任何人看來是怎樣就是怎樣的勃泰哥拉斯學說，並不

44　該段原文是由蘇格拉底發言，強烈表示：「如果有智有愚，勃泰哥拉斯就不可能是對的，因（按勃泰哥拉斯尺度之說）沒有人能真正比另一個人更有智慧，既然每個人認為怎樣對他而言就真的是那樣。」Burnyeat 20, Chappell 91, McDowell 158, Sedley 55在討論《泰鄂提得斯》這段落時，都談及這一引文。

45　Waterfield 163-4指出《克拉梯樓斯》386c-d和這裡，都使用了「人身攻擊」（*ad hominem*）論證；不過他也指出蘇格拉底對話錄本來就常常是在檢驗「人」（而非哲學）。

需要理所當然地接受「不矛盾律」。即使不同的人彼此信念發生矛盾，仍可以說那些信念分別對抱持信念的人而言是真的；即使同一個人抱有的信念發生矛盾，仍可以把不同時刻、不同情況下的人當作不同的人（例如159b把健康的蘇格拉底和生病的蘇格拉底當作不同的人），而說那些信念仍然都是真的。當然，如果柏拉圖相信「不矛盾律」，相信發生矛盾便不可能真，這信念對柏拉圖而言也是真的。可是，這對徹底的勃泰哥拉斯學說而言，無傷大雅。理論上「豬」、「狗頭狒狒」和「蝌蚪」，都跟勃泰哥拉斯一樣有智慧，但願意付錢給勃泰哥拉斯的人相信勃泰哥拉斯比較有智慧、相信他的教育值得那些錢，這樣的信念對這些人而言也是真的。因此，就算遭遇人身攻擊，徹底的勃泰哥拉斯學說仍可以逃脫；如果蘇格拉底仍願意盡量為這套學說做解釋，按前段（157e-160e）的水準，仍可解釋開來。

　　為什麼蘇格拉底不繼續為感覺理論做解釋？有可能是因為柏拉圖可以接受在感覺的範圍內「人是萬物的尺度」，但不接受把這點擴及到各種信念或判斷上。[46]也就是說，在前段作為柏拉圖代言人的蘇格拉底本來就支持感覺理論，所以會出言維護；但現在的討論已經涉及信念、智慧（亦即「知識」，見145e），這部分他並不接受。不過，柏拉圖是否真的接受感覺理論，是可討論的；（Waterfield 159-63）另一方面，整個關於「感覺」的討論，從一開始就已經含有「判斷」的意思（見前面對151e-152c的討論），並不是現在才擴及信念與判斷。我無法從柏拉圖寫作背後可能預設的立場獲得令人滿意的解釋，但單純就對話進行的脈絡來看，

---

46 Cornford 62；這看法也就是Burnyeat討論到勃泰哥拉斯—赫拉克力圖斯理論時，所謂的Reading A。（Burnyeat 8, 21）

如果我們認為蘇格拉底是沒有成見地、真誠地在和泰鄂提得斯進行討論，既然蘇格拉底在160e宣告「繞圈儀式」，我們可以把之前蘇格拉底的發言，視為是在確認泰鄂提得斯所提出的定義（包括對各種可能的矛盾的釐清）；現在，才要執行「繞圈儀式」。

當泰歐多洛斯插入討論，這一對話錄結構上的安排，更形成一種讓蘇格拉底改變身分正式變成「反方」的情勢。先前蘇格拉底站在盡量為感覺理論解釋的位置上，和泰鄂提得斯共同深化「感覺是知識」這項定義。但現在，他要提出質問來檢驗整套理論了。

162b-163a「智慧無差等」

當討論的重擔再度回到泰鄂提得斯身上，蘇格拉底重述剛剛提出的問題：勃泰哥拉斯的尺度之說會造成智慧無差等的結果。這違反一般認為人（與其他生物、與神）有智愚之別的看法。泰鄂提得斯原先接受勃泰哥拉斯學說，但這時似乎無法為勃泰哥拉斯學說進行辯護；反倒是蘇格拉底，質疑剛剛對勃泰哥拉斯學說的反駁只依賴在可能性上，缺乏必然性的證明。

163a-165e 用歸謬證法推翻「感覺就是知識」

為了建立具有必然性的證明，蘇格拉底以「感覺是知識」（即，任何一種感覺都可以和知識互相代換），作為歸謬證法的假設，提出矛盾而加以否決。這裡的談話可以整理為四個論證：一、如果感覺等於知識，就算原本不懂外邦人的語言，看到或聽到時就會同時知道；反之，也不能因為我們不知道而說我們在感覺上沒有看到或聽到。但這和我們看到、聽到陌生外語卻「不知道」的情形矛盾。因此，感覺不是知識。（163a-c）二、如果感覺

等於知識，在看時就知道，沒在看時就不知道。我們對曾經看過的東西可以有記憶，而且記得就一定也知道（即，不可能記得卻不知道）。可是有時我們「沒在看卻記得」，用「知道」代換「在看」，會得到「不知道卻記得」的結果。這和「記得就一定知道」矛盾。因此，感覺不是知識。（163c-164e）三、如果感覺等於知識，當你看的時候蓋住一隻眼睛，便同時一隻眼看到、一隻眼沒看到，用「知道」代換「看到」，會得到同時「既知道又不知道」的結果，而發生矛盾。因此，感覺不是知識。（164e-165d）四、如果感覺等於知識，則由於感覺有時清晰有時模糊，感覺得到近的、感覺不到遠的等等，於是「知道」也會既清晰又模糊，近的知道、遠的不知道等等。但「知道」並非如此。因此，感覺不是知識。（165d-e）

蘇格拉底將勃泰哥拉斯「人是萬物的尺度」學說和泰鄂提得斯的第一個定義「感覺就是知識」結合起來後，任何有感覺的生命體，不論人、動物以至於神，都具有對自己感知的完全權威；任何感覺（與由感覺形成的判斷）不論是否矛盾或衝突，相對於那獲得感覺的主體而言，都同樣是真的，也都同樣是知識，因而這些感覺主體也都具有相同的智慧。這論證是利用「人、動物和神的智慧毫無差別」這駭人的結論來反駁對方，如果對話者可以堅持不同主體對彼此感覺的判斷方面確實都是同樣有智慧的，實際上反駁不見得一定成立。一如前述，蘇格拉底建立了四個歸謬證明（Reductio Ad Absurdum, RAA），來否決「感覺是知識」。這四個論證，都是先舉出感覺方面的例子，然後將「感覺／在感覺」用「知識／知道」代換，推出矛盾，而推翻「感覺是知識」。運用歸謬法建立的論證，是具有邏輯必然性的演繹論證。這合乎蘇格拉底替勃泰哥拉斯所提出的要求。（162e）然而，蘇

格拉底卻又自己批評說這裡的論證只是在字面上爭贏，而不是愛智慧的哲學家該做的事。（164c-d）這提醒讀者去檢查，即使對話中看似成功地建立了四個否決「感覺是知識」的論證，但這些論證是有問題的。

這些「字面上」的論證，主要是藉助「感覺是知識」這項定義所形成的代換規則：「感覺＝知識」，[47]從而在各種代換例中找到矛盾，推翻定義。但是真正在論證中使用的代換規則，嚴格來講，其實是「任何一項個別的感覺活動＝知識」。蘇格拉底所提到的個別的感覺活動，不論是特定一種感覺（如「看」或「聽」），或是特定情況下的一個感覺（如蓋住一隻眼睛而用另一隻眼睛來看），都有附加條件（qualified）。在代換時，「感覺」這端（定義端）附加的條件，在「知識」那端（被定義端）卻略掉了。如果保留「知識」那端的附加條件，這些論證中的例子不見得能成為推翻「感覺＝知識」的反例。[48]但在代換的時候蘇格拉底卻將這些感覺的例子視同「知識」一詞，不考慮代換例的恰適與否，直接在代換結果中找字面上的矛盾來推翻定義。

不過，回到原文上我們也發現，泰鄂提得斯曾試圖指出討論

---

47 即Burnyeat所說的代換測試（"substitution tests"），用定義端代換被定義端，檢驗兩方是否可以互換（interchangeable）。（Burnyeat 22）

48 討論到第三個論證時，McDowell指出這裡的論證手法是「略掉附加條件的詞語」（dropping qualifying phrases）。所謂附加條件詞語，例如，我們可以把第二個論證中的「不知道」用附加條件的方式描述為「不是藉由『看』而知道」，把「知道」描述為「藉由『記憶』而知道」；或者把第三個論證中的情形描述為「用『其中一隻眼去看』而知道，用『另一隻眼去看』而不知道同一個東西」。（McDowell 162-3）「知識」這端附加上述條件後，就不能直接得到「知道又不知道」的矛盾。

中的「感覺」是有附加條件的：在一隻眼被外套蓋住的例子中，他指出這裡的「看到又沒看到」是用沒被蓋住的眼睛看到，而被蓋住的眼睛沒看到。可是，蘇格拉底卻不接受這種對「方式」的說明。（165c）這裡的四個論證所談到的「感覺」，第一個局限在不懂內容但「看」、「聽」到某個語言的情形，第二個講「看」過之後的「記憶」，第三個是用不同眼睛的「看」，第四個是用各種副詞加以形容的各種感覺狀態。但是，蘇格拉底在感覺這端明明已經附加上這些條件，卻不接受泰鄂提得斯用這些附加條件去談「知識」。這是蘇格拉底論證上的不公平嗎？

　　這裡的論證本來就是不公平的。前面已經點出：蘇格拉底自己批評這裡的論證只是在字面上爭贏。（164c-d）另外，他也指出：這些論證直接拿個別的感覺活動來取代「知識」。（Cf. 165d-e）但是從這項不公平，我們可以進一步設想，是否在個別感覺活動中出現的附加條件，確實可以附加到「知識／知道」這端？「知識」或「知道」的認知狀態，如果也和感覺一樣受到個別情況的條件限制時，真的可以算是「知識」或「知道」嗎？當蘇格拉底拒絕泰鄂提得斯用看的「方式」作答時，迫使泰鄂提得斯排除任何具有附加條件的「知識」或「知道」。因而到第四個論證時，對話雙方其實並不是經由推論去說「知識／知道」不能套用感覺方面副詞（清晰、模糊、近的、遠的、深的、淺的），而是在對話中直接預設「知識／知道」不能有這些隨情況改變的情形。也就是說，不論「方式」如何，「知識」必須不受附加條件影響，知道就是知道，不知道就是不知道。而就在這一點上，「感覺」和「知識」並不相同。

　　另一方面，這裡只針對泰鄂提得斯的定義「感覺是知識」作討論，而尚未處理到整個「泰鄂提得斯──勃泰哥拉斯──赫拉

克力圖斯」的感覺理論。[49]對這四個依賴「矛盾」進行反駁的歸謬論證，最具殺傷力的一點是：勃泰哥拉斯學說不見得必須服從「不矛盾律」。由於按照勃泰哥拉斯學說，每個人都可以作為自己私有感覺的尺度，就算出現矛盾，也都分別相對於私人而言是對的，不必因為發生矛盾而說任何一方是錯的、假的。於是，接下來的對話蘇格拉底將回頭檢視私有感覺的問題。

165e-168c 配合勃泰哥拉斯學說解釋「智慧」

　　前面的歸謬論證主要藉由字面上的矛盾而建立，不足以真正否決勃泰哥拉斯學說。因此，蘇格拉底又嘗試替勃泰哥拉斯辯護。辯護的重點，首先是流變說影響下的「同一性」問題：由於任何一個個體在不同時間、不同情境下都是不同的，無所謂「同一個人」，因此前段中「同一個人知道又不知道」的矛盾並不成立；其次是要配合尺度之說來解釋為什麼會有智慧上的差別。基於感覺的「私有性」，每項感覺經驗都只針對當下在感覺的那個人，只有那個人能評斷，因而任何信念都是「不會錯的」。也就是說，根本不可能有人抱持假信念。但是，雖然都真，有些情況感覺起來比較舒服、良善，有些比較惡劣。而能把惡劣情況變得比較好，就是「有智慧」的人。

　　這段虛構的勃泰哥拉斯談話，最後要求公平的討論，拒絕在字面上鬥。蘇格拉底為勃泰哥拉斯盡可能辯護的做法，表現出他自己也不是在「鬥」，而是要藉由談話去檢驗、探索。

49　Cornford即指出：勃泰哥拉斯並未將知識限制在感覺上，而這裡的字面論證也沒用在勃泰哥拉斯身上，也不見得能撼動勃泰哥拉斯那種對私有感覺的「不會錯」（infallible）的說法。（68）

　　目前勃泰哥拉斯學說面對的主要困難在於如何解釋「智慧」。如果每個人都能擔當身為「尺度」的位置，則任何人的任何信念對於當下產生信念的那個人而言，都是真的；根本沒有所謂「假」信念，也不可能有「真」與「假」的分別。同時，依照這個觀點，如前段（162b-163a）指出，可以推出「智慧無差等」的結果。然而，以勃泰哥拉斯「智者」的身分而言，他宣稱具有「可以使人更好」（*Protagoras* 318a）的專業智慧，似乎和上述這些結果衝突。而這個段落裡，蘇格拉底替勃泰哥拉斯辯護的策略是：將真假問題和「智慧」的關聯作一切割。切割的原則基本上是把專業智慧視為某種價值上的引導，並進一步指出價值判斷如「比較好」、「比較舒服」、「比較健康」等，不必同時是真假上的判斷。

　　價值判斷確實可以視為是一種不同於真假的判斷。粗略地說，就現在對哲學學科的劃分來看，價值屬於倫理學、美學領域，真理則屬形上學領域。然而，這段虛擬的勃泰哥拉斯辯詞中，卻使這些不同領域的判斷都必須面對一個共通的問題：這些判斷是否可能純「主觀」？尤其，既然勃泰哥拉斯學說中對真假的判斷是主觀的，價值方面的判斷是否也是主觀的？如果是，就算脫離真假問題，我們仍會陷入無法區別任何人任何信念哪一個「比較好」的困局，因為任何信念對當下抱持信念的那個人（甚或其他生物）而言究竟好不好，只有那個人可以判斷；如果不是，則價值上有客觀判斷這點能不能和勃泰哥拉斯的「尺度」學說吻合？為什麼真理上沒有客觀判斷而價值上卻可以有？

　　在這議題上，Burnyeat 區分出兩種解釋：一是「不妥協的解釋」（the uncompromising interpretation），認為勃泰哥拉斯學說可以完全堅持純主觀、把任何領域的信念都視為是相對的；（Burnyeat

24-5）另一則是「妥協的解釋」（the compromising interpretation），認為「比較好」是「實際上比較好」，而不是按那個被專家引導、改變的人來看。（25）依據這裡這段文本證據來評量，Burnyeat 認為兩種解釋不相上下（因為「醫生」的例子適用於「不妥協解釋」，「政治家」的例子適用於「妥協解釋」，而「植物」的例子則兩邊都適用）；但他也注意到接下去的對話（171d-172b, 177c-d）將明顯推向「妥協的解釋」。（26-8）

只就這裡的段落而言，「妥協解釋」認為，在辯護裡有關醫生和政治家的比喻中，醫生和政治家之所以可以去引導人朝向「比較好」的感覺改變，預設了並非任何人任何信念都一樣好。以醫生的例子，雖然可以用「不妥協解釋」來閱讀（因為判斷標準終究是在病人主觀的感覺上），但一般人覺得好吃的食物可能是有害身體的；民眾認為有益的政策也可能是很糟糕的。如此一來，並非任何人任何對「好」或「有益」的信念都是真的。（Cf. McDowell 166-7）這樣的解釋進路下，「比較好」一類的判斷，終究還是可以納入「真／假信念」的問題來考慮；然而，一旦回到真理問題上，這些對於怎樣「比較好」、「有益」的信念仍有真假之分，則又將和先前說「所有信念都真」、「沒有真假信念之分」的論點發生衝突。

於是，如果採取「妥協解釋」，亦即等於在宣告勃泰哥拉斯學說的不一致。另一方面，蘇格拉底虛構的這段辯詞中，看似可能使勃泰哥拉斯陷入不一致的詞語，便反而順理成章了。[50]文本上

---

50 甚至按照這樣的解釋，也可能推論出柏拉圖是在故意曲解勃泰哥拉斯學說。（McDowell 167, 168 兩次提到 "Protagoras is made to express his meaning ineptly."）

最明顯的例子就是167c出現的「真正的」一詞。前面譯文注釋提及由於文脈上的考慮，這個字似乎需要進一步的校訂。但如果我們以「勃泰哥拉斯學說會發生不一致」的立場來讀，則這裡出現「真正的」一詞不但不需要更動，甚至可以支援上述的讀法。[51]

　　反過來說，如果採取「不妥協解釋」，則可以用比較同情勃泰哥拉斯的立場盡量維繫「尺度」之說的一致性。勃泰哥拉斯學說把「顯得」等同於「是」，因此，當我們要去判斷某個感覺「是」不「是」比較好時，也要以那個感覺是否「顯得」比較好來衡量。當智者勃泰哥拉斯宣稱具有使人更「好」的智慧時，這個「好」是在主觀衡量上、對感覺主體而言「顯得好」的意思；如此一來，即使有智慧的專家可以引導人把不好的信念改變成好的，也絲毫不影響勃泰哥拉斯學說的「主觀性」。[52]「好」的意思，既然可以是主觀的，也就可以安置於勃泰哥拉斯「一切『相對』於主體」的相對性脈絡中。回到文本上檢驗：在這段虛構辯護中，初步看來最偏向「妥協解釋」的段落——「政治家」的例子裡，政治家能使城邦往「好」的方向改變，既然這個「好」是相對性的（也就是說政治家能使人們主觀上感覺城邦變好了），[53]便不需要在感覺主體之外另外找尋客觀標準來判斷這個「好」，也不需要藉由客觀標準來說政治家的信念比其他人正確或更真。

51　例如，McDowell 168（g）留意到這個詞有時會被刪除，但卻認為就算這詞在文脈上顯得莫名其妙，仍顯示出這段虛構辯詞「表達上的不恰當」。

52　Cf. G. Vlastos, "introduction" to *Protagoras*, Library of Liberal Arts（Indianapolis: Bobbs-Merrill, 1956）: xxii, n.47.

53　Sedley為此舉了一個實例：政治家Pericles取用聯邦盟國的錢建造帕德嫩神廟，當時曾使人們感覺到這樣做很好，於是人民認為Pericles「有智慧」。（Sedley 56）

　　對話中的蘇格拉底強調他不是要「鬥」，而是在對談。如果我們願意善意地相信柏拉圖在此也是善意地在釐清勃泰哥拉斯學說可能遭遇的問題，或許採取「不妥協解釋」比較恰當。因為，這段勃泰哥拉斯的辯護，是柏拉圖寫的、在對話中由蘇格拉底代替已故的勃泰哥拉斯而講出來的。既然對話中的蘇格拉底表示要盡量協助辯護，倘若這裡我們把勃泰哥拉斯學說讀得不一致，可能和蘇格拉底的協助立場不一致，違背了盡量釐清議題的初衷。至少在這段辯護中，勃泰哥拉斯學說可以用純主觀的、極度相對主義的方式，一致地解釋「智慧」。然而，在盡了辯護的道義後，接下來蘇格拉底將再度檢驗勃泰哥拉斯學說，屆時勃泰哥拉斯學說就不見得能繼續維繫下去了。

168c-184b　泰歐多洛斯的討論二

168c-170a　強迫泰歐多洛斯進入討論

　　先前在160e-162b蘇格拉底曾要求泰歐多洛斯進入討論，但未堅持，而讓泰鄂提得斯繼續接受質問；而剛剛的討論中，蘇格拉底發現年輕生嫩的泰鄂提得斯無法恰當地為勃泰哥拉斯的論點辯護，現在蘇格拉底再度要求泰歐多洛斯進入討論，同時也顯示他是很認真的想要藉由對話徹底檢驗勃泰哥拉斯的論點。

170a-171c　不同人之間的信念衝突

　　現在要對勃泰哥拉斯學說進行「嚴肅」的討論。首先，確立討論起點為勃泰哥拉斯「每個人看起來是怎樣，對那個人就『是』那樣」的說法。蘇格拉底試圖指出這說法導致的信念衝突，以此反駁勃泰哥拉斯學說：因為如果有人和其他人信念不

同，雖然對這人而言他的信念為真，對其他人而言卻為假；而根據前述說法，所有信念都真，「其他人認為『這人信念為假』的信念」也為真；但這便和這人自己認為自己信念為真的信念發生衝突。這類信念不同的情形如果發生在「每個人看起來是怎樣，對那個人就『是』那樣」這項信念上，衝突更為明顯：因為依據這項信念，勃泰哥拉斯必須認為「其他人認為『勃泰哥拉斯這信念為假』的信念」也為真；既然勃泰哥拉斯必須認為其他人認為他這信念為假的那個信念為真，他就必須認為自己這信念為假，亦即「每個人看起來是怎樣，對那個人就『是』那樣」為假，而自己否決了自己的學說！

170a開始，蘇格拉底試圖以盡可能貼近勃泰哥拉斯學說的方式，重新建立論證去反駁勃泰哥拉斯。因此，討論回到勃泰哥拉斯自己在《真理》中所說的「每個人看起來是怎樣，對那個人就『是』那樣」這句話上，而且這次的論證必須不受對話者情境影響，直接由勃泰哥拉斯的話導出矛盾的地方。

蘇格拉底這個反駁論證大致可拆成兩段。

第一段，從170a-170e，主要還是依據「智慧有差等」作為前提，而分析出：一、每個人在不同的方面上智慧各有不同（而且對話中顯然預設不可能有人具有全面的智慧，而一定會在某些方面是無知的）。二、每個人在不同的事物上分別抱持著真信念與假信念（於是每個人都既有真信念，也有假信念；這點已經和先前從勃泰哥拉斯學說推出「所有信念都為真」發生衝突了）。[54]

---

54 這兩點有時被視為單獨的論證，但接下來的討論都還繼續沿用這兩點有真信念也有假信念的思路，因此這部分似乎收入整個論證中比較恰當。（Cf. Waterfield 62-3 n.1）

三、後設地考慮到所有對信念的信念也都為真時，基於人們彼此信念不同的事實，會導致同一信念又真又假的矛盾結果（假設某個人 x 抱持信念 P，對 x 而言 P 為真；但「其他人認為『x 的信念 P』為假」的信念也為真，亦即對其他人而言 P 為假）。簡而言之，在人們抱持不同信念的情況下，要主張所有信念都為真，會導致矛盾。

　　第二段，從 170e-171c，基本上是以第一段分析出的結果，套用到目前正在討論的、勃泰哥拉斯自己的信念——「每個人看起來是怎樣，對那個人就『是』那樣」。從第一段的分析結果上，可以進一步分析出：四、再後設一層地考慮所有對信念的信念的信念也都為真時，對所有抱持「每個人看起來是怎樣，對那個人就『是』那樣」的人而言，會導致對同一個人同一信念又真又假的矛盾結果（以勃泰哥拉斯自己這項信念來說，x 的信念 P =「每個人看起來是怎樣，對那個人就『是』那樣」；如前面的分析三，對 x 而言 P 為真，對其他人而言 P 為假；但依據信念 P，x 認為「其他人認為『x 的信念 P』為假的信念」為真，而「x 認為『其他人認為 "x 的信念 P" 為假的信念』為真的信念」也為真，亦即「x 對『信念 P 為假』的信念」為真，亦即對 x 而言 P 也為假。因此，對勃泰哥拉斯自己而言這項信念為真、也為假。

　　蘇格拉底這個反駁論證成功了嗎？許多學者認為他並未成功。例如，Cornford 認為這論證有人身攻擊的謬誤（*ad hominem*）。[55]

55　Cornford 80; Cornford 的這項批評可能是因為蘇格拉底特別針對勃泰哥拉斯本人的信念進行反駁。不過，誠如 Chappell 所釐清的：人身攻擊的謬誤是指對論辯對方本人作與論題不相干的攻擊；但是這裡的論證可以對論題內容進行論證，並不是人身攻擊的謬誤。（Chappell 113）

不過，回到文本上來看，論證前半段170a-e的部分，其實根本不需要訴諸於勃泰哥拉斯本人；到170e以後的部分才可能會有人身攻擊之嫌。而170e以後的部分雖然討論的是勃泰哥拉斯自己的信念，但也不是在攻擊勃泰哥拉斯個人，而可以適用於任何抱持同一信念的人的信念。蘇格拉底這裡憑藉的論證技巧之一在於：將勃泰哥拉斯學說所推出的「所有信念為真」，運用到「相信所有信念為真」的信念上。由於勃泰哥拉斯自己這項信念的內容要求任何一個抱持這信念的人也必須相信「別人認為自己這信念為假」的信念為真，因而造成同一個人同時認為自己的信念為真又為假。雖然這論證對認為勃泰哥拉斯這信念為假的人，無法發揮功效，但這論證攻擊的仍是這信念的內容，而不是勃泰哥拉斯個人；只不過，提及勃泰哥拉斯這個人可以產生「連勃泰哥拉斯自己也……」的戲劇效果。

　　不過，當我們仔細檢查論證時，可以發現蘇格拉底這裡憑藉的另一項技巧在於：在後設討論「對信念的信念」或「對信念的信念的信念」的真與假過程中，抽除其中的相對性條件。而這是有問題的。以論證的第一段來說，其實只達到「一個信念對某些人為真、對另一些人為假」的結果，而不是無條件地說某信念又真又假。因此，蘇格拉底並不能宣稱勃泰哥拉斯這裡有矛盾。至於論證第二段中，「x認為『其他人認為"x的信念P"為假的信念』為真的信念」為真，最內層的"信念P"是對x而言的，中間層的『信念P為假』是對其他人而言的，最外層則又是對x而言的；當蘇格拉底把「x認為『其他人認為"x的信念P"為假的信念』為真的信念」為真，化約為「x對『信念P為假』的信念」為真時，抽掉了中間層的「對其他人而言」。McDowell和Bostock都注意到蘇格拉底在建立論證的過程中，更動了可以標示出「相對性」

意涵的詞語。McDowell指出「對……而言為真」和「直接就是真」（true *simpliciter*）不同！（McDowell 170-171）Bostock也指出蘇格拉底是藉由抽掉限定詞（qualifications，如「對他而言」、「對勃泰哥拉斯而言」這類詞語）來建立論證。蘇格拉底的反駁論證不對，因為「對勃泰哥拉斯而言這信念對其他人為假」，其實並不能導出「對勃泰哥拉斯而言這信念為假」！（Bostock 89-90）

　　Burnyeat企圖支援蘇格拉底的反駁論證，他也注意到這裡抽掉限定詞所引發的問題，[56]並曾試圖以「在x的世界中為真」（true in x's world）來解釋「對x而言為真」（即前段所討論帶有相對性條件的真）。[57]但這樣的解釋是否真能讓蘇格拉底從一些帶有相對性限定詞的真／假推出不受相對性條件限制的真／假，仍是可議的；[58]再者，無論怎樣解釋，蘇格拉底這裡的論證確實使用了不合乎勃泰哥拉斯學說的「真／假」概念：首先，他再次把智慧與無知的差別和真假信念綁在一起；其次，他的討論中始終有真假信念的區別（而不是照勃泰哥拉斯的說法全部視為「是」或「真」，或是根本就接受矛盾、接受又真又假）；最後，他在結論中試圖使用除去相對性意義的「真／假」。這次的反駁論證，雖然原先強調要盡可能直接從勃泰哥拉斯自己的說法來檢驗，但檢驗的過程中似乎已經是在和蘇格拉底自己對「真／假」的概念相檢核。

56　但他似乎認為就算保留限定詞，仍可以維持蘇格拉底的反駁論證。（Burnyeat 30）

57　M. F. Burnyeat, "Protagoras and Self-Refutation in Plato's *Theaetetus*," *Philosophical Review* 85（1976）: 172-95.

58　Cf. Bostock 90-1; Chappell 113-4; Waterfield 175-6.

171d-172c 再次強調智慧有差等

　　蘇格拉底再次指出智慧有差等的問題。他認為勃泰哥拉斯學說在一般感覺事物上可以成立，但在健康和利益等議題上，確實有智慧與無知的差別，而關於健康與利益的信念也有真假的差別。可是，即使如此，在正義與虔誠的議題上，一些不全面主張勃泰哥拉斯理論的人卻堅稱沒有這些差別。

　　關於智慧有差等的問題，在165e-168c蘇格拉底曾配合勃泰哥拉斯學說提出對「智慧」的解釋作為回應；而在對那段文字的相關討論中也提到，學者對勃泰哥拉斯學說有「不妥協解釋」和「妥協解釋」兩種版本。現在這段文字重新談及「智慧」問題，而這裡的蘇格拉底顯然採取了「妥協解釋」——雖然大部分的事物對一個人看起來怎樣就是那樣，但在健康和利益的評判上，卻有真／假信念的差別。只就165e-168c那段文字而言，為了維持勃泰哥拉斯學說的一致性（從而以此維護蘇格拉底在真誠檢討議題這點上的一致），適宜採取「不妥協解釋」，但如此一來為什麼現在這段文字卻採取了「妥協解釋」？

　　在165e-168c雖然配合勃泰哥拉斯學說提出對「智慧」的解釋，但到168c-171c的檢驗時，雖然是直接檢驗勃泰哥拉斯本人說過的話，但所憑藉的分析方式卻已經預設真／假信念的區別，並使用不矛盾律這類一般的邏輯論證技巧。就檢驗的內容而言，直接是勃泰哥拉斯本人的話；但邏輯上的真／假概念與不矛盾律等等，並不是純粹的勃泰哥拉斯學說。[59]由此衍接到171d，蘇格拉

59　按勃泰哥拉斯學說來看，所有信念都相對於抱持信念的人而為真，對同一件事不管認為真或認為假，對於抱持信念的人都是真的，認為真和認為假的信念「一致」（可以同時為真）。在這種情況下，「是A」與「不是A」可以並

底已經是在一個有真／假信念之分的預設下，把智慧連結到真信念，而把無知連結到假信念，並且對勃泰哥拉斯的學說做了一些修正。[60]

　　這裡的學說已經不是純粹的勃泰哥拉斯學說，但究竟是修正得比勃泰哥拉斯本人更強或更弱？Cornford 認為這是更強的勃泰哥拉斯論者、如《理想國》中 Thrasymachus 的立場，其中強烈表達道德的相對主義，至於勃泰哥拉斯本人對於德性問題並沒有那麼強烈的相對主義。（Cornford 82-3）但是從原文的用字來看，後文說這裡講的「智慧」是那些「不全面主張勃泰哥拉斯言論的人」所帶來的，字面上「不全面」（μὴ παντάπασι）有比勃泰哥拉斯本人立場弱的意味。[61]而且這裡提到的主張，認為在健康以及利益方面的信念上有人比其他人更接近真理，這種看法和原始的勃泰哥拉斯學說「人是萬物的尺度」、「每個人看起來是怎樣，對那個人就『是』那樣」相比，不再全面性地強調「相對性」，就這

存，因此勃泰哥拉斯學說不適用「不矛盾律」，也無法以指出矛盾的方式反駁。不過，這並不是說勃泰哥拉斯打破了不矛盾律，因為「是 A」與「不是 A」可以並存是因為相對於不同的人而言，嚴格來說並沒有出現真正的矛盾。（Cf. Waterfield 2000 207-8）

60　如 McDowell 就把 171d-172b 這段文字稱為「修正的勃泰哥拉斯學說」（"A modified Protagoras doctrine," McDowell 172）。

61　一般閱讀都是如此，Sedley 提到 F. D. Caizzi 在 "Da Protagoras al discorso 'maggiore'"（*Casertano*, 2002: 83-4）提供的另一種讀法：把 pantāpasi 放在整個子句外，而讀成「全面都不」。但如 Sedley 指出的，Caizzi 援引的其他文本其實也可以用「不全面」來讀。（Sedley 2004 64 n.15）此外，讀成「全面都不」也就是說這裡根本不是在講勃泰哥拉斯，就前面的討論脈絡而言會變得更奇怪。

個側面而言，確實是比較弱的。[62] 然而，從另一個角度來看，亦即從對正義等問題的破壞性來看，Cornford 說這裡的主張「超過了勃泰哥拉斯」（"go further than Protagoras himself," Cornford 82）有其合理性：正是因為修正後的主張認為有些政治上的領導者對於「利益」的評判比其他人接近真理，但在美醜、正義與不正義、虔誠與不虔誠等的評判上卻沒有真假信念的差別，於是，道德上的評判只好依賴在利益上。純粹的勃泰哥拉斯學說，不見得要走上這樣極端的後果。

這極端的後果讓利益凌駕於正義之上，這類立場的人不相信有正義方面的真理，而追求他們認定的利益，從蘇格拉底接下去的談話中可以知道，這樣的後果已然出現在當時的法庭上了。

172c-177c 關於正義的智慧：哲學家與演說家的差別

蘇格拉底似乎並不認同那種在正義方面不區分真假信念的看法，開始談起當時法庭上真假混淆的情形。在這段談話中，他從哲學家在法庭上的表現，進而描述出哲學家與演說家的差別：首先，哲學家在悠閒中進行論辯，因為論辯是為了探究事物真正「是」怎樣，不像法庭上的演說需要趕時間。其次，擅於在法庭上演說的人諂媚陪審團的方式，就像奴僕服侍主人，接受虛假和不正義；哲學家則自己是論證的主人，不在乎現實中的名利和生活瑣事，只專注在探究事物的真相和本性，思索「正義本身」，而且要追求「善」，盡可能使自己正義、虔誠。最後，哲學家追求的才是真正的智慧；表面上看起來很厲害、有智慧，實際上卻不正義的人，將會受到嚴重的懲罰——過著差勁的一生，死後也

62　參見 McDowell 172-3, Chappell 119-20, Sedley 64 等。

無法進入免於邪惡的淨地。

這段文字傳統上標題為 "Digression"（離題），[63] 因為在對話中蘇格拉底自己兩度把這段話視為離開原論證的多餘的話（一次是173b：「或是算了、再轉回論證上，免得在剛剛所講的話上面，我們濫用過多的言論自由和話題切換」；第二次是177b：「關於這些，其實是多餘的話，我們別管了——要不然，會一直有更多的水流淹沒我們原先的論證」）。但讀者仍可以發現各種方式，將這段文字和原先的討論主題整合起來。

原先討論的問題是「知識是什麼」，泰鄂提得斯提出「感覺就是知識」，到160e蘇格拉底開始他的「繞圈儀式」，用論證檢驗這個以勃泰哥拉斯學說為主幹的定義，而其中很重要的一項反駁前提是：智慧有差等（這也表示信念有真假之分）。到前一小節的討論中，蘇格拉底把一般的感覺事物劃入可以適用勃泰哥拉斯學說的範圍，而把另一些事物劃在這範圍外。尤其，就蘇格拉底的立場，正義顯然在這範圍外；而一些「不全面主張勃泰哥拉斯言論的人」則認為正義也和一般的感覺事物一樣沒有真假之別。在這脈絡下，談話很自然地開始釐清正義的真假。這談話是合乎文脈的。尤其對於注重蘇格拉底審判時的特殊風範或相關的政治脈絡的讀者，這一段討論也顯得格外重要。[64]

63　Bostock 98, Burnyeat 33, Chappell 121, Cornford 81, McDowell 173, Sedley 62等都用了這個字；Levett的分析稱為 "Interlude"（插曲）（Burnyeat 252），也是類似的意思。

64　E.g. Stern 2008 162-182; Giannopoulou 2013 90-101. Stern把對172c2到176a1段落的討論訂標題為 "The Philosopher's Neglect of Politics"（Stern 2008 163-170），將這場「離題」演說視為哲學與當時政治活動的對比，而開啟了一種政治哲學，證實蘇格拉底自己人生的「善」。（"Socrates initiates political

　　不過，和先前以論證及反駁論證組合而成的討論相較，這段談話偏用描述性的文字；[65]而且如果把這些談話視為是在檢驗泰鄂提得斯「感覺是知識」的定義，雖然和主要論證有脈絡連接，卻確實沒那麼直接。從這樣的角度，McDowell 稱這段談話類似「現代書籍中用來做註腳或附錄」的文字。（McDowell 174）那麼，這樣的註腳和附錄要將讀者從主要論證帶到哪去？注釋家討論這段文字時常參照柏拉圖的其他對話錄，如《自辯》、《斐多》、《高吉亞斯》、《理想國》；尤其是《理想國》。[66]我們在這段文字中，確實讀到和《自辯》裡的蘇格拉底類似的哲學家形象——不熟悉法庭上的演說，看似笨拙可笑；讀到和《斐多》裡蘇格拉底類似的對死亡的態度——因死亡可以讓靈魂脫離肉體而接近純粹的正義本身、美本身；讀到《高吉亞斯》裡蘇格拉底對演說家的批判——就像甜點師傅在口味上諂媚，演說家用語言諂媚，只管說服而不在乎真假；還有《高吉亞斯》最後對不正義的人死後的預告；也讀到類似《理想國》裡蘇格拉底對「正義」的釐清（第一卷），對知識進而對「善知識」的追求（六、七卷），對哲學家走出洞穴的寬闊的知識視野和又再回到洞穴後顯得笨拙、被人取笑的情形（六、七卷），以及，再一次，對不正義的人的死後預告（第十卷）。

philosophy to substantiate the good of his own way of life." Ibid. 182）

65　這段談話當然也不是演說家的那種「演說」（rhetoric），一如Chappell所言；但Chappell把這段談話視為「不同類型的」「論證」，恐怕必須對「論證」一詞採取很寬的解釋才能做到。（Chappell 126）

66　Benardete 1986 I.132; Bostock 98, Burnyeat 33-9, Chappell 127, Cornford 83, 88-9, McDowell 173-5, Sedley 65 ff., Waterfield 177等；Waterfield 68 n.1和71 n.3都特別要讀者去和《理想國》進行參照、比較。

　　但尤其在參照其他這些對話錄時，當《泰鄂提得斯》的讀者試圖將「蘇格拉底」和這裡所說的「哲學家」形象整合起來時，會發現一些不完全吻合的地方。例如，蘇格拉底不會不知道怎樣去市場！（Cornford 88）在市場中用生活化的語言和人討論哲學，是蘇格拉底的特徵；而這裡的173c-d卻說哲學家不知道去市場的路。《自辯》中的蘇格拉底強調他不是那種「上窮碧落下黃泉」（τὰ μετέωρα καὶ τὰ ὑπὸ γῆς, *Apology* 23d）的人；而這裡的173e卻說哲學家會「深入地底」又「高到天外」。另一方面，熟悉《理想國》的讀者可能也會發現，「深入地底」測量地面或者說是研究幾何學，[67]「登上天去」研究天文學，都是《理想國》裡哲學家教育中的一環。（*Republic* 528c ff.）難道，柏拉圖所說的「哲學家」並不是指蘇格拉底？

　　這不僅是蘇格拉底或哲學家形象塑造的問題，而且也涉及到這裡柏拉圖是不是已經發展出不同於蘇格拉底的哲學。哲學家形象的問題上，或許可以說柏拉圖這裡要描述的是「頂尖的」哲學家，（173c）而不必一定是指蘇格拉底。Sedley認為我們不必受這過於理想化甚至誇張化的描述困擾，在底層文脈（subtext）的解釋下，這理想化的哲學生活並不是指蘇格拉底本人的哲學活動，而是蘇格拉底助產催生出的哲學，也就是柏拉圖的形上學（理型論）。（67-71）

　　但這涉及到另一個有爭議的問題：我們手上的這段文字中，是否含有理型論？175c提到脫離現實生活的哲學家，探究的是

---

[67]「測量地面」（γεωμετροῦσα）這個字也就是「幾何學」的動詞單數分詞，因此一些英譯者偏好用幾何相關的詞（geometrizing, doing geometry）來翻譯。（Sedley 70 n.1）

「正義本身」一類的問題。「正義本身」是否是指理型？Chappell
在「統一論」與「發展論」（他稱為「修改論」（Revisionism））
的爭議脈絡下指出，基本上統一論者認為這段文字談的就是理
型，發展論則否。[68]這是因為統一論者主要立場認為柏拉圖對理型
論的看法沒有改變；發展論則認為有。因此，粗略來說，統一論
傾向將各時期對話錄中所出現的理型相關詞語，都以標準的理型
論形上學去理解；發展論則否。由於柏拉圖常用「……本身」這
樣的詞來談理型，某種程度來說我們確實有理由在讀到「正義本
身」這樣的辭彙時把它當作是正義的理型。另一方面，使用辭彙
卻也不能當作是絕對的證據，從「如果要表達理型會使用這辭
彙」，而推出「使用這辭彙就代表理型」，這樣想是犯了肯定後件
的謬誤。也就是說，純粹以文本證據來看，對兩方而言都不具有
決定性。而且從這種區分「……論」來判斷解釋觀點的討論，雖
然能幫助我們認識現有學界的討論概況，但在對直接文本的了解
方面卻反而可能造成限制。Sedley則以一種跳脫統一論、發展論
爭議的方式，認為「……本身」這樣的辭彙不必一定是指理型，
這段文字也沒有直接在談理型論，而是在底層文脈中，蘇格拉底
的「助產」將催引出柏拉圖的形上學。[69]僅以《泰鄂提得斯》這份
文本來看，不足以直接去談理型，就算這段文字「暗示」出理型
論，在此也無法真正深入討論。比較切實的是，從這段文字中，

---

68 Chappell 127，他本身為「這裡確實是指理型」的立場辯護。

69 Sedley在統一論與發展論的議題上認為，柏拉圖（或任一個哲學家）在漫長
時間中形成的思想不可能完全沒有發展或變化，但重要的是在一致性上統
一。（Sedley 13-15）至於這裡類似理型論的用詞，他指出，早期對話錄如
《勃泰哥拉斯》也曾用類似詞語而不具形上學意涵；但從中可以導向柏拉圖
的形上學。（73-4）

我們讀到哲學家相信是有「正義」和「不正義」的區別，而且這種區別不在直接可以感覺到的事件中（不是「你對我做了什麼」一類的事）。在直接的感覺上，也許可以接受一件事物對誰怎樣就是那樣，或所有信念都真，但在關於「正義」等議題上並非如此。因此，如果要探究這樣的「知識」，這種知識不是感覺。

177c-179b 智慧以及對「是／既有屬性」的判斷

172c 岔題之前談到「正義」方面沒有智慧與無知、真信念與假信念的差別，利益問題上卻有。現在回到主要的討論：按流變學派和勃泰哥拉斯學說來看，每個城邦自以為「正義」就是正義；但我們也發現當城邦自以為「有好處」時，常常出錯。也就是說，原先城邦以為某事是有利的，之後往往發現事情的發展並非如此。這裡的對錯（亦即真假信念），是以「未來」看起來怎樣、是怎樣作為判準。就過去和現在的感覺而言，任何人都是自己感覺的尺度；但並非每個人都能正確地判斷未來，而是只有各種專家有能力對未來做出正確的判斷。因此，從對未來的預測可以解釋智慧是有差等的，而且也因此並非每個人都是尺度，只有有智慧的人才是尺度。

至少就目前的討論範圍來看，在直接當下的感覺方面，蘇格拉底接受勃泰哥拉斯學說，但是這學說無法適用於不屬於直接當下感覺的信念或判斷。之所以無法適用，可以回到勃泰哥拉斯「每個人看起來是怎樣，對那個人就『是』那樣」的說法來分析：一件事物在任何時刻任何人看起來是怎樣，對那個時刻的那個人就是那樣；但現在對一個人而言是怎樣，對未來某個時刻的這個人卻不見得如此。對話中蘇格拉底舉出對「未來」城邦是否有利、病人是否會發燒、酒是否是甜的、音樂是否和諧、宴席是

否好吃等，這些對未來的預測為例，並再次訴諸勃泰哥拉斯的「智慧」，[70]來說明智慧與無知的差別。

對「未來」的預測，是否可以解釋智慧？

以判斷酒的酸甜為例，如下圖，在t1這個時間點上A覺得酒很甜，對A而言酒就是甜的；但是在關於未來的判斷方面，在t1這個時間點上A認為這瓶酒到明年還是很甜，這信念在t1這時間點上對A是真的，然而到了明年的某個時間點t2，A打開酒瓶一喝，卻覺得很酸，於是原先的信念在t2對A而言就變成假信念了。

假設另一個人B，在t1就能判斷出這瓶酒在明年t2（甚至t3等等）時是酸的，因為在t2時A覺得酒很酸，B的信念在t2對A而言是真信念。這仍遵照勃泰哥拉斯「每個人看起來是怎樣，對那個人就『是』那樣」的學說，因為在t2時A覺得酒很酸，酒就「是」酸的！基於這個「是」，我們宣告原先在t1時A預測「明年酒是甜的」的信念為假、B預測「明年酒是酸的」的信念為真，並以此宣告A是無知的、B是有智慧的。

蘇格拉底藉由有關未來的判斷，在遵照勃泰哥拉斯學說的前提下對智慧提出解釋，指出信念有真假，以此反駁勃泰哥拉斯

70　先前在161d, 167d都曾訴諸智者以智慧收取高額費用這點，強調有人特別「有智慧」。

「所有信念為真」、「萬物的尺度是人（每一個個人）」的說法。這項對勃泰哥拉斯學說有關未來判斷的闡釋，必須結合流變說來看。[71] 由於一切都在流變，t1的酒和t2的酒是不同的，而在t1時A覺得酒甜，t1時酒就是甜的，但這不表示在t2的酒也是甜的。既然在t2時A覺得酒酸，t2時酒就是酸的。這點早在154a已經闡明：「對你自己而言沒有相同的東西，因為沒有任何一刻會有相同的樣子、相同的東西，甚至是對你自己」。因為酒無時無刻不在變。

　　但是徹底的流變論者不可能只注意到酒的流變，而沒注意到A也在流變中。這點，在159b-c也曾以「生病的蘇格拉底和健康的蘇格拉底是不同的人」指出過。以此，剛剛的圖應該修改為：

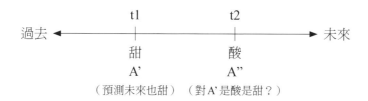

並沒有單一個從過去到未來保持同一性的A，而是無限多而且彼此不同的A'、A"等等。在t1的酒或t2的酒，都相對於不同的感覺者。對t1的A'而言預測t2的酒是甜的，和t2的A"覺得酒很酸，無法共量。這兩個信念分別針對不同的個體都是真的。至於B對t2的A"將會覺得酒很酸的預測也是真的，而這項真信念並不會影響「t1的A'預測t2的酒是甜的」這項信念為真，因為後者針

71　或許因此177c一回到論證上就立刻把勃泰哥拉斯學說和流變說結合起來談。　（Waterfield 75 n.1）

對的是 A'，可是 A' 無法感覺到在 t2 時的酒究竟是酸是甜，A' 的預測根本無法否證。[72]

　　要討論關於「未來」的預測是否為真，其實已經預設了感覺者的同一性。蘇格拉底雖然曾經引導泰鄂提得斯區分「生病的蘇格拉底」和「健康的蘇格拉底」，現在卻又忽略了感覺者這方的流變，而用同一個感覺者（A）之後的感受來否證這名感覺者（A）早先對未來的預測，或來證實另一名感覺者（B）早先對未來感受的預測，不論這未來的感受針對的是哪一個感覺者。但是，對話的另一方，泰歐多洛斯，在討論中等於同意了這樣的預設。這可能是因為對於談話雙方這是解釋「智慧」的最佳方式。而對想要支援勃泰哥拉斯學說的人而言，更難以迴避的是，談話雙方基於勃泰哥拉斯被稱為「智者」，並以教授智慧賺取學費的事實，必須先行接受確實有智慧與無知的差別。

　　讀者也許可以設想某種徹底的勃泰哥拉斯或流變學說，像 153-159 之間蘇格拉底對這學說的闡釋那樣，那麼，在這樣的學說下每一次的每一個感覺都如此私有而獨特，無法和其他感覺做比較，因而無法被其他感覺否證，也都為真；但是，如果要聲稱有智慧與無知的差別，要解釋「智慧」，而且同意對未來感受預測正確的人是有「智慧」的，這項同意已經使我們同時對勃泰哥拉斯與流變學說打了折扣——在流變的感覺之下有個具有同一性的感覺者，可以去比較過去、現在和未來的感覺與信念，並有可能發現原先對未來感覺的預測是對（真信念）、是錯（假信念）。

---

72 無法否證，在這裡的討論脈絡中也就是「不會錯」的（infallible），吻合 Fine 對 153d-154b 的解釋。（Fine 1996 101 ff.）也吻合先前提到勃泰哥拉斯學說導致的「所有信念為真」。

在這樣的討論中，蘇格拉底再一次在對話者的同意之下，擱置勃泰哥拉斯學說「所有信念都真」的看法，強化了真假信念的區別，不論範圍是直接的感覺如酒的酸甜、或是更複雜的判斷與信念如是否對城邦好。

179c-181b「一切是動」或「一切靜止」

目前對話雙方達到的結論是：並非所有信念都真；只有當下的感覺適用勃泰哥拉斯學說，所有信念都真。由於討論中的感覺理論融合了流變說，要檢驗「感覺就是知識」必須先檢驗是否變動就是「是」。而在這問題上，分別有主張一切流變的「流變說」（勃泰哥拉斯、赫拉克力圖斯等），和主張一切靜止的「整體派」（巴曼尼得斯等），兩種不同的哲學立場。這兩種都應該檢驗。

比較早的分析把這段落隔開或當作反駁流變說的第一個部分，標示為赫拉克力圖斯和巴曼尼得斯學說的對比。[73] 後來則常把這段落和下一個段落合起來看，視為對流變說的反駁。[74] 這或許是因為在這段落中蘇格拉底雖然說自己夾在「一切流變」和「一切靜止」的兩種說法之間，並預備和泰歐多洛斯一起檢驗兩邊的說法，但是稍後他只反駁了流變說，卻以避免離題而推掉有關巴曼尼得斯的討論。（183e-184a）為什麼反駁流變說不是離題，而檢驗巴曼尼得斯「一切靜止」、「一切是一」卻是？Cornford認為柏拉圖兩種學說都要探討，但巴曼尼得斯的部分保留給另一篇對話錄《詭辯家》（Σοφιστής, *Sophist*）；《泰鄂提得斯》談的是感覺世界，所以只討論處理感覺世界的赫拉克力圖斯學說。（Cornford

---

73　E.g. Cornford 92；以及Levett對這篇對話所做的文本分析（Burnyeat 252）。

74　E.g. Bostock 99; Burnyeat 33; Chappell 133.

95）這說法底下是Cornford把感覺世界和理型世界區分為二，並認為《泰鄂提得斯》就是因為只在感覺世界談所以無法定義知識的解釋主軸。是否要這樣解釋全篇對話是另一個問題，不過Cornford對為什麼只檢驗赫拉克力圖斯所提出的理由，提示讀者：這裡討論的範圍是「感覺」。現在對話要檢驗的，並不是一切究竟是靜是動這類形上學問題，而是「知識是什麼」，而且現階段是要檢驗泰鄂提得斯提出的第一個定義「感覺就是知識」。因此，流變中的感覺才是論題所關心的；如果有什麼超出感覺變化之外的真實，則遠離了論題。

　　另外，這段落中有兩個地方值得留意：一、Burnyeat注意到這裡（指179c「形成感覺和依據感覺而來的信念」）把「感覺」和「感覺相關的判斷」分開來了。（Burnyeat 43）按這寫法，我看到「這石頭是白的」的這份感覺，和我判斷出「這石頭是白的」的信念，是分開來的；而早先在152b-c時的「覺得冷」、「覺得不冷」原是混合了感覺和連帶的判斷。不過，察看原文，柏拉圖並沒有繼續涉入感覺和相關判斷是否可以切分開來的問題。閱讀上比較像是從原先談的感覺逐漸分出判斷與信念這一塊，預備逐漸引入對信念的討論。二、泰歐多洛斯（而不是蘇格拉底）兩度表示，無法從流變說這邊的人講的話來獲得說明、加以理解。（180a, c）接下來我們即將看到蘇格拉底利用無法理解語言意義這點，反駁流變說。而「理解」在文脈中都和λόγος（語言、說明、論證等等）有關，也讓讀者預備在之後的討論將逐漸引入λόγος。

181c-183c 如果「一切在動」，感覺不是知識

　　先從主張「動」的這邊開始檢驗。蘇格拉底把「動」區分為

兩種：一是運動，包括位置上的移動和同一位置上的轉動；另一則是改變，指事物本身性質上的變化。流變說所講的「動」必須同時兼有這兩種，也就是說一切始終都既在運動也在變化中。在這極端的流變說之下，有些我們以為只有一種「動」，例如有運動而沒改變的東西，也隨時在改變。由於任何東西都既運動又變化，便無法使用語言捕捉。因為在講的時候，被講的東西已經跑掉了或改變了，不再是原先所指的東西，所講的話無法指涉到原先要講的任何性質，於是無法明確指涉任何感覺，也無法指涉知識。連早先談勃泰哥拉斯學說「一個人看起來怎樣就是那樣」所使用的「這樣」、「那樣」等詞語，也無法捕捉要指的東西。最後蘇格拉底以這使用語言的困難，否決「感覺是知識」。

在整個討論「感覺就是知識」這定義的過程中，檢驗了兩個重要的學說：勃泰哥拉斯「人是萬物的尺度」（因為「對任何人看起來是怎樣，就『是』那樣」）的主張，以及赫拉克力圖斯「一切流變」的主張。其中，關於勃泰哥拉斯的部分，179b 已經達到「並非每個人都是尺度、只有有智慧的人才是尺度」的結論；現在則是要針對赫拉克力圖斯的部分做結論。論證的結構上，蘇格拉底分別達到這兩個小結論，否決兩個學說，然後就要回到「感覺就是知識」的定義上做出總結。

原先在討論中引入赫拉克力圖斯學說時，蘇格拉底曾以生殖譬喻去解釋感覺活動。（155d-157d）感覺活動涉及兩方，一方提供可感覺的東西；另一方是獲得感覺的人或其他有知覺的生物。每一份感覺和被感覺到的東西，都是在那特定剎那下兩方互動而共同生出來的，相對於兩方，而且隨時流變。這理論的後果是造成語言上的困難：不能使用「是……」和「這個」、「那個」等具有明確固定意義的詞語，只能用「變成……」表達開放給隨時流

變的狀態。現在要針對赫拉克力圖斯流變說做結論，蘇格拉底簡略重提了這套結合流變說的感覺理論，但和先前的說明相較，重述時他把流變說的「動」強化為既運動又改變。這是極端化的流變說，不僅一切都有變動之處，而且是任何東西任何時刻都既運動又改變、沒有不變動的地方。（否則就「一切在動」也「一切靜止」了。）（181e）

除了極端化之外，重述時蘇格拉底還造了一個新字「如此這般的性質」（ποιότης），來表達感覺對象所提供那份被感覺的東西。例如，我看這石頭是白的，「白」就是這種被感覺的東西或是「性質」。（182a）接著當他假設一種只運動而沒有改變的「動」時，再次以「白」為例，說這流動的東西「宛如白的東西在流變」，按所有東西都既運動也改變的極端說法，這東西其實也有顏色上的改變。（182d）根據蘇格拉底對「白」這個詞的使用來看，這類被感覺的性質本身是會改變的，並不固定屬於提供這份感覺的事物中。這是說，白石頭的「白」，並不在石頭上。在先前的生殖譬喻中已經說明過，這份「白」和「覺得白」的感覺都是感覺活動的雙方一起生出來的。「白」不在白石頭上，而且現在又造出了一個新字「如此這般的性質」，更明顯地把「白」變成一個抽象名詞。或許基於這種不屬於個別具體事物而且又抽象的特點，可能使人把「白」看作理型或共相。在其他對話脈絡中也許可以把「性質」或「白」看作理型或共相，但這裡的脈絡中，一個「白」字只是方便說法，因為那被感覺到的性質會一直變，並沒有真正可以統一在這個字之下的單一性質，它只是「如此這般的」，隨時相對於感覺雙方而形成的無限多被感覺到的性質。它的特殊性比平常所謂的「個別事物」（particulars）更高。

為什麼柏拉圖要檢討這麼極端的流變說，讓感覺到的性質具

有這麼高度的特殊性？這樣的極端說法就常理來說，不是比較難說得通？事實上這裡的論證也正是藉由這種極端說法導出語言的不可能，從而拒絕流變說以及「感覺是知識」的定義。溫和版的赫拉克力圖斯學說（一切流變，但不必是所有側面既運動又改變，而可以只有某側面在流變）並未被這裡的論證否決。（Bostock 108-9）

　　但是回顧先前的整個討論，尤其是蘇格拉底自我要求說要使用具有「必然性」的證明（162e-163a）之後，基本的論證策略都使用了歸謬證法，必須推出又真又假的結果來推翻勃泰哥拉斯學說、流變說和「感覺是知識」。可是，從165e延伸下來的討論過程中已多次指出，極端的勃泰哥拉斯學說和流變說，其實可以不受不矛盾律的限制！按照溫和版的勃泰哥拉斯學說（即先前討論165e-168c所提到的「妥協解釋」）或溫和版的流變說，蘇格拉底反駁論證可以成立；如果要站在盡量為勃泰哥拉斯和赫拉克力圖斯辯護的立場，在這一次又一次的歸謬論證攻擊之下，必須往這些學說的極端版本逃脫。於是，現在要總結整個對這兩個學說的反駁時，務必要以極端版本來檢驗。而極端的勃泰哥拉斯學說和流變說如果不願受先前歸謬論證的攻擊，就必須走向無法使用語言的困難。到此，蘇格拉底的論證方才告一段落。

183c-184b 如果「一切靜止」，暫不討論

　　原本對比出「一切在動」和「一切靜止」兩種哲學立場，預備分別進行檢驗；但檢驗完流變說之後，蘇格拉底表示無法恰當討論巴曼尼得斯等人的主張，並將討論轉回到「感覺是知識」上。

184b-186e　正式否決第一個定義「感覺是知識」

　　話題回到泰鄂提得斯的定義「感覺是知識」，回答的責任也又回到泰鄂提得斯身上。蘇格拉底引導他區分「憑著」和「透過」的差別，接著指出：不同的感覺是透過不同的感官而獲得的，如視覺透過眼睛、聽覺透過耳朵，這些都是身體的感官；而那些可感覺的性質也各是透過不同的感覺而來的，如顏色透過視覺，而不是聽覺或其他感覺。這些感覺和感官彼此區異無法跨界，但我們卻能掌握一個東西「是」或「不是」什麼、「相似」或「不相似」、「相同」或「不同」、「一個」或其他數量等這些無法透過單一感官去感覺的東西，而是不同感覺間的共同處，因此，必定有另外一種和感覺不同的機能，使我們可以憑藉它去掌握上述這些事項（共同感覺）。既然感覺無法掌握事物的「是」，而「知識」卻涉及事物究竟「是」什麼，因此，感覺不是知識！[75]

187a　引入「信念」議題

　　「知識」涉及事物究竟「是」什麼，必須憑藉和感覺不同的另一種機能而獲得。泰鄂提得斯試著提出：這處理「是」的機能是「信念」。

75　文本上，這段落扮演著銜接「感覺」、「思考」到「是」（的知識）的作用，以感覺無法達到「是」，否決感覺是知識。Kanayama（1987）: 29-81對此有詳細的討論。Kanayama注意到討論「共同者」的段落中，185a, c, d在用字上從感覺轉移為思考、察看等等。（35-7）他主張對共同感覺的判斷其實已經涉及心靈的思考（considering），而非感覺本身涉及判斷。（40, 42）文本184-6主要批評目標是「獲得感覺者把經由感覺形成的判斷當作知識」這點（54），由於感覺相關的判斷也涉及「是」或「客觀性」（objectivity, 57）而必須涉及心靈的思考，因而甚至對於感覺也不可能只透過感覺而知道。

　　在拒絕繼續延伸對「一切靜止」或「一切是一」的討論後，蘇格拉底返回原初的討論議題——究竟知識是不是感覺——並正式否決了這個定義。這個針對「感覺是知識」最後的決定論證，基本結構來說，[76]前提是：

1. 各種感覺到的性質都是由專屬的感覺和感官獲得的，彼此不能跨界（例如，不能聽到顏色，不能看到噪音）；
2. 我們可以對同一個對象有好幾項不同的感覺（例如，我看到茶色的小狗並聽到這隻小狗在吠）；
3. 我們可以知道不同的感覺其實是共同關係到同一個對象上（例如，我知道「是」這隻茶色的小狗在吠）；

在2和3出現的「共同」、「同一」和「是」等等，基於前提1可以推斷這些都不是感覺和感官可以直接獲得的，所以得到小結論：

4. 處理這些「共同」「是」什麼的，是心靈自己而非身體的感覺。

再加上前提：

5. 真理和知識必須處理「是」；

76　我摘要的論證比較簡單；Chappell整理這論證時列成15步，並把其中1-8步和9-15步按Cornford的分法（詳見後文）拆成兩段。（Chappell 145-6）

所以，如果感覺是知識，就要處理「是」；但如果要處理「是」就必須憑藉心靈自己而非身體的感覺；因此，整個結論是：

6. 感覺不是知識。

Cornford 把這論證拆成兩段，認為第一段（184b-186a1）要達到的結論是「感覺不是知識的全部」，第二段（186a2-e）要達到的結論則是「感覺完全不是知識」。（Cornford 102, 106）這分析對理解整個論證很有幫助；不過，我想指出的是：第一段的論證一方面當然指出了知識必須超出感覺的範圍，但另一方面其實並沒有接受感覺為知識的一部分，即使是階段性的承認也沒有。因為，在整段論證的開始，蘇格拉底就區分出「透過」和「憑著」兩組希臘詞的用法，並引導泰鄂提得斯更正說法為「『透過』感覺」。（184b-c）這用詞表示，要獲得知識，就算是和感覺相關的知識，也不是直接憑藉感覺而來，而必須除了「透過」感覺之外，還要「憑著」另外的能力。當討論顯示知識「超出」感覺時，並不是說感覺只屬於裡面的一部分，類似經驗主義基礎論的那種看法；而是說要形成知識就必須具有某種超出感覺的能力（在感覺相關的範圍內則是要既透過感覺又憑著那超出感覺的能力），缺少那能力，就不是知識。

前提1確實很具有經驗主義的味道。Bostock 以巴克萊《視覺新論》（Berkeley, *A New Theory of Vision*）的觀點說明各個感覺之間的區離，但如果按巴克萊式的觀點，例如，我怎麼知道我聽到的鳴笛聲和我看到的火車形狀和顏色，來自同一個對象？前提2將令人困擾，而前提3則還須仰賴一連串複雜的推論。感覺不做推論。對這樣的經驗主義者而言，我們並沒有真的「感覺」到物

理世界的具體事物。（Bostock 114-5）柏拉圖把流變說之下的感覺者視為一束知覺（a bundle of perceptions，很具有休謨風格的用詞），把作為感覺對象的具體事物視為這些感覺的集合。（116）按火車的例子說，我們只能感覺到一聲長而洪亮的「嗚──」、一些狀似火車的色塊等等，而一堆零散的感覺並不是一個單一完整的物理對象，嚴格來說我們無法感覺到物理世界中具體的一列火車，而必須經由其他推論才能形成對這一列火車的判斷[77]，不論是對火車的「存在」[78]做判斷或者只是要判斷「我聽到火車在鳴笛」。也許是在這樣的脈絡下，Bostock 認為柏拉圖這裡預設感覺的對象和判斷／信念的對象不同。（118）

　　這種思路，以及 Cornford, Cherniss,[79] Crombie[80] 等認為《泰鄂提得斯》表達理型之外的事物無法作為知識對象的解釋方法，都認為柏拉圖是以對象的不同來區分感覺、判斷／信念、與知識（雖然現在討論的段落中還沒有談到信念和知識對象的區別）。Cooper 則對這段文本有很不一樣的解釋：知識和其他認知狀態的

77　判斷和信念都是指希臘文中的 δόξα，因為這段落相關的英文討論中多使用 judgment，我也多使用「判斷」或「判斷／信念」來表達。

78　在 Bostock, Cornford 以及下面提到的 Cherniss, Crombie, Cooper，基本上把那「共同」的 οὐσία 視為 existence（存在）；這個字當然有存在義，但如 Cooper 指出 οὐσία 不見得就是指存在。（J. M. Cooper, "Plato on Sense-Perception and Knowledge（*Theaetetus* 184-186），" *Phronesis* 15, 1970: 140）我的翻譯及討論中則仍都譯為「是」，以涵蓋所談的事物「是」什麼或「不是」什麼的問題。

79　H. F. Cherniss, "The Philosophical Economy of the Theory of Ideas," in G. Vlastos ed., *Plato: A Collection of Critical Essays I*（New York: Anchor Books, 1971）: 21, 26.

80　I. M. Crombie, *An Examination of Plato's Doctrines*（London: Routledge & Kegan Paul, 1963）: 27 note.

不同，並不是以對象來區別，而是以如何認知來區別。（Cooper 1970 123-146）他的論證，有一部分建立在原文中「περί（關於……）」片語的使用上。對話裡蘇格拉底談到心靈處理不同感覺間的這些「共同處」（τὸ κοινόν）時，使用了περί片語，來補充說明這些思考仍是關於聲音、顏色等東西。也就是，這裡談到心靈對「共同處」──不管是「存在」或「不存在」還是「是」或「不是」，以及「相似」或「不相似」、「相同」或「不同」、「一個」或其他數量──的思考，都不是在講心靈對「存在」或「是」的直接認識（也就不會是Cornford所說對理型的認識，Cornford 105-6），因為這些思考仍是περί──關於──感覺所接觸的那些對象，不是另外的對象；柏拉圖要講的只是關於事物做出的判斷／信念，並不來自感覺，而來自心靈自己。（135-6）這看法的獨特之處在於，強調柏拉圖劃分了感覺和判斷的區別，但並不是按對象來劃分。因為，針對相同的對象，如果心靈憑著自己也透過自己而不只是透過感覺，思考到有關它們的共同處，便超出感覺而形成判斷。

　　Cooper的論點受到Bostock的檢討：如果都是關於相同的對象，只是在方式上心靈只憑自己的思考就是判斷，憑藉身體感覺的就不是，那麼，等於是說某些情況下一個人可以「感覺」到對象具有某些性質而形成「感覺判斷」。例如，判斷某個東西是鹹的。（Bostock 120-1）「這是鹹的」，確實是一種判斷，而且確實如Bostock所說的並非單從感覺可以獲得。（122）上述可以由「感覺」形成「感覺判斷」的說法是錯誤的解釋。但是，我想為Cooper申辯的是，Cooper的說法並不必把「這是鹹的」視為感覺。和感覺相關的判斷是判斷。尤其，在他的解釋下，「零散的感覺意識」（sensory awareness）和「把『鹹』的概念套用到所感

覺的鹹味上」，有明晰的分野。[81] 更不用說「這『是』鹹的」這命題裡，還做出了「是」的判斷。「這是鹹的」，是屬於必須憑藉心靈自己去思考的「共同」者，是一個透過感覺之外，再加上心靈憑自己思考而得的判斷；而且必須將那份感覺連結過來而形成「這個判斷是關於相同的感覺對象」之後才能形成。

柏拉圖的論證中，要形成知識就必須要有心靈憑自己而對「是」與「不是」等等的判斷／信念，這是超出感覺的能力，缺少這能力，就不是知識。但這能力不只是異於感覺，而且是「超出」感覺的。「超出」的意思是，可以在透過感覺之外還再加上的能力。也就是說，有些情況我們只在感覺，有些情況沒在感覺而只由心靈透過自己也憑自己做判斷，但也有些情況既有感覺也有心靈對「是」與「不是」的判斷／信念。並不是透過感覺就沒有判斷，更不是說感覺判斷不是判斷。在了解這點後，審視184-186的對話，蘇格拉底整個論證都在證明「感覺不是知識」，完全不是知識：因為知識當中超出感覺的部分，對形成知識而言，雖然可能不是充分條件，卻是必要條件。（感覺對知識則既不充分也不必要。）知識當中也許可以劃分出一部分是和感覺相關的，例如，我知道「這是鹹的」，但這必須要有超出感覺的能力將憑藉心靈自己而形成的判斷運用回感覺上；反過來說，只有感覺，不能判斷「這是鹹的」，也不能判斷其他「是」或「不是」、「相

81　Cooper使用的例子是「紅」：" The line between 'perception' and reflection would then separate simple sensory awareness from the thinking, of whatever complexity, that one does *about* whatever one is presented with in sensation. On the view, the application of the concept *red* to a perceived color would require some independent action of the mind quite as much as the application of the concept *existence*." （Cooper 1970 131）

似」或「不相似」、「相同」或「不相同」、「一」或「二」或「三」等等，因而也就不可能是知識，就算是感覺相關的知識也不可能。蘇格拉底的論證，在186a1之前，是指出確實有某種感覺之外的能力，而且是知識的必要條件；186a2-e的部分，則在引導泰鄂提得斯提出處理「同一」、「是」等等的能力是什麼。是什麼？他的回答是：「產生信念」。在這樣的引領下，對話即將進入泰鄂提得斯對知識的第二個定義。

二、第二個定義「真信念就是知識」與檢驗

187a-c　第二個定義「真信念就是知識」

剛剛泰鄂提得斯不僅放棄了「感覺是知識」的定義，而且指出要形成知識，必須「產生信念」。不過，「信念」對知識而言雖然必要，卻並不充分。於是，泰鄂提得斯在信念有真有假的情況下，增加條件，限定只有「真」信念才是知識。

187c-e「假信念」問題

緊接著「真信念是知識」這項定義的提出，重新引發了信念有真有假的議題，蘇格拉底開始詢問「假信念」是什麼、如何產生。

在184-186正式否決「感覺是知識」定義的論證中，關鍵性的前提在於：要形成知識必須要有一種超出感覺的心靈機能。這種機能，泰鄂提得斯說是「產生信念」。於是，放棄第一定義後，勢必要從「產生信念」來建立第二個對知識的定義。而否決「感覺是知識」的論證中也談到，知識和真理都是站在「是……」的那一邊，既然劃入同一邊，知識當然要是「真」的，而非「假」

的；如果說知識的必要條件是「產生信念」，這信念也要是「真信念」，不能是「假信念」。

　　有趣的是，泰鄂提得斯提出的第二個定義是「真信念是知識」，但蘇格拉底似乎更關心「假信念」的問題。他不問真信念是什麼、如何產生，卻把問題投向假信念。「假信念」的討論，當然和對話主題有密切的關聯。[82]在這轉折上，Burnyeat 稱柏拉圖為「戲劇化的藝術家」（"a dramatic artist like Plato...," Burnyeat 66），他自己並戲劇化地點出「知識是真信念」這定義本身就是一個「假信念」！要在「真信念就是知識」這個假信念底下解釋假信念的可能，是不可能的；但現實中確實有假信念，因此藉由假信念解釋上的失敗可以反推否決「真信念就是知識」這項假設，蘇格拉底對假信念的探討將形成對泰鄂提得斯第二定義的歸謬證明。（65-66）從前面的對話一路讀下來，可以發現蘇格拉底很慣用歸謬證明，Burnyeat 的說明很合乎文本脈絡。

　　另一方面，正文中泰鄂提得斯也表示願意「悠閒」地討論「假信念」問題。「悠閒」是先前在172c-177c的談話中，用來標示哲學家的一項重要特徵。哲學家務必要不計時間的耗費深入探究，而和在法庭上受時間催促並轉向虛假、不義的人不同。（172c-173a）哲學家上法庭的情景，對柏拉圖的讀者而言，最佳例證便是蘇格拉底的死亡審判。《泰鄂提得斯》設定的場景中，談話結束後蘇格拉底就要前往「皇家柱廊」去回應法庭訴訟。（210d）在《自辯》讀者看到蘇格拉底「走上法庭時，看起來就

82　Bostock 162, McDowell 194, Waterfield 194等都提到對「假信念」的討論也
　　（和172c-177c的段落一樣）被視為「離題」（digression），而申論這段討論其
　　實和主要討論關係密切。但並未標示任何「離題」之說的來源。

像可笑的演說家」（套用《泰鄂提得斯》172c用語），而柏拉圖其他對話錄如《高吉亞斯》、《菲得若絲》（Φαῖδρος, Phaedrus）也表達出：法庭觀眾接受的只是有可能真也有可能假的信念，而非知識。[83] 現在我們面臨的定義是「真信念就是知識」，如何在所有信念當中排除假信念，不僅是哲學上的思辯，也是攸關蘇格拉底生死的嚴重議題。

　　而這些討論都必須在確實可能會有假信念的前提下才有意義。回顧先前對「感覺是知識」的討論，依照勃泰哥拉斯學說與流變說，所有信念都真，不可能產生假信念。如果的確所有信念都真，法庭上的任何判斷也都為真，判處蘇格拉底或你或我或其他人死的判斷，也真。這樣的冤枉我們能全盤接受嗎？至少對話錄的作者柏拉圖並不能接受。在先前的討論可以發現，蘇格拉底建立反駁論證時一再引出他認為有真假之別的基本看法；而他所慣用（以及Burnyeat所說現在即將要進行）的歸謬論證，也仰賴著有真假之別的基本預設。雖然極端的流變說可以撤除這基本預設，但如果我們抱持極端流變說，又將導致語言上的困難。（181c-183c）要繼續做有意義的討論，必須指出假信念的可能。況且，在第一定義的討論中，既然勃泰哥拉斯學說可以造成「所有信念都真」的結果，「真信念」一點也不稀奇；從這角度來說，第二定義要求的「真信念」並不能超出第一定義給的條件，

---

83 《高吉亞斯》453e-454e強調「演說術」只是產生「說服」的技藝，而沒有真正的知識；法庭上使用說服，只能獲得有真有假的信念，而非知識。《菲得若絲》272c-273c更舉出一個以假亂真的例子，衝擊法庭上「真理越辯越明」的假設：某個殘弱卻大膽的壞蛋搶了一個強壯卻懦弱的人的外套，由於兩人體格的差異，真相看起來一點都不像是真的，於是大眾便會相信壞蛋的辯辭，因為那看起來比較像真的。法庭上重要的是說服力，說出看起來很可能的事，而非真相。

除非——「假信念」是可能的。

　　因此，討論務必進入「假信念如何可能」的檢驗。

187e-188c 假信念如何可能：（一）從「知道」和「不知道」檢驗

　　首先，蘇格拉底用「知道」和「不知道」來檢驗「假信念」如何產生。為了討論上的方便，他假設只有「知道」和「不知道」兩種認知狀態，暫時忽略那些介於中間的情形，試著去解釋「假信念」的產生，但他說明這些都會導致不可能的結果，從而論證不論是「知道」或「不知道」都無法形成假信念。

　　這段討論一般稱為假信念的第一個「謎」（first puzzle）。蘇格拉底的論證是：在只有「知道」和「不知道」兩種認知狀態的情況下，去考慮假信念的產生——這裡其實是只考慮「錯認」模式（把 x 錯認為 y）——則全部的排列組合只有四種可能：

　　一、x 和 y 都是「知道」的事物；
　　二、x 和 y 都是「不知道」的事物；
　　三、x 是「知道」的事物，而 y 是「不知道」的事物；
　　四、x 是「不知道」的事物，而 y 是「知道」的事物。

　　然而，既然知道，就不會認錯，從而排除一（也可以用來排除三和四）；另一方面，不知道就無從產生任何信念，也就無從產生假信念，從而排除二（也可以用來排除三和四）。排除了所有可能後，泰鄂提得斯接受他的論證，結論出假信念不可能。

　　這論證當然是有問題的。[84] 首先，前提中把「知道」和「不知

84　Cornford 111, Chappell 159 等認為這論證顯示的是對手（柏拉圖同時代的經驗

道」截然二分這一點，柏拉圖自己也並不見得同意。如Cornford
所說，這整個對假信念的討論「受限於某些基本前提，而這些基
本前提並不是柏拉圖自己的。」（Cornford 111）以把認知狀態二
分為「知道」與「不知道」這點而言，柏拉圖自己在《米諾》
80e-81e曾提出不同的看法：如果只有「知道」和「不知道」這兩
種認知狀態，便無法解釋「學習」。因為已經知道的事不必學
習；至於不知道的事，就算經由學習，由於原先根本不知道那東
西是什麼，就算學到了，也無法辨識出所學到的就是那個東西。
因而他提出「學習是去回憶曾經學過但忘了的東西」的說法。現
在我們所讀的段落，蘇格拉底也提示，這裡的二分忽略了「學
習」和「忘記」的情形，而這兩者正是在《米諾》「知識回憶說」
中的關鍵詞語。如果不能做這樣的二分，而還有許多介於「知
道」和「不知道」之間的認知狀態，那麼，僅僅排除上面列舉的
四種組合並沒有排除假信念的所有可能。

　　其次，在推論中，知道就不會認錯的「知道」，是一種高標
準的「不會錯的」（infallible）知識；至於不知道就無法產生任何
信念這一點所說的「知道」，卻是最低標準的知識，只要有任何
相關信念就算知道。[85]從另一個角度來看，這一點也是由於把「知
道」和「不知道」做了不恰當的二分所造成的。因為這種截然二
分的方式抹殺了完全知道（不會錯的知識）和完全不知道（一點
相關信念也沒有）之間的其他認知狀態。

論者）的問題；McDowell 198等則傾向認為柏拉圖自己對此困惑、並沒有預
設解決之道。

85　Bostock 162提到這裡「知道」概念不同，是用"knowing everything about it"
　　和"knowing something about it"來區分。（Bostock 162；他這裡的說法參考的
　　是Fine 1979a 72; Crombie 1963 111）

　　另一個可能的問題是，蘇格拉底在這裡所試圖要解釋的「假信念」其實只考慮了「錯認」（misidentifying）這一種假信念而已，而沒有考慮其他形成假信念的情形。例如，他只考慮了「把泰鄂提得斯當作是蘇格拉底」這種假信念，卻沒有考慮「泰鄂提得斯很笨」這種假信念。[86]前者的形式是「把x當作y」，其中x和y都是個體或對象（objects）；後者的形式則是「認為x是F」，其中x是個體或對象，F則是述詞（predicate）。但這不表示柏拉圖以為假信念只有「錯認」一種而已。在剛剛進入主要對話（143d-146b）的那節哲學討論中，曾經指出這整篇對話討論的「知識」範圍涵蓋對對象的認識（我認識x），也涵蓋對命題的知識（我知道x是F）。錯認的問題和關於對象的認識之知有關，但是像要判斷「泰鄂提得斯很笨」這命題是否為假，對這命題有知識，也可以從我對泰鄂提得斯的認識之知來分析。也就是說，如果需要，蘇格拉底可以把錯誤描述也歸入錯認的假信念之中。（但其實他並不需要，因為希臘文中知道和認識都可以用同一個字。）拿這例子套回蘇格拉底的論證：我如果對泰鄂提得斯以及「笨」這概念的認識[87]夠深、夠完整，我就不會產生「泰鄂提得斯很笨」這種假信念。但我如果對泰鄂提得斯或對「笨」這概念一點認識也沒有，我也不可能無端冒出「泰鄂提得斯很笨」這種假信念。如此一來他仍然可以排除先前說的四種組合，從而聲稱假信念不可能。

86　套用Burnyeat 71-2的例子，他這種假信念稱為misdescription（錯誤描述）。

87　參見Brunyeat的處理：把「泰鄂提得斯」、「笨」和「聰明」都當作不同的項目（items），看「泰鄂提得斯」是否就是「笨」，或是「聰明」。（Ibid.）

188c-189b　假信念如何可能：（二）從「是」與「不是」檢驗

接著，蘇格拉底改從「是」與「不是」去檢驗「假信念」如何產生。也就是把「假信念」解釋為：以為事情是如何如何，但事情其實「不是」那樣。亦即把「假信念」解釋為對「不是……」的信念。但蘇格拉底又將「是」、「一」、「只憑自己」等概念連結起來，進而分析對任何東西要產生信念，都必須要有明確的一個東西作為對象，這東西必須「是」個什麼或確實是某個樣子；於是，我們無法對「不是」的東西產生信念。如此一來，又再陷入無法解釋假信念的窘境。

如果前一小節的討論讓人擔心柏拉圖是否只考慮到「錯認」這一種假信念，而忽略「錯誤描述」的假信念，那麼，現在對「是」與「不是」的討論就是對「錯誤描述」的分析。（Burnyeat 77）例如，如果「泰鄂提得斯很笨」是個假信念，表示當我們抱持著「泰鄂提得斯很笨」這個信念時，泰鄂提得斯實際上並「不是」很笨的。由於這信念為假的判準在於，實際上他「不是」很笨，所以說這種假信念針對的是這個「不是」。這個假信念並沒有把泰鄂提得斯錯認為別人，而是錯誤地把他描述為笨的。錯認，基本上涉及的是一種針對對象（泰鄂提得斯這個人）的知識，而錯誤描述則涉及一種關於命題（泰鄂提得斯是很笨的）的知識，或說是涉及到命題中「x 是 F」與「x 不是 F」（x 是主詞，F 是述詞）的真假問題。

有趣的是，當我們繼續讀下去，卻發現蘇格拉底強調（假）信念的產生會有信念所針對的對象（189a 動詞 δοξάζει 所接的受格），就好像各種感覺也都有所針對的對象（188e-189a 用「看」、「聽」、「觸」和所接的受格為例）。似乎，對蘇格拉底和他的對話者而言，錯誤描述和錯認都一樣涉及到「認識之知」或

是針對對象的知識。這也回應到前一小節最後把錯誤描述也歸入錯認的看法。蘇格拉底以感覺做說明這點值得留意。「認識」（connaître）和「知道」（savoir）的這種區別[88]在各種感覺的例子中也有。例如「看」，我可以「看到泰鄂提得斯」，也可以「看到泰鄂提得斯很醜」。前者就像認識之知一樣以整個個體對象作為感覺的對象，從語言的用法上感覺動詞會接一個名詞作為受詞；後者則像命題知識一樣形成有關於那個對象的某個命題，語言用法上感覺動詞所接的是一個子句（泰鄂提得斯很醜＝主詞＋述詞）。既然蘇格拉底當時古希臘文的使用上，感覺動詞和認知動詞（也包括「形成信念」）[89]都可以兼有這兩種用法，在這些認知相關的問題上蘇格拉底便可以把分別序列的命題和一個單一個別的對象合併討論。

　　把命題和對象合併討論時，命題中的「是」與「不是」也被視為對象的「是」與「不是」；由於「是」這個動詞本身具有多重意義，對象的「是」與「不是」也可能有多重意義。在現在這段論證中最具關鍵性的便是「是」的存在義。在 Cornford 和基本上支持 Cornford 形上學論點的 Chappell，都特別注意到這裡的「不是」，含有 nothing 或「不存在物」（non-existent）的意思。（Cornford 115; Chappell 163-4）按原文的文脈來看，尤其 189a「對『不是』形成信念的人，就是沒對任何東西（οὐδέν）形成信念」裡的使用，把「不是」換成「沒有東西」（οὐδέν 和 μηδέν，

88　沿用 Bostock 164 以法文 connaître 和 savoir 做的區分；並參見前面的哲學討論 143d-146b 段。

89　不過，一般希臘文句結構上「形成信念」（δοξάζειν）其實很少會直接接對象。（Bostock 164 & n.8） nothing），很明顯使用到「是」的存在義。[90]

　　不過，如此一來，蘇格拉底似乎犯了語意上的歧義謬誤：原先在188d用「不是」解釋假信念時，是指「x不是F」這種連接述詞的「不是」，但189a使用的卻是「不是」的存在義。或者，如果要讓蘇格拉底不至於犯歧義謬誤，我們可以設想從一開始解釋假信念時所提到的「是」與「不是」，就採取存在義。但是這條路徑卻會造成最開始解釋上的困難：為什麼假信念是對「不存在」的信念？當我形成「泰鄂提得斯很笨」這項假信念時，並不是因為泰鄂提得斯不存在造成這信念假，而是因為泰鄂提得斯不是笨的。甚至，當我形成「泰鄂提得斯很笨」這類假信念時，往往已經先預設了泰鄂提得斯的存在。而且，一如189a蘇格拉底表達的：如果信念針對的是「沒有東西」（即「沒對任何東西形成信念」），那麼便「完完全全沒有形成信念」。採取存在義來解釋假信念，會造成根本沒形成任何信念的意思，這點是蘇格拉底要推出的結果，如果我們把結果中的意思先行套到論證的開頭，整段論證只是同語反覆而已，也失去論證的意義了。

　　還有一種解釋，或許可以讓蘇格拉底既不至於犯歧義謬誤，也不會只是做無聊的同語反覆，便是讓每次「是」與「不是」的

90　如翻譯189a的注提到的，巴曼尼得斯也運用了「是」有「存在義」的這項歧義，雖然他可能沒意識到："... the ambiguity, of which Parmenides himself was unconscious, between the predicative and the existential senses of the Greek word ἔστι."（Kirk & Raven 1962 269）但柏拉圖這裡是否也沒有意識到他運用了歧義謬誤，或許還有討論空間。G. E. L. Owen, "Plato on Not-Being," in G. Vlastos ed., *Plato: I Metaphysics and Epistemology*（New York: Anchor Books, 1971）: 226 n.8針對蘇格拉底在189a從「不是」到「沒有」的推論，配合現代命題邏輯的方式有仔細的分析。

使用上都同時涵蓋所有不同意義。假信念之為假，既是因為實際上事情「不是」那樣，也是因為實際上根本沒有那樣的事。命題中某個事物實際上「不是」如何如何，也就是原本設想的那個對象不存在。例如，「泰鄂提得斯是笨的」這信念為假，既是因為泰鄂提得斯其實不是笨的，也可以說是因為根本沒有一個笨笨的泰鄂提得斯存在。前者涉及的是命題知識（我並不知道「泰鄂提得斯不是笨的」這項真命題），後者涉及認識之知（我並不真的認識泰鄂提得斯這個人）。而前面已經談過，命題知識可以和認識之知合併。蘇格拉底並不是利用歧義來偷渡論證，而是因為這兩種意義可以互相解釋，尤其是可以把分列的命題納入對於對象的知識來考慮。

189b-190e 假信念如何可能：（三）從「信念交錯」來檢驗

　　蘇格拉底提出對於假信念的第三種解釋——假信念是信念的錯置，也就是說，假信念是把某個東西當作另一個東西而形成的，或是把某個樣子的東西當作另一種樣子（例如，把美的當作醜的）。這段論證中，蘇格拉底並新提出了一項有關「形成信念」的解釋——「內心的對話」，形成信念就是一個人自己在心中對自己說話。結合這兩項解釋，也就是說「假信念」是一個人自己對自己說這東西是另一個（例如，自己對自己說這個美的東西是一個醜的東西）。但如果一個人明明已經形成對這東西的信念（告訴自己這是美的東西），就是不可能錯置成另一個東西（告訴自己它是醜的東西）。因此，在這解釋下，假信念仍然是不可能的。

190e-191c 調整論證方向

　　經過三種對假信念的解釋，都仍不能說明假信念如何可能；

但事實上，一個人確實有可能把已經知道的事物弄錯成另一件他所不知道的事。但要進一步解釋這點，並避免造成同時「知道」與「不知道」的矛盾結果，蘇格拉底必須考慮「知道」與「不知道」之間的狀態。因此，他和泰鄂提得斯決定調整論證方向，從「學習」（由「知道」到「不知道」的過程）來思考什麼是假信念。

　　「信念錯置」這項解釋，雖然是新提出的一個詞，但按蘇格拉底的界定，「當有人把某個『是……』的東西當作另一個『是……』的東西」（189c）就是這裡所謂的「信念錯置」。而這種模式，乍看之下，似乎重複了先前關於假信念的第一項檢驗（187e-188c，從「知道」和「不知道」檢驗）中的思路：在第一項檢驗中，蘇格拉底試圖把「假信念」解釋為「把某個知道或不知道的東西想成是另一個知道或不知道的東西」，這個解釋基本上是以「錯認」作為假信念之所以假的關鍵。[91]現在重新採用這模式進行解釋，而且甚至不像第一項檢驗中那樣清晰地區分成四種錯認的可能。這樣的討論之中有什麼新的進展嗎？

　　首先，這段討論使「錯認」模式正式擴及其他假信念。在第

91　關於187e-188c一段以「錯認」（misidentification）模式解釋假信念這點，Chappell整理了一些學者在這問題上的不同立場：他把Fine（指Fine 1979a），Bostock和他本人抱持的立場稱為「反錯認論」（anti-misidentificationism），亦即認為柏拉圖討論的第一項對假信念的解釋並不只限於「錯認」這一種假信念而已；而Cornford, Ackrill（指J. L. Ackrill, "Plato on False Belief," *Monist* 1966）, McDowell, Burnyeat等則支持「錯認論」（misidentificationism），亦即認為第一項解釋只討論了「錯認」模式的假信念。（Chappell 154-7）不過，錯認論的立場中，卻可能可以一方面認為第一項解釋只討論「錯認」模式，另一方面將其他假信念（如「錯誤描述」）也用「錯認」來解釋。（Burnyeat 71-3; McDowell 195）不論如何，第一項解釋確實建立了以「錯認」為假信念基本模式的思考方式。

一項檢驗中蘇格拉底舉出的主要例子是「把蘇格拉底當作泰鄂提得斯」或「把泰鄂提得斯當作蘇格拉底」（188b），這例子很直接是把兩個不同的個體對象認錯了，這是很明顯的錯認問題，不必涉及到錯誤描述。至於這裡的檢驗，所謂「信念錯置」的主要例子則是「把美的當作醜的」（189c; 190b）、「把奇數當作偶數」、「把牛當作馬」，或「把二當作一」（190b-c）。這四個例子都不是具體的個體對象的錯認。「美的」和「醜的」是描述詞，用來描述某個對象。當我們說一個人「把美的當作醜的」，一種情況是兩個描述詞都是普遍性的描述用法，也就是說那個人美醜不分，看到任何美的東西都以為是醜的；另一種情況是針對特定的個體對象，也就是說那個人把某個美的事物當作是醜的。後者雖然涉及個體對象，可是並不是像「把蘇格拉底當作泰鄂提得斯」那樣涉及兩個不同個體而把這兩個個體弄錯了；而是有某個特定的對象，而「美的」和「醜的」都是用來描述這對象的述詞，或者是一個預備套用在這對象上的抽象概念。其餘的例子中，「奇數」和「偶數」是抽象的，「牛」和「馬」是具體的，但都是談整個類，而不是兩個不同的個體對象。「二」和「一」因為是特定數字，比較可以稱得上是「個體」，但也並不像蘇格拉底或泰鄂提得斯一樣是具體的個體對象，而是抽象的概念。於是，在這四個例子中，不論抽象與否、個體或普遍，都涵蓋到了。而這些，柏拉圖仍舊採取「錯認」模式（「當有人把某個『是⋯⋯』的東西當作另一個『是⋯⋯』的東西」），並進一步稱之為「信念交錯」。

　　第二，柏拉圖提出了「內心對話」作為思想的模型。之後，他在《詭辯家》263e-264b 和《斐利布斯》（Φίληβος, Philebus）38c-e 繼續沿用這模型。《詭辯家》書寫時間可能和《泰鄂提得斯》很接近，但從對話場景設計上時間點落在《泰鄂提得斯》之

後；[92]《斐利布斯》則大致上被視為是晚期作品，[93]書寫時間也落在《泰鄂提得斯》之後。值得留意的是，在《詭辯家》和《斐利布斯》談及「內心對話」模型的脈絡，也和這裡一樣，是為了解釋「假信念」或假言論、假命題。而《斐利布斯》不但再次使用「內心對話」來解釋錯誤的產生，也再次和這裡的脈絡一樣和「記憶」的問題（38b, 39a）結合起來。（《泰鄂提得斯》在這節文本最後提及「學習」，隨即將延續到下一段落對「記憶」的討論。）

　　以「內心對話」的模型來解釋「假信念」時，所謂的「假」或「錯誤」，不再只是直接把眼前的一個具體對象，例如「蘇格拉底」，和另一個具體對象例如「泰鄂提得斯」，弄錯了，而可以脫離先前在第一項檢驗中把兩個具體個別對象錯認的這個層面，進展到非具體個別對象的層面。也就是說，第一項檢驗中的錯認模式是「把x當作y」，其中x和y基本上都是明確而具體的個體對象。現在，x和y的位置上卻能依照「內心對話」模型，不必有明確的具體個別對象，而用內心中任何一個語句可以有的詞項（terms）來替代，不論這個詞項是個體（x, y, etc.）或是述詞（F, G, etc.）：「把x當作F」（即Fx，x是F）、「把Gx當作Fx」（即x其實是G，但卻以為x是F而形成假信念；x可以是個體：例如蔡依林是美的，但我卻以為她很醜而形成假信念；也可以使用全稱：例如任何美的我都當作是醜的。）等等。

　　蘇格拉底的論證似乎為泰鄂提得斯設了一個陷阱：當內心對

92　有關這兩篇對話的順序以及書寫順序所蘊含的哲學意義，晚近的重要論文見 Kahn 2007 33-57。

93　這裡不討論分期爭議。以 R. Kraut ed., *The Cambridge Companion to Plato*（Cambridge: Cambridge University Press, 1992）: xii的對話錄分期代表一般看法。

話把兩個詞項錯置時，例如把一個美的東西錯誤地以為是醜的，或者說「把Gx當作Fx」，實際上並不表示產生信念的這個人知道x其實是G，卻還堅持告訴自己x是F。他心中並沒有Gx這句話，而是只有Fx這句話。[94] 這個人並不會像蘇格拉底所說的那樣告訴自己「美的是醜的」。蘇格拉底在190b-c所說的那些荒謬的例子，告訴自己「美的東西是醜的」、「奇數是偶數」、「這頭牛是一匹馬」、「『二』是『一』」，之所以荒謬，是因為這些例子預設形成假信念的人在內心中同時出現了（以上述的分析為例）Gx和Fx，而且，更重要的是，預設這形成信念的人對這些內心語句中所有詞項都具有完全的知識，亦即直接把信念當作知識。這個人清清楚楚知道x是G，並對x有完整穩固的認識，對G（以及F）的概念也有完全的知識。然而，審視我們自身形成假信念的實例，不難發現：正是因為我們並沒有掌握如此清楚完整的知識，所以才會出錯。而這點，再度促使我們反省到：從187e開始對假信念的檢驗，便排除了「知道」和「不知道」之間的其他認知狀態。掌握住這個時機，對話中的蘇格拉底引導泰鄂提得斯調整論證，預備檢視那介於「知道」與「不知道」之間的認知狀態。從另一個角度來說，這也揭示出「信念」並不等於是知識。

191c-195b 假信念如何可能：（四）蠟喻

蘇格拉底調整論證，放棄只切分「知道」和「不知道」兩種認知狀態的思考方式，而從學習與記憶的角度重新考量假信念的

---

94 Cf. McDowell 204-5：當一個人誤把某個其實很醜的東西判斷成是美的，是說正確的判斷中應該要出現「醜的」這詞項，但他的判斷中那個位置使用的詞項是「美的」；因此，實際上他的判斷中只有「美的」這個詞項，而沒有「醜的」。

產生。他以「蠟」形容心靈中進行學習與記憶的機能，學習如同
在蠟上印下痕跡，形成記憶和知識。有痕跡就是「知道」，沒印
下痕跡就是「不知道」；痕跡還在就是「記得」，痕跡磨掉了就是
「忘記」。接著他再度分析錯認（把 x 認作 y）的各種情形，依照
錯認對象雙方（x 和 y）各有「知道」、「不知道」、「感覺到」、
「沒感覺到」、「知道而且感覺到」、「不知道而且沒感覺到」、「不
知道但感覺到」的可能，排列組合出各種可能性，並進一步用
「蠟」的模型解釋，只有一類組合可能產生假信念：當蠟的模版
上先前兩方的印記都有（都知道），現在看到（感覺到）兩者或
兩者之一，這時獲得的視覺形象卻沒有合上正確的那一個印記
時，就造成假信念。因此，對於從未知道（從未印下痕跡）也不
曾感覺到的事物，不可能有假信念；而是針對知道（曾經印下痕
跡）的事物，才會有假信念。

　　至於為什麼同樣印下痕跡，卻會有的時候造成真信念，有的
時候造成假信念？蘇格拉底以「蠟」的不同狀態來比喻每個人心
靈學習能力上的差別：學習力強的人心中的「蠟」印記清晰、空
間又大；學習不佳或容易忘記的人則是心中的「蠟」太軟或太
硬，印記模糊；最差的則是心中空間狹小的人。完成這項對「假
信念」的新解釋後，蘇格拉底和泰鄂提得斯達成共識：我們既有
真信念，也有假信念。

　　「蠟喻」比喻的是「記憶」運作的情形。前一節否決了「信
念交錯」的解釋，現在要進行修正：假信念並不是單純地把兩個
東西交換過來，而是，這兩個東西先前都在記憶的蠟模子上留下
了印記，而現在的一個新的感覺進來時，卻合到錯誤的印記上。
為了說明清楚，蘇格拉底按這兩個東西是否是「知道」的和現在
是否正「感覺到」的各種可能性，列出了十七種排列組合，這裡

以「把x當作y」的錯認形式整理這十七種x和y的組合如下：[95]
　　首先是「不可能」認錯的情形：

第一類　只涉及「知道」，不考慮感覺與否：（192a1-7）
　　　　（1）知道x，知道y。
　　　　（2）知道x，不知道y。
　　　　（3）不知道x，不知道y。
　　　　（4）不知道x，知道y。

第二類　只涉及現在是否「感覺」到，不考慮知道與否：（192a7-b2）
　　　　（5）感覺到x，感覺到y。
　　　　（6）感覺到x，沒感覺到y。
　　　　（7）沒感覺到x，沒感覺到y。
　　　　（8）沒感覺到x，感覺到y。

第三類　合併考慮「知道」和「感覺」：（192b2-c5）
　　　　（9）知道也感覺到（也正確地印下了）[96]x，知道也感覺到（也正確地印下了）y。
　　　　（10）知道也感覺到（也正確地印下了）x，知道y。
　　　　（11）知道也感覺到（也正確地印下了）x，感覺到y。

95　McDowell 210-211的整理似乎最為清晰，因此這裡基本上按照他的整理，但是將他文中的a和b換成x和y，以便和前一節討論到「信念交錯」對象雙方的用法一致。另參考Chappell 179-180; Waterfield 100-101, 203-204。
96　McDowell 210解釋為 "perception matched with imprint"（感覺和印記相符）。

（12）不知道也沒感覺到 x，不知道也沒感覺到 y。

（13）不知道也沒感覺到 x，不知道 y。

（14）不知道也沒感覺到 x，沒感覺到 y。

最後剩下的是「可能」認錯的情形：（192c9-d1）

（15）知道 x，知道也感覺到 y。

（16）知道 x，不知道但感覺到 y。

（17）知道也感覺到 x，知道也感覺到 y。

　　為了讓泰鄂提得斯更明瞭，蘇格拉底把泰鄂提得斯放在我們所說的 x 的位置上，把泰歐多洛斯放在 y 的位置上來作說明。他先釐清「知道」和是否在「感覺」是分開的兩件事，然後在193a-b 重新說明了上面所列第一類（（1）—（4）項；其中（1）是第一種、（2）（3）合併為第二種、（4）是第三種）；193b 說感覺也是同樣的情形（即上列第二類（5）—（8）項）；193b9-d2 用蠟印對調說明「假信念」的產生和（17）吻合；193d 則是更清楚把（15）（16）的「知道 x」視為「知道但沒感覺到 x」來重作說明；至於 193d10-e4 則似乎是以（9）涵蓋（9）—（11）這類情況。最後，193e-194a 又再次複習了（15）和（17），強調感覺沒有合上正確印記造成了假信念。最後指出我們對於「不曾知道也不曾感覺到」的事物就不可能產生假信念，而對「知道並感覺到」的事物則有可能產生真信念，也有可能產生假信念。

　　善於排列組合的讀者可能會發現，在上面列出的十七種之中，蘇格拉底並未窮盡所有可能的組合。例如，知道而沒感覺到 x 的情形完全沒被提及；又例如（9）—（11）考慮到知道也感覺到 x 的情形中，完全沒有搭配到不知道或沒感覺到 y 的情形；而

（12）─（14）考慮不知道也沒感覺到 x 的情形中，也完全沒有搭配到知道或感覺到 y 的情形等等。[97] 不過，McDowell 對此有個很中肯的說法：這段文字的用意，並不是要數出可能的組合，而是要區分哪些情況可能會配錯印記，哪些不會。（McDowell 211）當一個新的感覺進來時，是否正確合到對的印記，才是假信念產生的關鍵。最能凸顯這項關鍵的地方是，上面列舉的十七種組合中，如果只考慮是否知道和是否感覺到，則（9）和（17）都是一樣的；但（9）屬於「不可能」產生假信念的情形，因為其中的 x 和 y 都已經合到正確的印記上了；而（17）則沒提及符合印記的事，結果被蘇格拉底歸類在屬於「可能」產生假信念的情形。（17）所說的情形是，例如，我認識而且現在看到了泰鄂提得斯，我認識而且現在也看到了泰歐多洛斯，但還沒和正確的印記合起來，因此，有可能我把看到泰鄂提得斯的那份視覺錯誤地合到原先心中對泰歐多洛斯的印記，把看到泰歐多洛斯的那份視覺錯誤地合到原先心中對泰鄂提得斯的印記。在這例子中，被弄錯的兩方都是原先已經知道而現在也感覺到了的事物，但就是因為沒有和正確的印記合起來，而留下發生假信念的可能。

　　既然假信念是把現在的感覺錯誤地合到蠟印上，於是，必須先要有印記，才有可能產生假信念。（另一方面真信念要合到正確的印記上，也必須先要有印記。）粗糙地說，先要有印記也就是原先已經「知道」了。但這裡的「知道」似乎要求很低，容許

---

97 藉助 Burnyeat 97 製作的表格，可以看到：僅以第三類來看，如果合併考慮「知道」和「感覺到」，x 和 y 分別有四種可能，而 x 和 y 的搭配將有 4*4=16 種。而蘇格拉底這裡至多只列了九種（（9）─（17）），甚至還有重複之虞（McDowell 211-212 指出部分可能缺乏意義的重複）。

出錯，好像先前經由感覺在心靈蠟塊上留下過的任何印象（194c），都可以被稱為「知道」。但蘇格拉底又在這譬喻的基礎上，說明不同的人心靈蠟塊的情況不同，暗示出這種「知道」彼此的程度其實有很大的差別。其中有人心靈蠟塊可以按照事物真正是怎樣印上真正「是」那樣的模子（194d），有人不能。值得一提的是，在這譬喻中認知能力最差的心靈蠟塊，並不是學習緩慢的心靈，而是狹小的心靈，這種心靈因為缺乏空間，不僅沒地方打印（也就無法學習新知識），也會使得已經有的印子擦撞磨損（又會扭曲已經學過的知識），而變得無知。（195a）當「無知」一詞出現，很明顯所謂心靈蠟塊上的印記絕不可能都代表著「知道」。而這段討論中對「知道」一詞的使用，確實是需要檢驗的。稍後到196e蘇格拉底將回頭檢驗這個問題。

195b-196c 蠟喻的困難

雖然蠟喻可以藉由不同的蠟模狀態譬喻不同的心靈狀態，來解釋為什麼人的心靈會對一度「知道」的事物產生假信念，但這解釋下，假信念是發生在新的感覺和舊的印記之間的搭配上（即，感覺和想法之間的關聯），從而排除了只屬於感覺本身、或只屬於想法本身的錯謬。因此，蠟喻的困難之一便在於，無法恰當解釋純粹在想法中發生的錯誤。這裡，蘇格拉底以「5+7=12」為例，試圖指出：當一個人把「5+7」算成「11」時，並不是把任何具體的感覺錯配到「11」的模子上，而是純粹在想法中出錯。但蠟喻卻無法恰當解釋這樣的情形。

在前一段中，蘇格拉底和泰鄂提得斯藉由「蠟喻」排列出十七種信念交錯的情形，並指出只有三種是可能的，而這三種假信念都是在內心想法和感覺兩方之間的對應上出錯。蘇格拉底在

195e藉由一個假想的質問者，提出把「7+5=12」算成「7+5=11」
的例子，並預設這是一個只涉及內心想法、和感覺無關的例子。
由於蠟喻基本上設定感覺為信念（任何內心印記）的來源，而且
「假」或錯謬的產生是發生在感覺到信念之間的對應上，如果
「7+5=11」確實是一個純粹在內心想法中出錯而發生的假信念，
那麼，這例子便形成一個蠟喻無法解釋的反例。

　　有趣的是，「蠟喻」本身是個相當富有經驗主義色彩[98]的例
子，但真正的經驗主義者卻不會接受蘇格拉底這段對蠟喻的反
駁。用Cornford的話，是「柏拉圖本人並不接受」這經驗主義式
的「假設」。（Cornford 130）因為，就經驗主義者的論點，所有
的觀念（ideas），包括簡單觀念（simple ideas），如果仔細考察就
會發現來源終究都來自於感覺印象（impressions）。[99]即使在計算
「5+7」的當下好像是在進行抽象的、純心智的活動，但對一個經
驗主義者而言，「5」、「7」、「12」、「11」的觀念並不是可以完全
與感覺無關的。用蠟喻的語言來說，我們心中「5」的印記，最
初被印下時（以及後來又無數次重複打印）是由感覺所印下的。
當我們計算「5+7」時，這些原初由感覺打下的蠟印可能因為蠟

98　許多學者都指出這點，如Cornford 129-30, McDowell 209 ff., Chappell 182
　　等；其中Burnyeat 100直接引用洛克《人類悟性論》II 29.3關於「簡單觀念」
　　（simple ideas）的討論，顯示出經驗主義和柏拉圖「蠟喻」的相近之處。洛
　　克在那段討論中，認為：「簡單觀念」有時是模糊的，其中一項原因來自於
　　記憶的缺陷，就像感覺印象（impression）在「蠟」上的印記有時會因為蠟
　　太軟等等而模糊。（另參見 J. Locke, *An Essay Concerning Human
　　Understanding*, vol.1, J. W. Yolton ed., London: Dent, 1974: 306-7.）
99　參見休謨《人類悟性研究》第二章有關「觀念」起源的討論。（D. Hume, *An
　　Enquiry concerning Human Understanding*, ed. By Tom L. Beauchamp, Oxford:
　　Oxford University Press, 1999: 96-99, "Section 2: The Origin of Ideas."）

的狀態不良而磨損，使我們無法清楚的和同樣原初也由感覺打下的「12」的蠟印吻合，而弄錯成另一個原初由感覺打下的蠟印「11」。

這促使我們檢驗「假信念發生在感覺對應到想法之間的關聯上」這一點。（195d）在那裡，對話雙方原本同意，在蠟喻的解釋下，純屬想法的錯誤、或純屬感覺的錯誤，都是不可能發生的。蘇格拉底這裡的論述策略便是指出可能有純屬想法的錯誤，從而推翻蠟喻的解釋。然而，蠟喻，其實並不見得需要排除純屬想法或純屬感覺的錯誤。我們的心智內容由感覺打下印記，但我們可能把某個感覺錯配給另一份感覺（例如，當我看到一個鐘同時聽到鐘響，而以為眼前看到的鐘就是聽到在響的那個鐘），[100] 也可能把某個印記錯配給另一份印記（例如這裡把「5+7」算成「11」）。乍看之下，蠟喻只在解釋感覺到想法之間的關聯，就好像腳去符合腳印；而「去說腳去符合腳，或腳印去符合腳印，是沒意義的」，因而蠟喻排除了感覺和感覺之間的錯配，以及想法和想法之間的錯配。[101] 然而，對蠟喻進一步設想，其實可以涵蓋其他可能：我們其實是可以去比對兩個腳板一不一樣大，或去比對兩個腳印是否相同，類似後者的情形，在罪案鑑識上常常發生。也就是說，感覺和感覺之間也有是否對應的問題，想法和想法之間也一樣；而在這些關聯中一旦對應錯誤，就可能發生假信念。那麼，如果蠟喻其實包含這些可能性，蘇格拉底便無法藉由純粹在想法中發生的假信念去否決蠟喻。

100　改寫自Bostock 180的例子。

101　Bostock 181對Ackrill看法（指Ackrill, J. L., "Plato on False Belief: *Theaetetus* 187-200," *Monist* 50［1966］: 393-4 ）的說明。

不過，如前面提到Cornford所說，柏拉圖並不接受經驗主義的假設。純數學，對柏拉圖而言是和感覺無關的。柏拉圖不是亞里斯多得，不會主張數字從具體事例中抽象而來。對話中蘇格拉底也強調他談的「不是把5個人和7個人擺在前面檢查」，強烈表示和感覺事物切分開來。但是，蘇格拉底說這「5」和「7」「是在模子裡的記憶」，這印記如果不來自感覺，要從何而來？Bostock認為柏拉圖並沒有針對這點做出說明，並質疑：總不可能是我們自己創造了這些數字。（Bostock 181 n.25）柏拉圖確實沒有對此做出說明，這裡也許留有給理型論解釋的空間。但不論如何，這些數字的印記不是來自感覺，這點在此是很清楚的。

另一個值得檢驗的地方是，蘇格拉底把「5+7=11」化約成以為「模子上的那個12是11」，而退回到190b-c那種自己告訴自己「這隻牛是馬」、「『二』是『一』」一類荒謬的「內心對話」。但是對自己說「5+7」是「11」和對自己說「12」是「11」，並不相同。[102]因為前者之所以會以為計算結果是11，正是因為前者只針對「5+7」提出信念，而完全沒有意識到「5+7」實際上代表著「12」，我們不能因為實際上是「12」而直接把「5+7」代換成「12」，而說這人是在對自己說「12」是「11」。柏拉圖混淆了這兩者嗎？

對於這個問題，我們必須回到整個討論脈絡來看。這些對假信念的討論，都是在「真信念就是知識」這項定義下所進行的檢驗。如果不能解釋「假信念如何可能」，則表示所有信念都是真信念，而在這樣的脈絡下這些信念又等於是知識。在信念等於知

102　Bostock 183-5把這兩者分別稱為 "*de re* report"（心靈認知時針對事物的報告）和 "*de dicto* report"（心靈認知時針對相關話語的報告）。

識的假設情況中，「5+7」在心裡所形成的信念，那個蠟模上的印記，就應該無時無刻都正確無誤地呈現為「12」的印記，如此一來當一個人在心中對自己說「5+7=11」，就等於是跟自己說「12」是「11」。這是柏拉圖這裡所要凸顯的問題：信念是有真有假的，但在無法真正區辨真假時，我們將真信念定義為知識時，便已經將信念直接當作知識，而沒注意到自己所形成的可能已經是個假信念了。

196d-199c　假信念如何可能：（五）鳥籠喻

　　蘇格拉底認為「蠟喻」無法恰當解釋像「5+7=11」這種純粹發生在想法中的假信念，因而需要進一步提出可以解釋這類假信念的模型。這裡他先區分「擁有」和「有」（正掌握在手中、當下正在運用），並提出「鳥籠喻」：他把人的心靈比喻為鳥籠，原本還沒有進行學習前，是一個空鳥籠；學習各種知識就像是把不同的鳥捕捉放入鳥籠。在鳥籠中的鳥，都是心靈「擁有」的知識；而捉在手上才是「有」知識。鳥籠中的鳥雖然已經在心靈中，但是鳥是會飛的，而不是隨時握在手中，而且鳥籠中有許多不同的鳥。因此，直接要回答問題、運用知識時，可能會捉錯。以「5+7=11」的例子來說，一個學過數字觀念的人在回答「5+7」時，就是捉錯了，捉住「11」，而沒捉到「12」。用這樣的方式，或許可以避免「蠟喻」導致的「同一個人對同一件事既知道又不知道」（196c）的矛盾：因為，先前知道過某項知識，只是「擁有」知識，這知識是捕進鳥籠中的一隻鳥；而弄錯了、出現假信念時，是沒「有」掌握著這知識，是沒有正確捉到鳥籠裡的某隻鳥，而這和這隻鳥先前已經被捕進鳥籠中並不矛盾。

　　「鳥籠喻」試圖擴展「蠟喻」的解釋範圍。對話中蘇格拉底設

定的「蠟喻」只能解釋感覺與心中想法之間對應錯誤所造成的假信念，而不能解釋純感覺或純想法中所發生的錯誤。鳥籠喻則一方面要能解釋純想法中所發生的錯誤（這裡的例子是「5+7=11」）；另一方面，雖然對話中並未特別強調，但鳥籠喻也仍一樣能解釋純粹是把不同感覺弄錯而形成的假信念，以及感覺與心中想法之間發生錯誤而造成的假信念。例如，當我們看到或摸到5顆彈珠，卻感覺到只有4顆彈珠，就像在捕捉籠外的鳥時，想捉一隻鴿子，卻捉成斑鳩，而造成感覺交錯的假信念；又例如，當我們看到或摸到5顆彈珠後又看到或摸到7顆彈珠，這一連串對外在具體事物的感覺，雖然感覺到有12個物體，但從感覺對應到心中信念之間，卻可能會發生捉錯鳥的情形，而形成「合起來有11顆彈珠」的假信念。如此一來，鳥籠喻的解釋範圍，可以顧及純感覺、純想法，以及感覺到想法之間的任何假信念。

　　和「蠟喻」一樣，「鳥籠喻」也是個富有經驗主義色彩的例子。在「鳥籠喻」中，蘇格拉底說「當我們是小孩時，必須說它是個空殼子」（197e），也就是說人出生時心靈中並沒有知識，而是出生後經過學習才獲得知識的。這點和經驗主義式的「心靈白板」（tabula rasa）概念相近。不過，因為整個鳥籠喻是為了解釋假信念如何可能而設置的，在文脈中之後蘇格拉底也將指出這個譬喻仍舊無法解釋假信念的產生，因此，我們很難確切地判斷作者柏拉圖對於這種類似「心靈白板」的設想究竟抱著什麼立場。

　　McDowell和Sedley都認為在討論鳥籠喻的段落中，呈現出某種對於《米諾》回憶說（the Theory of Recollection）的批判。[103]

103　也有學者如Bostock反過來論述這個段落和《米諾》回憶說的差異，並認為回憶說對這裡的問題幫助不大，也不宜認為柏拉圖在此批評了回憶說。

但這兩位學者細部論述不同，對於197e的空鳥籠解讀也不同。McDowell認為，《米諾》在80d提出和《泰鄂提得斯》198a-c類似的問題：在《米諾》中，蘇格拉底指出米諾原本「知道」德性是什麼，但現在被蘇格拉底問到時，卻一時之間變得「不知道」了；在《泰鄂提得斯》這裡則是說，一個擁有算術知識的人原本「知道」對所有數字的知識，但在計算時卻好像一時之間變得「不知道」而去檢查那些數字有多少。為什麼會從原本的「知道」到當下運用時的「不知道」？《米諾》裡用回憶說去解釋：雖然人出生前已經擁有對德性的知識，但之後卻仍需要學習才能回憶起那份知識。McDowell認為《米諾》的回憶說，和《泰鄂提得斯》這裡以鳥籠中已經擁有各種知識、但要捉到手上時卻須再次捕捉的情形，是類似而且可以相互對應的。至於「空鳥籠」的說法，雖然和《米諾》裡有關人出生前擁有知識的主張衝突，但McDowell說「這結構或形式上的對應並不受這項差異所損害」。而由於文脈中鳥籠喻後來被否決了，McDowell基於這段落與《米諾》回憶說的相似，主張柏拉圖在此批評了回憶說。（McDowell 222-3）

　　Sedley則認為鳥籠喻所講的知識是要在人的一生當中攫取獲得的，197e的「空鳥籠」排除了先天知識。（Sedley 141 n.33）先天知識（innate knowledge）是《米諾》回憶說的重要前提，[104]《泰

（Bostock 190-193）

104　一如Sedley自己所注意到，《米諾》回憶說是否必須以先天知識為前提，是有爭議的，例如，Gail Fine就不大接受先天知識說。Fine論述 "for Plato, in contrast to the innatists, the knowledge is had not from birth, but only in a previous existence"，而認為回憶說 "is thus not a theory of innate knowledge"。不過，雖然Fine提出一些其他可能如 "evolution"、"at some previous stage"

鄂提得斯》的「空鳥籠」說法卻否決了這點。不過，Sedley對整個《泰鄂提得斯》對話採取雙重文本的特殊解讀，他將對話中的角色蘇格拉底和作者柏拉圖區分開來，[105]因而他的解釋下，角色蘇格拉底否決《米諾》回憶說，非但不表示柏拉圖否決或批判回憶說，反而表示作者柏拉圖有意識地將自己的哲學和蘇格拉底哲學區別開來。《米諾》回憶說是柏拉圖哲學，而蘇格拉底哲學卻將排除先天知識，也無法負擔這樣的知識理論。（Sedley 29-30）於是，「空鳥籠」的說法，並不真正批評了回憶說，而是將蘇格拉底和柏拉圖哲學區別開來，Sedley的柏拉圖在此仍可主張回憶說。

　　柏拉圖是否真的抱持「先天知識」理論，還有相當大的爭議空間。[106]不論我們是否能斷定《泰鄂提得斯》這個段落和《米諾》回憶說的關係，從前一節對「蠟喻」的批評可以發現，在柏拉圖的脈絡中，像「5+7=12」這類有關純數學的信念，是和具體感覺經驗明顯區別開來的。「蠟喻」正是因此才無法解釋「5+7=11」這項假信念。鳥籠喻的設置，一開始便是為了要解釋與感覺無

　　去解釋那份先前即有的知識，似乎仍只提供有其他可能而未直接否決那是「先天」知識。（Cf. Sedley 29; G. Fine, "Inquiry in the *Meno*," in *The Cambridge Companion to Plato*, R. Kraut ed., Cambridge: Cambridge University Press, 1992: 213-4）

105　Sedley 6-8對 "The Authorial Voice" 的討論，明確提出這項立場，建議至少對《泰鄂提得斯》這篇對話的閱讀上，角色蘇格拉底並不代表作者柏拉圖。

106　除了前面注釋中提到Fine那種較強烈否決「先天知識」的解釋，也可能有比較溫和但一樣避免用「先天知識」去解釋《米諾》的論述，例如Julius Moravcsik指出那是「先天」能力，以及一些需要在恰當條件下經過學習與提醒才會出現的「先天」概念和命題。（J. Moravcsik, "Learning as Recollection," in G. Vlastos ed., *Plato I: Metaphysics and Epistemology*, New York: Anchor Books, 1971: 53-69）

關、純粹想法與想法之間的錯置。這表示，就算柏拉圖認為人出生時的心靈是一個「空」的鳥籠，而所有鳥籠中的知識之鳥都是出生後經由學習才捕捉進籠子裡的，柏拉圖的「學習」和經驗主義來自感覺經驗的「學習」，也仍是截然不同的。

　　捕進鳥籠中的鳥，可能不來自感覺經驗。這裡的對話並未交代這些鳥究竟可以從哪些地方捕獲、又如何捕獲。重要的是，這些鳥，按譬喻中的預設，都是「知識」。所以才能從「擁有」知識和並沒有掌握在手中而「有」知識的差別，去解釋先前所遇到「知道」又「不知道」的矛盾。但籠中的鳥都是知識嗎？接下來蘇格拉底即將檢驗這一點。

199c-200d　鳥籠喻的困難

　　鳥籠喻的困難在於：預設心靈鳥籠裡所有的鳥，都是先前已經捕獲進鳥籠中的知識；但如果這些鳥全部都是「知識」，當我們伸手去捕捉鳥籠裡飛翔的鳥而捉錯的時候，因為設定每隻鳥都是「知識」，即使因為捉錯鳥而形成「假」信念，也仍是捉到了「知識」。基於知識不可能假的這項隱藏前提，捉錯的鳥不能視同為知識。於是，蘇格拉底和泰鄂提得斯修改原先的預設，接受鳥籠中的鳥並不全部都是知識。然而，如果修改鳥籠喻，接受心靈鳥籠中也有「不知道」的鳥，則當心靈要從鳥籠中捕捉知識，但卻弄錯捉成「不知道」時，這個錯誤仍舊是在各種知道和不知道的事物中，以為 x 是 y，可是先前討論中已經否決過這種對假信念的解釋了。

200d-201c　否決第二個定義「真信念是知識」

　　由於始終無法恰當解釋假信念的產生，現在蘇格拉底轉而反

省到：必須要先掌握什麼是知識，才能知道什麼是假信念。因此，蘇格拉底再度向泰鄂提得斯詢問知識是什麼，而回到「真信念是知識」這項定義上。但蘇格拉底指出：法庭上受限於時間，最多只可能達到真信念、不可能達到真正的知識，既然會出現有真信念但卻沒有知識的情形，表示真信念和知識並不相同。真信念不是知識！

鳥籠喻的設置是為了解釋在純想法中的錯謬如何發生。蘇格拉底藉由鳥籠喻，區分出「擁有」和「有」，以此說明為什麼已經「知道」的事，還會有可能出錯。但是，當鳥籠喻藉由把「知道」的意義區分為「擁有知識」和「有知識」（正在掌握運用知識）兩個層面，並以這二層意義去解消既「知道」又「不知道」的矛盾時，這裡的「知識」，其實已經和蘇格拉底與對話者一直以來對「知識」的基本預設──「知識」是不會錯的（infallible）──相違逆。按鳥籠喻的設想，鳥籠中的鳥如果都是先前已經獲取的「知識」，如果籠中鳥都是不會錯的知識，不論是當下或之後要再捕捉到手中，都應當要能保證為真。可是，蘇格拉底和對話者現在要討論的是「假信念」如何可能，如果鳥籠中已經擁有的是「知識」，無論如何都不可能使人產生「假信念」。這樣的討論，無法解釋假信念的可能。

然而，與其說這段討論指出了鳥籠喻的困難，或是指出假信念不可能（這點當然違背事實，因為我們常常會有假信念，187c-e 剛剛進入第二定義的討論時蘇格拉底和對話者也就已經同意我們確實有假信念的經驗），不如說是在強調真正的「知識」可以完全排除假信念。

假如沒有確立「知識」完全排除「假信念」這一點，蘇格拉底所指出的鳥籠喻的困難，會顯得很薄弱。他在這裡反駁鳥籠喻

的主要理由在於，鳥籠中的鳥，預設為是「知識」，但捉錯鳥時卻會產生假信念，因為這假信念也仍是捉著一隻鳥（代表著知識），於是等於是說假信念來自於知識。對話雙方不能接受這樣的說法。可是，如果我們把「知識」當作是一種單純的儲存資訊，而沒有柏拉圖所設立「不會錯」的超高標準，那麼，如早年的 A. E. Taylor 所指出，其實越多的知識有可能反而讓人暴露在越多的錯誤當中，因為當人擁有越多知識可以使用時，反而有越廣的知識可供「誤用」。[107] 或是後來的 Bostock 也質疑，對話中似乎認為當我擁有對「11」的知識時，這份知識不可能使我無法認清它是「11」而非「12」；但這為什麼不可能？（Bostock 189）對，如果「知識」只是一種單純的儲存資訊，像把鳥裝入籠中，而讓鳥在籠中亂飛，那麼，有什麼理由足以讓我們相信當我伸手進入心靈鳥籠裡時，一定可以捕捉到「對」的鳥？

　　如果知識只是像放入鳥籠中的鳥一樣，是儲存在心靈中的資訊而已，便無法保證不會錯。但這並不是關於譬喻中的「鳥」要代表什麼的問題。當泰鄂提得斯修正鳥籠喻，更改說法設定鳥籠中同時也有「不知道」的鳥，就捉錯鳥的問題而言，其實是個誤導的作法。因為，所謂捉到「對」的鳥，或是捉到「錯」的鳥，這「對」或「錯」的判定，其實並不是在那隻鳥身上。例如，當我捉到一隻斑鳩，斑鳩本身作為一隻斑鳩並沒有什麼對錯可言。而是，如果這時我本來就是要捕捉一隻斑鳩，它就是「對」的鳥；如果這時我是要捉一隻鴿子，它就是「錯」的鳥。同樣地，「11」就是「11」，作為這數字的觀念本身沒有什麼對錯可言，但是因為現在我們要算「5+7」，應該捕捉的是「12」，可是卻捕捉

107　A. E. Taylor, *Plato: The Man and His Work* (London: Methuen, 1960): 333-4.

到「11」，這時才說「11」是錯的。也就是說，並不是對「11」
這數字的觀念本身有任何對錯，而是把「5+7」連結到「11」的
這兩組觀念之間的關係上出錯，造成了假信念。

　　因此，這裡真正造成各種認知狀態差異的，不是對象本身，
而是心靈中各信念彼此之間的相互關係。按泰鄂提得斯誤導性的
修正，讀者可能設想鳥籠中的鳥有些是知識的對象，有些是「不
知道」的對象，而以認知對象來區分知識與無知。但是，從認知
對象的角度去設想時，究竟什麼是鳥籠中的「不知道」之鳥，令
人困惑。因為「不知道」似乎是根本沒有認知對象的。（Cf.
Chappell 191）Cornford避免缺乏對象的困難，而認為鳥籠中的
「不知道」不可能是我從未認識過的事物，否則就會根本不存在
於鳥籠中。他用「假信念」來解釋這裡的「不知道」。（Cornford
138）另外，Bostock用「錯誤概念」（misconception）來解釋心靈
鳥籠中的那些「不知道」（bits of unknowledge）；McDowell則用
「標錯籤的鴿子」（the mislabelled pigeon）來形容這類混淆錯謬的
概念。[108]這些解釋基本上都順著泰鄂提得斯的建議，把「假」設
定在認知對象身上。在對話錄進行的脈絡中，這整個對「假信
念」的討論，從「真信念是知識」的主題岔開出來。[109]如同
Bostock所言，這歧出的討論確實將注意焦點從第一定義所注意
的命題之知（knowing that），轉向某種針對對象的「知道」

108　Bostock 192; McDowell 225. McDowell對於鳥籠中的「不知道」（他英譯為
　　　unknowing），原提出兩種解釋：第一種是「不知道」就是「假信念」（和
　　　Cornford一樣），但他認為這說法解釋力很低；第二種便是這裡談到的錯誤
　　　標籤，不過他也不認為這是令人滿意的解釋。

109　關於「假信念」的整段討論，在Waterfield 211, Bostock 199都被稱為
　　　"digression"。

（knowing an object）。（Bostock 199）但整個討論最後顯示，這種膠著在對象上的探討，始終無法解釋「假信念」。回到文本來看，對話中泰鄂提得斯為了解釋假信念，而在心靈鳥籠中設置出「不知道」之鳥，結果造成了200a-b所列出各種錯認對象而形成的假信念。這些假信念，正是當他們剛剛岔題進入有關「假信念」討論時，就已經否決過的。（188b-c）泰鄂提得斯在「假信念」這議題上，一再把「假信念」化約為錯認對象，而一再陷入類似的困境。

現在，對話雙方發現用鳥籠譬喻也無法解釋假信念的可能，而我們卻又確實有假信念的經驗，蘇格拉底在200d終於宣告從「假信念」去探討「知識」是個錯誤的進路。這時，討論終於回到原本提出的第二定義「真信念是知識」上。但實際上，由於無法解釋假信念的產生，便無法真正區別信念的真假。除非我們已經真正掌握住知識，否則，一如蘇格拉底在200a所陳述，我們很可能會以為自己掌握知識，其實卻是握著假信念。用鳥籠喻的語言來說，我們沒有辦法保證我們在要運用時可以從鳥籠中捉取到正確的鳥。甚至，退回去想，當我們捕到心靈鳥籠裡的那些鳥時，雖然好像在心靈中存入「知識」，但其實只是無法保證為真的一堆信念而已，因為我們並不能夠判別真假。

如此一來，「真信念」與「假信念」的概念，其實都必須依賴在「知識」上。除非真正掌握住知識，否則我們很可能把假信念當真，或直接當作知識。在這樣的情況下，柏拉圖再次使用法庭論辯的例子來促使讀者注意信念與知識[110]的差距。在雅典的法

110　由於柏拉圖201b說到「只有眼見為憑才能知道、否則就不能知道的事」，似乎把親眼所見的經驗之知視為「知識」，但這似乎和柏拉圖否決感覺是知

庭中，民眾隨機擔任法庭裡的陪審員（也是案件實際的裁決者，因為程序上最後是由所有陪審公民進行投票而決定判刑的），聽取訴訟雙方的說詞。和172c-177c的段落一樣，柏拉圖再次強調時間長短所造成的差異。在時間限制下，對話雙方同意是不可能真正傳達知識的。雖然，究竟多少時間才足以傳達知識，並不清楚；總之，在短時間內只有可能藉由說服而給人信念。如果我們站在這些陪審員的位置設想，既然我們並未握有知識，也就表示我們無法確實區別「真」「假」信念，那麼，201c所說那種「沒靠知識判斷，卻正確地獲得說服」而形成的「真信念」，如何確保為「真」？實際上當我們尚未掌握知識時，也就無法確定所抱持的信念為真，「真信念是知識」這定義在這種情況下其實毫無幫助。

對話裡，蘇格拉底將討論議題從「假信念」帶回到「真信念是知識」的定義後，很簡單地用法庭上會出現「有真信念」卻「沒有知識」的情形，論述真信念和知識是不同的，否決了第二定義。接下來，泰鄂提得斯將沿著「真信念」的概念去修改他對知識的定義。不過，由於信念真假終究需要仰賴知識的判別，沿著「真信念」推展的這條進路，似乎始終仰賴知識，也就是說，將始終需要先有知識才能從這條進路去界定知識。這正是第三定義難以逃脫的困局。

識（第一定義）的立場不大吻合。相關討論見Bostock 200-1, Burnyeat 127, Cornford 142, McDowell 227-8等。我認為，一方面這裡的文脈用意在淺顯指出合理形成的信念並不等於真的知道；另一方面，文本上說「只有眼見為憑才能知道」，只把親眼所見視為這類「知道」的必要條件，並未視為充分條件，柏拉圖並不需要為這裡的經驗之知背書。

三、第三個定義「真信念加上說明就是知識」與檢驗

201c-d　第三個定義「真信念加上說明就是知識」

否決了「真信念是知識」的第二定義，泰鄂提得斯提出一個「聽來的」說法，亦即這裡提出的第三定義：「真信念加上說明就是知識」，並以有沒有「合理說明」（λόγος），作為是否可知的標準。

泰鄂提得斯提出第三定義：「真信念加上說明就是知識」。這項對知識的定義，在全篇對話錄中，或許是字面上最容易和當代分析知識論關聯起來的一項定義：因為這項定義，在字面上，和20世紀上半盛行的「知識三條件說」有些相似。但「知識三條件說」被Gettier〈合理證成的真信念就是知識嗎？〉一文所提供的兩個反例否決了。[111] Gettier在這篇文章中舉出Roderick M. Chisholm和A. J. Ayer作為當時主張三條件說的代表哲學家；至於三條件說的原型，Gettier在注釋中表示，來自柏拉圖：「柏拉圖在《泰鄂提得斯》201似乎考慮過這樣的定義，」（Gettier 1963 446）這裡指的，正是泰鄂提得斯提出的第三定義。

簡單比對一下泰鄂提得斯的第三定義，與當代分析知識論所謂的「知識三條件說」。「知識三條件說」是以三項充分且必要條件作為「知識」的定義。按Gettier的整理，三條件說最典型的內容是：

111　Edmund Gettier, "Is Justified True Belief Knowledge?" *Analysis* 23 (1963): 121-3; reprinted in Michael Huemer (ed.), *Epistemology Contemporary Readings* (London: Routledge 2002): 444-446.頁碼按後者。

「我知道 P」（P 可以代表任何一個命題）的充分必要條件
是——
一、P 是真的；
二、我相信 P；
三、我有合理的理由可以證成我去相信 P。（Gettier 1963 444）

於是，「知識」就等於是「被合理證成的」（justified）「真」
（true）「信念」（belief）。
按「三條件說」的模式來讀泰鄂提得斯所提出的第三定義，

知識是——
一、真的（ἀληθῆ）；
二、信念（τὴν ... δόξαν）；
三、加上說明（μετὰ λόγου）。

不過，雖然僅就《泰鄂提得斯》201c 的原文來看，可以約略找到
對應的辭彙，實際上泰鄂提得斯的第三定義和三條件說內容並不
相同，柏拉圖反駁三條件說的理由和論證方式，也與當代做法不
同。例如，δόξα 一詞一方面可以表示「信念」，但也可以表示判
斷（judgment）、意見（opinion）或各種想法、臆測等等；至於
「λόγος」一詞在希臘文中是使用頻繁廣泛的常用字，意義極為豐
富（在導讀中的論文已有討論），這裡僅以「說明」中譯，但
「說明」一詞只是這詞的一部分意義而已，這個詞不只能表達
「合理說明」，也可以表達任何形式的言說和其他意義，並不能直
接等同於「合理證成」（justification）。此外，就算我們把泰鄂提
得斯第三定義視為某種形式的知識三條件說，讀者必須注意到，

對話錄結尾顯示：這樣仍不是知識！泰鄂提得斯的這個定義最後將遭蘇格拉底否決，柏拉圖並不接受知識三條件說。甚至，按這篇對話的無解結局來看，柏拉圖是否認為知識可以定義，也仍是個問題。

201d-202d「夢理論」

　　泰鄂提得斯第三定義所涉及的理論，文本中蘇格拉底稱之為「夢」，一般討論上也就稱為「夢理論」。這套「夢理論」主張：一般事物是由一些最原初的元素組成的。就「元素」的部分來說，這些元素無法再拆分為不同的組合物，本身只有名字，無法做進一步的說明；就「組合物」的部分來說，因為是由元素組合而成的，所以可以用其中元素的名稱編織成一套話語，因而可以做進一步的說明。按照以有沒有「合理說明」來判斷是否可知的標準，元素無法說明，所以是不可知的；組合物則可以說明，所以是可知的。如果只是抱持真信念，沒有加上說明，按這說法便不能算是「知道」。[112]

　　第三定義「真信念加上說明」，形式上是由第二定義「真信念」修改而成，兩項定義的主要差異在於有沒有「說明」（λόγος）。這樣的修改使得是否有「說明」成為是否是知識的關鍵。而「說明」的意義，在此必須以帶有原子論色彩的「夢理論」來看：夢理論將世上一切事物區分為兩種，一種是元素（τὰ στοιχεῖα, the elements），另一種是組合物（αἱ συλλαβαί, the

---

112 對夢理論的討論部分曾發表於〈柏拉圖《泰鄂提得斯》裡的「夢理論」〉，《止善》7（2009）: 92-97；對於第三定義和Gettier更詳細的討論，見〈柏拉圖的知識與合理證成的真信念〉，《國際文化研究》2:2（2006）: 33-58。

complexes）。最簡單的基本元素除了自己的名稱以外，無法形成進一步說明；由元素所組成的組合物，則可以藉由其組成元素的名稱組合出一套說明，形成詞組或命題。[113]

按照蘇格拉底202a-b的說明，我們可以進一步瞭解元素和組合物在語言層面上的差別：元素方面，蘇格拉底在202a甚至說這些元素連代名詞或指示代名詞都不能加上去。例如，單獨的一個詞「狗」是單獨一個元素本身的名稱，如果說「這狗」就變成是在這元素的名稱之外多加上不屬於這元素的言說了。因為像「這」這樣的指示詞，可以加上任何其他事物上去說「這貓」、「這人」等等，所以「這」這個詞並不是屬於元素自己的「說明」。組合物方面，針對「物」（objects），可以組成詞組，例如「這隻小狗」，其中組合了指示詞「這」、計量詞「隻」、形容詞「小」和名詞「狗」；針對「事實」（facts），則可組成簡單命題，而以簡單句構表達，例如「這隻小狗在吠」；或組成較複雜的命題，而以較複雜的句構表達，例如「如果不是這隻小狗在吠，那麼就是那隻小狗在吠」，以邏輯字「如果……那麼」和「不是」去組合「這隻小狗在吠」與「那隻小狗在吠」兩個命題。

夢理論將事物本身的結構，和其語言結構，對應起來。簡單的事物，其相應的說明也簡單，甚至只有名稱；複雜的事物，其相應的說明也複雜，語言上可能形成詞組或複雜的命題結構（形成命題結構便都是複雜的，因為就算最簡單的命題結構，如「蘇格拉底在說話」，只有一個名詞和一個動詞組成，按夢理論而言仍已算是語言層面上的複雜組合了）。

113　現在的學者上可能會對「命題」和「語句」做出區別。這裡則只簡單地把「命題」視為語言層面的（linguistic）。

不過，如McDowell所指出的，夢理論還未清楚建立出一套事物與語言結構相應的理論。因為：一、夢理論並沒有清楚區分「認識」和「知道」的差別。[114]在201e蘇格拉底把「我們」（人）歸在組合物這邊，按前述事物和語言結構的相應關係來看，組合物應該對應到比較複雜的命題結構；因此，按夢理論，「認識」一個人的這種知識，也是「知道」某個複雜命題結構的那種知識。二、夢理論並沒有區分單純的提及（mentioning，指單單列舉出組成元素的名字）和真正去言說（saying）的差別。夢理論和維根斯坦對於單獨事物無法說、只有名稱，以及名稱組成命題的相關說法有些類似。[115]但要表達命題，即使只是簡單命題（an elementary proposition），都必須以特定方式或次序去「說」，而不只是「提及」所涉及到的各個名稱而已，但夢理論並未清楚做

114 即，「對象之知」（objectual knowledge）和「命題之知」（propositional knowledge）的差別。「認識（人）」和「知道（命題）」在英文中都是to know，為區別兩者，一般相關討論常以法文connaître（認識）和savoir（知道）表示。（見先前在143d-146b的討論）McDowell 232這裡也是用兩個法文字來區別這兩種知識。

115 指維根斯坦早期作品 *Tractatus* 4.22 "An elementary proposition consists of names. It is a nexus, a concatenation, of names." 和3.221 "Objects can only be *named*. ... I can only speak *about* them: I cannot *put them into words* ..." 等說法。（L. Wittgenstein, *Tractatus Logico-Philosophicus*, tr. by D. F. Pears & B. F. McGuinness, London: Routledge, 1993 [1961]: 30; 13）後來的《哲學探討》（*Philosophical Investigations*）§46-9對此卻又有一些不同的檢討。當代西方學者很早就注意到語義學傳統上的對這議題的討論，並溯及《泰鄂提得斯》："there are primary elements in reality has been maintained by a long tradition, from the *Theaetetus* of Plato up to Russell and to the early Wittgenstein himself." （T. De Mauro, *Ludwig Wittgenstein: His Place in the Development of Semantics*, Dordrecht: De Reidel, 1967: 44）。

出這樣的區分。(McDowell 232-3)從蘇格拉底和泰鄂提得斯接下去的討論可以發現，夢理論把單純的「提及」名稱也算做是一種「說明」。然而，我們需要留意的是，夢理論並不代表柏拉圖的論點，甚至也不代表對話錄裡任何一個角色的立場，因為文本中蘇格拉底和泰鄂提得斯都聲稱這是個聽來的說法。另一方面，柏拉圖在《詭辯家》261c-262e則很清楚表示，只有一堆名稱，並不等於真正的「說明」。

　　除了McDowell提到夢理論和維根斯坦的相似處之外，不少當代學者都討論到夢理論與羅素、早期維根斯坦邏輯原子論（Logical Atomism）的關聯，因為邏輯原子論也和夢理論一樣，認為複雜事實是由原子事實建構起來的，複雜的事物也就是由原子所建構出的類群（classes），並認為這其中的結構是邏輯的。[116] Gilbert Ryle把夢理論視為邏輯原子論；[117] Burnyeat（和Fine相關討論顯示出的立場）則批評邏輯原子論式的解讀。[118]晚近的《泰鄂提得斯》注釋本中，Chappell則又批評Burnyeat和Fine的批評，試圖論述夢理論可以用邏輯原子論來解讀。(Chappell 208-212)

　　從事物結構與語言結構的對應關係來看，夢理論確實有和邏

116　Mark Sainsbury, "logical atomism," an entry in T. Honderich ed., *The Oxford Companion to Philosophy*（Oxford: Oxford University Press, 1995）: 63.

117　指"Logical Atomism in Plato's *Theaetetus*," *Phronesis*（1990）: 27-30。關於《泰鄂提得斯》夢理論和邏輯原子論的關聯，以及這議題和Ryle「命名與言說二分」（the naming-saying dichotomy）立場的關聯，見Richard Gaskin, "When Logical Atomism met the *Theaetetus*: Ryle on Naming and Saying," in M. Beaney ed., *The Oxford Handbook of the History of Analytic Philosophy*（Oxford: Oxford University Press, 2013）: 851-869。

118　Cf. Burnyeat 160-164; Fine 1979 98-122.

輯原子論類似的側面。但是，就《泰鄂提得斯》討論知識的這個主題來看，Fine 指出一項很重要的差異：對羅素[119]而言，最簡單事物（或夢理論脈絡下所謂「元素」），作為複雜事物的基礎，不僅是事物分析到最後不可再分析的極限，另一方面就認知的層面來說，也是最能夠知道、最基本明確的基礎；可是，對夢理論而言，在認知上，元素卻反而是不可知的。（Fine 1979 104-6）也就是說，事物、語言、認知，這三個層面中，夢理論在前兩個層面是可以對應的，但第三個層面卻和前兩個不能對應。

而這不能對應的狀況，其實正是對話中蘇格拉底接下來所要指出的。

202d-203e「夢理論」的第一種困難

蘇格拉底以書寫文字的「元素」和「組合物」，作為「夢理論」的例子，來檢驗「真信念加上說明就是知識」這項定義。書寫文字中的「元素」也就是字母，「組合物」則是音節。套用夢理論，字母無法說明而不可知，音節可以說明而可知。但，如果音節就是組成這音節的所有字母，則當我們知道一個音節時，我們不知道這所有字母每一個，卻知道這所有字母。這是荒謬的。因此，按夢理論將「加上說明」當作知識的判準，這說法並不恰當。

蘇格拉底對夢理論提出的第一個困難在於，以「說明」作為是否可知的判準，將造成「元素」與「組合物」在認知層面上的不對稱：「元素」不可知，但由元素組成的「組合物」卻是可知

---

119 Fine 原論文中並不只針對羅素，而是拿夢理論和羅素、笛卡兒偏向知識基礎論的立場作比較。（Fine 1979 104-5）

的。（202e）[120]從事物、語言、認知三個層面來看，「元素」在前兩個層面都是最基本的基礎，可是在認知層面上，如果元素也是最基本的基礎，則在認識組合物前必須先認識元素，然而，上述的不對稱情況卻和這點發生衝突。

文脈上，現在夢理論的這項困難，是「元素」與「組合物」之間關係的兩難之一。蘇格拉底在203c提出這兩難的問題：「組合物」（音節）直接等同於它所有的組合「元素」（字母），或者，「組合物」（音節）會在它所有的組成「元素」（字母）之外形成另一個單一的觀念？因為對話中泰鄂提得斯先同意了兩難中的前者，現在這段落便先考慮「如果音節就是組成這音節的所有字母」所造成的困難；接下來的段落蘇格拉底還會繼續考慮後者。

先讓我們檢驗現在這段落中蘇格拉底對夢理論的質疑。

這段討論，是在把「組合物」（音節）直接等同於它所有的組合「元素」（字母）的前提下，去指出夢理論的困難。當我們認識這個組合物，按前提，把組合物代換成它所有的組成元素，則可以推出我們也認識它的所有組成元素。所以，當我們認識「蘇」（ΣΩ）這音節，按這前提，可以推出我們也認識Σ和Ω這兩個字母；而當我們認識Σ和Ω這兩個字母一起時，就必定分別認

120　Fine稱為asymmetry in knowability（AK）；Harte則把「元素不可知而組合物可知」和「元素比組合物更可知」，任何一個方向的不對稱，都稱為The Asymmetry Thesis。（Fine 1979 100; Verity Harte, *Plato on Parts and Wholes — The Metaphysics of Structure*, Oxford: Oxford University Press, 2002: 33-4）這知識上的「不對稱」已經成為有關這段文本討論上的一項爭議。並參見Mikyoung Lee, "The Theaetetus," in G. Fine ed., *The Oxford Handbook of Plato* (Oxford: Oxford University Press, 2008): 426-7。

識字母Σ、也認識字母Ω。這樣的推論要求元素與組合物在認知層面上必須是對稱的，但夢理論卻主張不對稱。

首先，如果蘇格拉底確實這樣進行代換，這個推論犯了「在不透明脈絡中代換」（substitution of identicals into an opaque context）的謬誤。這是說，雖然實際上兩者是同一的，但是，在不透明的脈絡中並不能任意代換。例如，在動畫「名偵探柯南」的故事裡，工藤新一其實就是小學生柯南，但是小蘭並不知道新一就是柯南，這種情況下如果任意把「小蘭知道柯南在屋子裡」代換成「小蘭知道新一在屋子裡」，就犯了謬誤。

其次，當蘇格拉底推論：當我們認識Σ和Ω這兩個字母一起，就必定認識其中的每一個字母，這推論還犯了「不當區分的謬誤」（the fallacy of division）。這種謬誤是把屬於某個整體的性質直接分給其中的每一部分。例如，從「這一箱蘋果很重」，不能推論箱子裡每一顆蘋果都很重。Σ和Ω這兩個字母合起來的音節是可知的，並不能推論Σ字母和Ω字母分別都是可知的。

對於這兩項推論上的謬誤，Chappell試圖以區分「對象知識」和「命題知識」的方式，來回應Burnyeat關於不透明脈絡代換的討論，以及Bostock關於區分謬誤的指控。[121] Chappell認為，如果以「認識」對象的那種知識去理解蘇格拉底這裡討論的問題，則：首先，對象知識不會造成不透明脈絡，因而沒有代換到不透明脈絡的問題；其次，認識一個對象的知識蘊含著對這對象各部分的熟識，因而也沒有違犯不當區分的謬誤。

121　Chappell 220; Cf. Burnyeat 195, Bostock 212.（Bostock確實明白指稱蘇格拉底就是犯了區分謬誤；Burnyeat文中並沒有直接出現substitution into an opaque context的字眼，但有相關討論。）

　　但是，在全篇對話來看，從一開始柏拉圖便沒有清楚區分對象知識與命題知識，而他對「知識」的探討也並不限止於其中一種。（參見143d-146b段的討論）另一方面，就算只考慮對象知識，除非達到一種完全徹底的熟識，否則對象知識仍然可能會造成不透明脈絡。Chappell舉例說，如果你認識傑克醫生，那麼雖然你並不曉得事實，但你其實也認識了海德先生。[122]可是，如果我認識的傑克是個溫文儒雅的人，當我看到長相邪惡的海德，我認識海德嗎？如果我看到海德卻無法辨識出我認識這個人，而且對海德也沒有任何熟悉感，如何能說我其實也認識海德？至於區分謬誤的問題也是一樣。如果我認識某個對象，除非達到一種完全徹底的熟識，否則，我雖然認識這對象，卻可能只是概括性的認識，當我看到其中某部分時，一樣不認識，不能硬性從我對整體的認識去推論我也認識其中的每一部分。Chappell的辯護說服力不大。或者，我們可以設想一種完全徹底的認識，可以免除不透明脈絡和不當區分的問題。但是，如果真的達到完全徹底的熟識，這種對象知識，從中也可以推出一些相關的命題知識。[123]這時，免除謬誤的因素是在於有其他相關的命題知識使脈絡透明，或是已經擁有對各部分的知識，而不是在於對象知識與命題知識的區別。

　　除了推論上的謬誤之外，蘇格拉底這段討論都倚賴在「把組合物（音節）等同於組成元素（字母）」的前提上。Burnyeat及

122　Ibid.，他使用的是史蒂文生《變身怪醫》（*The Strange Case of Dr. Jekyll and Mr. Hyde*）的例子，故事中好好先生傑克醫生和惡棍海德其實是同一個人的雙重人格。

123　Cf. Fine 1979 98對於柏拉圖的"knowing x"（對象知識）可以和"knowing what x is"（命題知識）互換的說明。

Harte把這前提視為「把整體等同於其部分」的原則，[124]並認為這前提才是主要癥結所在。（Burnyeat 191-208; Harte 2002 34-40）這前提，目前看來，似乎是在203c提出的兩難中的其中一項而已（組合物等同於它所有的組合元素）。但按Harte的論述，兩難中的另一項（組合物會形成一個單一的觀念），底下的前提也仍是「把整體等同於其部分」這原則。（38-9）讓我們進入兩難中的另一項來討論。

203e-205e「夢理論」的第二種困難

蘇格拉底在203c提出的問題是「組合物等於它所有的組合元素」或「組合物會在它所有組成元素之外形成另一個單一的觀念」，在字母與音節的例子中，他們已經否決了前者，現在則要檢查後者。

假設組合物會形成一個單一的觀念，則組合物本身是個整體，而這整體不等於所有部分的總和。整體不等於全部。接著，蘇格拉底用算數的例子指出，「全部」（在算數上指總和）指的就是「所有的東西」，凡是涉及數目的情況中「全部」就是指「所有的東西」的總數，也就是其所有部分的總和。可是，一個東西的「整體」和「全部」一樣都是指這東西完完整整什麼也沒缺的情形。那麼，「整體」和「全部」就一樣都是指這東西「所有的部分」。因此，「組合物」仍舊等於它所有的組成元素。因此，「組合物」應該和「元素」一樣地可說、可知，或者一樣地不可說也不可知；而不可能像夢理論所說的，組合物可說、可知，元

---

124 Burnyeat稱為WP，即"A whole is（the same as）all its constituent parts."（Burnyeat 192）

素卻不可說也不可知。

206a-b　從學習經驗反駁「夢理論」

最後，蘇格拉底又以學習文字和音樂的經驗指出：在學習過程中，不但沒有組合物可知而元素不可知的情形，而且反而是元素這邊的知識必須要比組合物更清楚可知。藉此，蘇格拉底否決了「夢理論」。

蘇格拉底進入兩難中的第二種選項：如果組合物會在它所有組成元素之外形成另一個單一的觀念，是否就能以夢理論成功一致地解釋泰鄂提得斯的第三定義——真信念加上說明就是知識？實際上，在論證過程中，蘇格拉底並不只是檢驗夢理論和第三定義之間的一致，而是其中還夾入了「把整體等同於其部分」的原則作為論證前提。雖然表面上這項前提應該跟隨著兩難中的前一個選項（組合物等於它所有的組合元素），而不是現在這個選項，然而蘇格拉底似乎把這前提和夢理論緊緊綁在一起。而這項主要前提，也是夢理論與第三定義無法恰當解釋我們學習與認知經驗的癥結所在。

讓我們仔細看看這論證。論證開始時，泰鄂提得斯原本主張：

（1）「整體」沒有部分
或者
（2）「整體」有部分，但是「整體」≠「所有的部分」

而這底下預設「全部」是有部分的，而且「全部」=「所有的部分」。所以，

（3）「整體」≠「全部」

　　這裡，泰鄂提得斯偏向（2）的立場，試圖否決「把整體等同於其部分」這項主要前提。可是，接下來蘇格拉底先不直接處理「整體」的單一觀念的議題，卻用算數和其他牽涉到數的例子，去論述「全部」＝「所有的部分」。

　　算數的例子，處理的是抽象的數字。希臘對於「數」的基本看法，以歐幾里得《幾何原理》（VII Def.2, 3, 4）[125]來看，認為「數」是由一群單位（units）的集合體所組成。這樣的看法，可以延續到萊布尼茲「二是一和一」、「三是二和一」、「四是三和一」這種對各個「數」的定義。[126] 泰鄂提得斯在當時數學的基本看法下，面對蘇格拉底問他「六」和「三乘二」或「二乘三」或「四加二」或「三加二加一」是否相同時，很自然會認為所有這些都是指涉同樣的對象，亦即六個抽象單位所組成的那個集合體。當我們說「全部」時，指涉的也是同樣的對象。

　　從算數的例子中，把抽象的單位換成具體的單位，例如具體的長度、面積和士兵，則這裡蘇格拉底按同樣的思路論述，主張這些例子中「全部」（或總數）也就是由其中所有部分合起來而組成的。好像所有涉及「數」的例子，都可以用集合的觀念處理：集合中所有元素，不論排列順序、結構的不同，都合起來便是「全部」，便形成那個「總數」。

125　時間上，歐幾里得《幾何原理》（Euclid's *Elements*）約西元前300成書，較柏拉圖晚。但歐幾里得《幾何原理》是一般希臘數學論述的範本，可以看出當時數學的基本觀念。（Brunschwig & Lloyd 2003 235, 375）

126　Burnyeat 105-6，文中 Burnyeat 並提到 Frege（指 *The Foundations of Arithmetic*）對這種看法有所批評。

　　但其實仔細考量抽象的算數和各種涉及數量的例子，有一些細膩的差異。首先，數和部隊方面的差別是：在某個數的一群單位中拿掉一個單位，例如，從一千拿掉一，則會變成另外一個不同的數，九百九十九；可是，從一個一千人組成的部隊裡拿掉一個士兵，只會讓這部隊變小，並不會毀掉部隊。（Burnyeat 207）其次，就這點而言，具體的長度和面積的丈量，卻是和抽象的數接近，而和部隊方面有差別：在某個長度或面積的一群單位中，拿掉一個單位，例如，從一千哩拿掉一哩，則會變成另外一個不同的長度，九百九十九哩；部隊則不會因為少一個士兵而毀掉，也不會變成完全另一個部隊。這點，可能是希臘的「數」建立在幾何上的緣故。因而，長度、面積和抽象的數的觀念比較接近，甚至抽象的數的單位，可以藉由幾何上的長度與面積來進行設想。在《泰鄂提得斯》剛剛開始界定什麼是「定義」時，泰鄂提得斯提到「平方根」和對於無理數的說明，便是由幾何圖形與長度去思考的。（147d-148b）

　　回到「整體」、「全部」和「所有部分」的問題上。在希臘當時的數學觀念下，總數（和「全部」是同一個字），就是所有單位的集合體。套回組合物與元素的關係來說，在這組合物當中的所有元素，不論排列順序和結構如何，所有元素都合起來便是這組合物的「全部」。「全部」就是「所有的部分」。可是，數字、幾何和部隊的例子相比較時，我們可以發現，雖然少一個士兵的部隊還是部隊，但少一個單位的數或長度、面積，卻變成「另一個數」或長度、面積了。這樣的差異提醒我們，實際上，數，不是只是一個數字單元的集合體，而是在集合了所有元素之外還會形成另一個單一特定的觀念。例如，「六」不只是六個抽象單位的聚集，同時也形成「六」這一個特定數字的觀念。

　　當蘇格拉底論證出「全部」＝「所有的部分」之後，在205a很快地便以「什麼也沒缺」去說「整體」和「全部」是相同的。但讀者可以反駁：「整體」和「全部」都必須要「什麼也沒缺」；可是，「什麼也沒缺」的時候，是否足以形成「整體」？考慮到必要條件與充分條件的差異，泰鄂提得斯其實可以主張「整體」仍有超出全部或所有部分集合起來之外的特點。Cornford的「拼圖」是很好的例子：當拼圖完成時，除了每塊拼圖都集合起來之外，所有拼圖還形成了一個單一整體，一個完整的圖形；一旦拆散了，就算每一塊拼圖都在那裡，那單一完整的圖形卻消失了。（Cornford 149）不過，文本中，泰鄂提得斯卻接受蘇格拉底用「什麼也不缺」來等同「整體」與「全部」，而輕易放棄了他原先在204b所主張的「整體」≠「全部」。於是，進入205後論證急轉直下，變成是：

（1）「整體」＝「全部」
而且
（2）「全部」＝「所有的部分」

如此一來，泰鄂提得斯勢必要推論出

（3）「整體」＝「所有的部分」

　　在這樣的情況下，「整體」、「全部」、「所有的部分」都是一樣的，組合物和元素也因此一樣可說、可知，或是一樣地不可說又不可知。
　　但這是作者柏拉圖想要主張的嗎？

　　表面上，蘇格拉底這論證最後是在為「整體等同於其所有部分」辯護。實際上，Burnyeat 和同一立場的後繼者 Harte[127] 都認為，蘇格拉底藉由這樣的討論過程其實呈現出：這種以組成來界定[128]的看法是有問題的。（Burnyeat 207; Harte 2002 47）Harte 並論述，柏拉圖對組合物的討論底下可能的立場是：如果失去整體結構，其中的那些部分或許還能存留，但由那些部分所構成的整體卻無法存留。（Harte 2002 46-7）以《泰鄂提得斯》這裡的文本，雖然看不出究竟整體和所有部分的集合有什麼不同，比方說結構上的不同等等，但從整個對可說與可知問題的文脈中，確實可以看出柏拉圖並不認同「整體等同於其所有部分」的看法。

　　在有關夢理論可說與可知問題的討論中，柏拉圖不但否決組合物可知而元素不可知的說法，而且也都否決了組合物和元素可以同樣可知或不可知的看法。就可知程度而言，他並不認為組合物等同於其組成元素。關於組合物與元素在知識論上的對稱與否，這裡我基本上延續 Harte 的看法，但按文本稍作修改。Harte 注意到，在夢理論兩難中的第一項，「組合物等於它所有的組合元素」，這時，蘇格拉底論述的是知識論上的對稱（即，組合物可知，則元素也可知；不可能組合物可知，而元素不可知）；至於兩難中的第二項，「組合物會在它所有組成元素之外形成另一個單一的觀念」，蘇格拉底卻是在論述和夢理論方向相反的另一種知識論上的不對稱。（33-4）夢理論認為組合物可知，而元素

127　Harte 自己表明她對這兩難論證的解釋，基本上是以 Burnyeat 的討論為基礎而加以擴展的。（Harte 2002 35 n.67）

128　Composition as Identity，Harte 的用詞。即，認為一事物等同於其組成元素。（Ibid. 40）

不可知；蘇格拉底則要論述元素比組合物更可知。返回文本來看，兩難中前一項的論證最後，蘇格拉底其實也已經非正式地指出 Harte 所說的那種不同於夢理論的知識論上的不對稱：在 203d，他說「必須先認識每一個字母，接下來這人才會認識音節」。這和第二選項論證結束後，在 206a-b，蘇格拉底提到文字與音樂的學習經驗中，必須先針對元素「分別學到好」這點，是吻合的。

　　蘇格拉底對夢理論這兩難問題的處理，模式極為近似：前一個選項中，他由組合物等於其組成元素，而歸結出組合物與元素應該一樣可說、可知，或一樣不可說或不可知；這裡明明已經否決了夢理論，但他卻還要指出對字母或元素的知識，比對音節或組合物的知識更基本，從反方向主張兩者知識論上的不對稱。後一個選項中，他由組合物有在其組成元素之外的單一觀念，而歸結出組合物和元素各是單一觀念，應該一樣可說、可知，或一樣不可說或不可知；這裡明明也已經否決了夢理論，但他卻也還是指出在各學習領域中對元素的知識，比對組合物的知識更基本。

　　處理夢理論兩難的兩段討論，都在論證結束之後，重複主張組合物與元素在知識論上的不對稱。這項重複的申明，明顯和「整體等同於其所有部分」不合。雖然柏拉圖並未確實提供出這一方向知識論上不對稱的理由，但卻至少顯示，他不大可能真的接受「整體等同於其所有部分」。

　　敏感的讀者可能會想起，在進入夢理論的討論時，Fine 指出羅素或笛卡兒和夢理論一樣有某種以簡單物組成複雜物的主張，但在認知層面，羅素與笛卡兒的簡單物應當是最清楚可知而確切的知識基礎。（Fine 1979 104-5）這似乎正是與夢理論反方向的另一種知識論上的不對稱。不過，這並不表示柏拉圖採取了知識論

上的基礎論。因為，在更大的脈絡中，夢理論是作為知識第三定義的理論背景，而被引入討論的。如果對元素的知識是對組合物知識的基礎，那麼，第三定義「真信念加上說明就是知識」將只能解釋組合物的知識，而無法解釋對元素的知識。我們又將回到元素不可說因而不可知的困難上，始終無法解釋對元素的知識，更無法解釋為什麼對元素可以有比對組合物更清楚切實的知識。甚至，當我們瞭解到整體其實並不能直接等同於其所有部分，而假設組合物的整體會有某種單一的、在所有部分之外另外的一個觀念，那麼，組合物的這單一觀念也和元素一樣是單一不可分的，因而也就有和元素一樣無法說明的危機。組合物和元素將會同樣地不可說、不可知。於是，除非我們已經可以有對元素的說明，或對元素的知識，否則無法以元素來說明組合物，或以對元素的知識來建立對組合物的知識。這樣的循環，威脅著基礎論式的思考方式：因為柏拉圖從未對任何基礎知識背書，當我們採取這種進路解釋時，將始終無法找到可作為認知基礎的簡單知識。

結束夢理論的討論後，蘇格拉底將從「說明」的三種意義去檢驗泰鄂提得斯所提出的第三定義。其中討論到「說明」的第二項意義——「說明」是把一個組合物的組成元素說出來——時，將再次凸顯出「整體」不能只是無機零散地列舉出所有部分而已。而這裡談到的循環問題，在接下來有關「說明」三種意義的討論中，也將更顯題化。

206c-210a「說明」的三種意義

否決了以夢理論解釋第三定義「真信念加上說明就是知識」後，蘇格拉底改從「說明／λόγος」的各種意義去探究這項定義是

否能夠成立。他列出三種「說明」的意思：一、把心中想法藉由口說方式表達出來，這是「λόγος」最基本原初的意思，也就是「說話」。但僅僅把信念用口語表達，所抱持的仍舊是信念。二、把一個東西的組成元素說出來。例如，列舉組成「馬車」的各種木料，形成對「馬車」的說明。但蘇格拉底用不同的字裡面的同一個音節為例，指出：如果有的時候可以正確地把組成元素說出，有時卻不能，並不算是真正知道。因此，僅僅在正確信念外加上這樣的說明，並不是知識。三、把一個東西之所以與其他東西不同的特點說出來。例如，指出「太陽」是所有天體中最光輝的一個，這特點將太陽和其他天體區別開來。如果能指出這樣的差異點，便是第三定義所需要的「說明」。但是，如果我們對這差異點所抱持的是信念，那麼，真信念加上這樣的說明，還是信念；除非我們對這差異點所抱持的是知識，才能讓原本的真信念加上這樣的說明變成知識。可是，這麼一來，所謂「說明」已經要求先有知識。於是，當我們定義知識為「真信念加上說明」時，等於是定義知識為「真信念加上對差異點的知識」，而落入用知識去定義知識的循環。

　　在對話錄的最後階段，蘇格拉底以「說明／λόγος」的三種意義，來檢驗第三個定義。這項檢驗，對於熟悉柏拉圖早期知識論的讀者，格外值得注意。在早期對話錄中，包括最能代表歷史上那位蘇格拉底詰問作風（ἔλεγχος, elenchus, cross-examination）的《自辯》，以及檢驗詩人知識的《伊安》、檢驗詭辯家知識的《勃泰哥拉斯》、檢驗演說家知識的《高吉亞斯》等等，當蘇格拉底在檢驗別人知識時，都以對方是否能夠切實針對他的問題提出說明，來判斷對方是否真的知道他們宣稱自己知道的事。在這些早期對話錄裡，常見的故事情節是，這些宣稱具有知識的人，在蘇

格拉底的詰問下說明失敗，而蘇格拉底也藉此完成質疑對方知識的任務。「說明」儼然成為知識的判準。「說明」和知識之間的關係，在《米諾》正式被提點出來（在導讀中的論文已討論到）：當正確信念被有理由的「說明」綁住時，便成為知識。（98a）「說明」一詞，對柏拉圖的「知識」概念，具有極重要的意涵。

現在這段對話，蘇格拉底檢驗了「說明／λόγος」的三個意義。但「λόγος」在希臘文中是個意義非常廣泛豐富的常用字，這三個意義當然無法窮盡這個字的所有意義。比方說，一套說法（例如「夢理論」）可以被稱為一個「λόγος」；論證也可以稱為「λόγος」；一段討論或談話，也可以稱為「λόγος」；在《泰鄂提得斯》189e-190a形容「內在對話」時提到「自問自答」、「肯定與否決」、「對別人發出聲音說話」、「靜靜對自己說」等等，都是「λόγος」。但現在，蘇格拉底為什麼檢驗三個相較而言不那麼豐富具有辯證意涵的意義？

關於蘇格拉底選擇檢驗這三個「說明」的意義，Ponlansky提出一種有趣的解讀：他認為這三種對「說明」的「說明」，可以和全篇對話錄討論的三個對「知識」的定義（也就是對「知識」的「說明」）對照起來。第一個意義中，只要把信念說出來就算是加上說明，這和「感覺就是知識」的定義一樣，將導致任何人看起來怎樣就是那樣的結果，使得任何信念都可以變成知識。第二個意義中，只要粗淺地列舉出元素就算是加上「說明」，這裡的討論暴露出信念可能缺乏深切的掌握，而和對「真信念就是知識」定義的討論一樣，提醒我們真信念可能只是猜的、或被說服的結果，不能算是知識。第三個意義，是以說出差異點來當作「說明」，而這正好回應到「真信念加上說明就是知識」這項定義，因為這項定義就是試圖指出「真信念」和「知識」之間的差

異點。129

　　柏拉圖是否有如此對稱的結構安排，還有討論空間。不過，這解讀可以刺激讀者從這三種「說明」去檢視「信念」與「知識」的關係。就這個問題來看，蘇格拉底這裡檢驗的這三個「說明」的意義，都會帶來使「信念」和「知識」界線模糊的問題，同時其中也隱含著如何區辨真假的困難。

　　第一個意義，是「λόγος」最原初平素的意義：「λόγος」的動詞是「λέγω」（說話），所說出的「話」就是「λόγος」。這種解釋下，只要有信念，基本上就可以為這信念加上說明，甚至不論這信念是真是假。於是，如果這說法真能成立，所有的真信念，理所當然都可以視同為知識。雖然說定義裡要求的是「真信念」，但這樣的說明下，並沒有提供任何進一步讓我們區辨真假的依憑。於是，進一步的危機是，我們很有可能把所有信念都視同知識，也都視為真。

　　第二個意義，則可以視為是「夢理論」的延伸：「夢理論」認為組合物是可說而可知的，因為把一個組合物組成元素的名稱編織起來，就可以形成對這個組合物的說明；而這裡的第二種「說明」便是把一個東西的組成元素說出來。但這樣的「說明」

129　參考 Ron Polansky 提供的講義 "Notes on Plato's *Theaetetus*," "Three further accounts of account（206d-210a)"（以他的 *Philosophy and Knowledge: A Commentary on Plato's* Theaetetus, Lewisburg, PA.: 1992: 223 ff. 的內容為基礎，略有不同）。Polansky 原書的架構是，把泰鄂提得斯 146c ff. 舉出的知識的例子也視為一項對知識的定義（即，"Knowledge is the sciences and the arts," 見 Polansky 1992 39-65），加上一般所列的三個對知識的定義，共四個定義。所以，這裡在進行對照時，他是把「夢理論」視為對「說明」的第一種「說明」，加上這裡列的三種「說明」共四種，而和四個定義對照起來。這裡因應一般三個定義與三種「說明」的架構，只陳述三組對照。

必須承接兩個「夢理論」遺留下來的問題：一、這樣的「說明」只是列舉出一個東西的組成元素或部分，但在「夢理論」的討論中已經注意到，「整體」並不只是「所有的部分」而已。完全沒有特定結構或組織的一堆元素，例如，一堆馬車的零件，就算「什麼也沒缺」（205a 蘇格拉底為了論述「整體」等於「全部」的用語），和一輛完整組裝好的馬車，當然是不同的。現在，蘇格拉底在檢驗「說明」意義的時候，再度凸顯了「整體等同於其所有部分」這說法是有問題的。二、這樣的「說明」只能說明組合物，因此，元素是不可說而不可知的。如此，我們無法解釋對於元素的「知識」；倘若我們揚棄「夢理論」，而主張可以有對元素的知識，由於無法對元素提出現在這一意義的「說明」，套回到第三定義來看，對元素的「知識」將和「真信念」沒有區別。

　　另一方面，蘇格拉底還試圖指出，就算能說出所有組成元素，也並不是真正「專業（τεχνικόν）又有知識」。（207c）這裡，出現了早期對話錄「知識」概念中另一個關鍵詞「專業」（τέχνη，也譯為「技藝」）。前面所提到的早期對話錄中，蘇格拉底以「說明」檢驗對話者的知識，其中對話者的「知識」也就是對他們各自「專業」的「知識」，而能否提供「說明」，同時也是用來檢驗對話者是否真正具有「專業」的判準。雖然不同時期對話可能開展成不同的議題、面向與深度，但這裡，我們再次看到柏拉圖哲學的一致性。為了指出真信念加上這種說明，和真正「專業」與「知識」的差別，這篇對話裡的蘇格拉底以拼字母的例子解釋：當一個人在拼寫「泰鄂提得斯」這名字時，對「泰」（Θε-）這個音節有真信念，而且也能正確地說出 Θ 和 E 而為這真信念加上了說明，但這樣的真信念和說明很可能只是碰巧正確而已。如果，在某個情況下，這人在同一個音節上犯錯，例如把

「泰歐多洛斯」的「泰」寫成 TE，則這可能的錯誤違背「知識」「不可能錯」（infallible）的要求。可能錯，和不可能錯，理論上為「真信念」與「知識」畫下清楚的界線，實際上當我們檢驗自己的認知狀態時，這點卻很難操作。因為當我們一直遇到正確的情況，一直還未發現否證用的反例時，我們無法確定自己所抱持的是「真信念」還是「知識」。因此，雖然說出組成元素的說明可能讓我們多一個機會發現錯誤（如例子中要說明「泰歐多洛斯」的「泰」時發生錯誤），但是，如果只是以說出組成元素的「說明」來說明真信念，而認為真信念加上這樣的說明就是知識，我們很有可能只是一直「碰巧正確」，卻把這些可能會假的信念，視同為知識，也都視為真。

第三個意義，是把一個東西之所以與其他東西不同的特點說出來，也就是藉由說出差異點來形成「說明」。實際上，這一類型的「說明」可能同時有兩種面向，一個是去指出差異點，另一個則是指出共同點。（208b）當我們指出泰鄂提得斯有眼睛、鼻子、嘴巴，其實也已指出了他和沒有眼睛、鼻子、嘴巴的東西（例如一張桌子）的差異，但這些特點卻又是一般人所共有的，因而又是一般人的共同點。當我們進一步指出他鼻子很扁，這是指出了他和鼻子俊俏的人的差異，但鼻子扁的特點卻又是蘇格拉底和他、還有其他這類長相的人所共有的，因而又是這類長相的人的共同點。（208c）這使得以差異點來形成「說明」，無法確實清楚地劃分「真信念」與「知識」之間的界線，因為所有關於差異點的「說明」，都可能轉變成為某一類事物之間的共同點，我們無法確定哪份說明真的掌握住了最關鍵的差異點。[130]或者，這

---

130 Polansky 提供另一個角度去反省這裡對「差異點」的掌握：例如，經過二十

「說明」將沒有底線，每一個指出差異點的說明，都可能需要更進一步再指出更細微的差異點，而始終無法抵達確切割分「真信念」與「知識」的最後邊界。

另一方面，蘇格拉底藉由對第三種「說明」的檢驗，凸顯出任何對「知識」的定義都有可能遭遇的困難，定義的「循環」（circularity）問題。而這問題也將更凸顯出「知識」與「信念」界線模糊的問題。在定義中，我們所要定義的事物是「被定義端」（definiedum），用來定義解說這事物的是「定義端」（definiens）。以泰鄂提得斯的第三定義「真信念加上說明就是知識」來說，「知識」是被定義端，而「真信念加上說明」是定義端。所謂「循環」問題是指：如果在定義端中已經有被定義端的出現，例如，用知識去定義知識，就會形成循環定義。現在這第三種「說明」，是要去說出某事物和其他事物之所以不同的差異點，但這裡的兩難是：如果這差異點是依據正確信念而說出來的，不論我們加上的這份「說明」多麼精確、多麼能幫助我們區別出這東西，實際加上的終究是「信念」，我們終究只是在信念上再加上信念而已（209c-e）；如果這差異點是依據知識而說出來的，則定義端「真信念加上說明」，實際上等於是「真信念加上對差異點的知識」，這裡已經有被定義端「知識」的出現，於是，這是個以知識去定義知識的循環定義。（209e-210a）

「循環」問題，是找尋知識定義最難以克服的困難。導讀中的論文也提過：其實，不只是這第三種「說明」會有循環問題，

年，奧德修斯的乳母因為看到他腳上的疤而辨識出他。這腳上的疤，是乳母把他和其他人區別開來的差異點，但卻無法真正當作是對奧德修斯這個人本質性的掌握。（"Notes on Plato's *Theaetetus*"）

而是三種意義的「說明」都會落入循環。甚至，很可能任何意義的「說明」都可以用210a提出的循環問題去進行反駁。（Cf. Bostock 237）所以，前面雖然指出，柏拉圖這裡檢驗的三種說明並沒有窮盡「說明」的豐富意義，但其實這不是重點，因為不論怎樣的「說明」，都必須面對同樣的兩難：這「說明」來自信念？或這「說明」來自知識？如果來自信念，則第三定義等於是真信念加上信念而已，這定義裡用來區別信念與知識的差異點，便不復存在；如果來自知識，則就是用知識定義知識，落入循環。面對無法逃避的循環問題，Fine反過來肯定循環，而以知識融貫論（coherentism）解釋柏拉圖這裡表達的知識概念。[131]不過，要將現代的知識融貫論套到柏拉圖身上，當然有幾分危險：柏拉圖很可能並未明顯意識到，一個夠大的融貫的循環，具有正面的知識意涵。[132]文本中，柏拉圖畢竟是把「循環」當作否決第三定義的主要理由，也就是說，一旦定義落入循環，就柏拉圖來看，這定義便失敗了。這種情況下他可能並不會像Fine那樣地肯定「循環」。

　　檢驗蘇格拉底這裡的兩難——第三定義裡不論加上什麼樣的「說明」，或者始終仍是信念，或是陷入知識的循環定義——這兩難中，隱然使用了早先在討論假信念時提出的「內在對話」模型（189e-190a），也就是把信念視為一種內在的「說明／λόγος」。因

131　主要指"Knowledge and Belief in *Republic* V-VII"（Fine 1990）以及
　　"Knowledge and *Logos* in the *Theaetetus*"（Fine 1979）所呈現的論點。這在導
　　讀中的論文也有討論。

132　Bostock討論「循環」問題時，同時檢驗了Fine以及White（指N. P. White,
　　Plato on Knowledge and Reality, Indianapolis, 1976）的論點，並同意White認
　　為柏拉圖並未真正掌握「循環」的重要性。（Bostock 266）

為把信念視為「說明」，有關對差異點的說明，被蘇格拉底改換成「是信念或是知識」的問題。雖然，融貫的循環，對柏拉圖知識論而言，可以有很豐富的意義，就如「說明／λόγος」可以有的豐富意義；但是，在這樣的脈絡下，不論多麼融貫的循環，這豐富的「說明」底下是「信念」，而且在「內在對話」模型中蘇格拉底也還未解決區辨真假信念的問題。如此情況下，如果我們要實際去檢視我們的認知狀態，其實是無法確切指出一個邊界，讓我們從信念的循環跳脫到知識的循環，「信念」與「知識」的界線仍是模糊的。更嚴苛的是，這裡我們也缺乏區辨「信念」真假的決定性判準。這使我們永遠必須提防，我們以為擁有「知識」時，很可能我們只擁有「信念」，甚至是「假信念」。

由於無法確切指出「真信念」與「知識」的差異，第三定義宣告失敗。就對話錄的行文結構而言，因為整個討論是從蘇格拉底要求泰鄂提得斯定義知識開始，如果我們只是聚焦在知識的定義上，不僅這裡討論的定義紛紛被蘇格拉底否決，最後提出的循環問題，使我們很難再提出對知識的其他定義。於是，這篇討論「知識」定義的對話，屆此，只有走向無解的結局。

210a-d 結語

現在，泰鄂提得斯的三個定義，「感覺是知識」、「真信念是知識」和「真信念加上說明是知識」，都被否決了。對話最後並沒有找到任何對「知識」的定義。但，經過蘇格拉底的助產術，泰鄂提得斯未來將生產更好的結果，也比較不會以為自己知道自己其實並不知道的事。最後，蘇格拉底要去面對法庭上的控訴，結束對話。

經過漫長的討論，蘇格拉底、泰鄂提得斯和過程中偶而被拉

進來對話的泰歐多洛斯，都沒有辦法為「知識」找到一個恰當的定義，對話錄以無解（aporia）作終。這「無解」的結果，為柏拉圖研究者帶來無盡的爭議；而對這「無解」結局的不同立場，也影響著學者們對全篇對話錄的解讀。究竟「無解」暗示著什麼樣的答案？或者，「無解」真的表示沒有答案？

　　進入20世紀後最重要的經典解讀，是Cornford，他的立場也代表著1970-80年代[133]以前的傳統觀點：柏拉圖的知識論，必須以他的形上學——也就是理型論——為基礎；《泰鄂提得斯》討論「知識」，卻從具體感覺事物出發，沒有涉及理型，因而也就不可能找到對「知識」的恰當定義。（Cornford 161-2）但，從Fine、McDowell、Bostock、Burnyeat及許多其他學者，卻不再執著於以「理型」定義這篇對話裡所要找尋的知識，也不見得執著於知識的「定義」這件事。尤其，Fine展現了強烈的融貫論立場，在處理第三定義的夢理論和循環問題時，清晰論述而為柏拉圖的「知識」建立一種相互關聯模型（interrelation model）。[134]

---

133 英語世界在1970-80年代，具有優良當代哲學背景的學者，如Vlastos等，引發並帶領了許多優秀哲學人才投入柏拉圖研究（包括Gail Fine, Terence Irwin等），在英語世界分析傳統下，興起研究柏拉圖許多新議題。

134 以Fine的 "Knowledge and *Logos* in the *Theaetetus*"（Fine 1979）為核心，而她對《泰鄂提得斯》的其他研究："Conflicting Appearances: *Theaetetus* 153d-154b"（Fine 1996）、"False Belief in the *Theaetetus*"（Fine 1979a）展現的觀點，也都在一致的思想脈絡下。在1979一文中她從夢理論論述知識無法以不可知的事物為起始，以及「說明」為各種可知事物建立的關係，逐步論述，在111-2頁提出知識的「相互關係模型」，並在112頁開始正式使用這個詞。近年Mary Louise Gill提出新的論述，不贊同Fine的「相互關係模型」，而以多層次的知識概念來免除「循環問題」，並以對話錄討論的三個定義全都視為「知識」定義的部分，將知識界定為由感覺，加上對事物

Burnyeat則從這篇對話錄，尤其第三定義關於「說明」的討論上，反省到「結構整體」（a structured whole）的重要意涵；而這結構整體需要理性反覆思量，這種情況下，柏拉圖絕不只是要一個免於反駁的（objection-free）對知識的定義。（Burnyeat 240-1）當然，這樣開放性的解讀，所要面對最重大的困難便是：柏拉圖的理型論確實是他的重要哲學理論，而在顧慮理型論的情況下，柏拉圖的「真」似乎偏向真理符應說（the Correspondence Theory），而他的知識論也似乎偏向一種符應模式的對應關係。也就是說，他的「知識」永遠為「真」，因為，這「知識」對應到「理型」。在這種情形下，雖然有學者把這篇對話錄裡的知識論和存有學切分開來[135]，晚近，進入21世紀以後，Adalier、Chappell、Sedley、Kahn等學者，重新傾向往Cornford的觀點思考，重視以理型為核心的存有學、形上學，試圖回到以理型論理解「知識」的進路。

　　不過，當我們認為自己很清楚什麼是「理型論」時，我們真的掌握了柏拉圖所說的「理型」以及對「理型」的知識嗎？但是，如果答案如此明確，為什麼這篇對話錄卻又漫長延伸出這許多繁複的議題？雖然「理型論」對柏拉圖是重要的，但我們確實能在柏拉圖沒有直接告訴我們答案時，自以為自己知道他隱藏在心中的答案嗎？

　　在對話錄最後的結語中，除了「無解」結局之外，文本上，還有兩個不可忽略的地方：一是蘇格拉底總結他的「助產術」對

本質的正確信念，以及正確在脈絡中辨識事物（「加上說明」）而形成的。（Gill 2012 134-7）

135　例如Waterfield 246；見導讀「貳」。

泰鄂提得斯的正面意義，另一則是蘇格拉底提到對話結束後他要去面對梅利特斯（Meletus）的控訴。而蘇格拉底的「助產」，以及「法庭」，這兩個關鍵詞，在表面上和對話錄的主題「什麼是知識？」沒有直接關係，實際上卻意外的在全篇對話錄中穿插出現！現在，當柏拉圖要結束對話錄時，這兩個關鍵詞又再出現，就好像告訴讀者，如果沒有提到這兩件事，不能算是對話錄的結局。

當對話進入和「什麼是知識？」不直接相關的討論時，對於只想找尋知識定義的讀者，會感覺到柏拉圖「離題」了。不過，如果讀者仔細閱讀這些離題段落，而不因為沒有直接去說「知識」是什麼而忽略這些部分，不難發現這些地方都和蘇格拉底的「助產術」以及對法庭論辯的反省有關。這兩件事，在對話結尾出現，使得整個文本的行文結構非常完美；而這樣的文本結構，也比僅僅沿著「什麼是知識？」去鋪陳議論，要更引人深思。

對「離題」段落的處理，Sedley[136]提供一種新穎而富有意義的解讀方式：他把《泰鄂提得斯》分析為主文本（text）與次文本（subtext），主文本也就是以「什麼是知識？」為主線形成的這一整篇對話錄；次文本則是，在主文本底下透露出「蘇格拉底[137]是柏拉圖哲學的助產士」的隱然脈絡。在這樣的脈絡下，所

---

136 指David Sedley, *The Midwife of Platonism — Text and Subtext in Plato's* Theaetetus（Oxford: Oxford University Press, 2004）.

137 這裡是指歷史上那位真正的蘇格拉底（the historical Socrates），而非柏拉圖筆下的角色。通常，柏拉圖的讀者容易把對話錄中蘇格拉底這角色所說的話，等同於柏拉圖，但對話錄終究不是平鋪直敘的論文，蘇格拉底這角色和作者之間，無可避免會有解釋空間。Sedley認為，至少在《泰鄂提得斯》裡的蘇格拉底，並不代表柏拉圖本人，而是代表蘇格拉底可能的哲學立

謂「離題」段落，一則指出歷史上那位哲學家蘇格拉底「助產術」式的哲學特質，另一則藉由蘇格拉底被判死刑這件事，凸顯他在缺乏形上學情況下無法解釋真正知識的局限，而使次文本和主文本結合。法庭上的人，或真正被蘇格拉底詰問過的人，往往不相信蘇格拉底的話為真，也不相信自己並沒有「知識」，畢竟蘇格拉底從未真正解釋清楚「知識」；但這位哲學家卻催生出以理型論形上學為核心的柏拉圖哲學。這解釋以新穎的文本分析，導回Cornford式的傳統論點。

對「離題」段落的處理，也可能朝向另一個方向：畢竟，次文本預設著在這篇對話錄之外的理論架構。然而，直接從《泰鄂提得斯》的文本來看，「離題」段落和「知識是什麼？」的主題，共同形成了對人認知狀態的反省。在這最後的結尾明白表示，蘇格拉底的「助產術」幫助泰鄂提得斯說出比他自己內在原有的還更多，「助產術」幫助我們獲得的討論，超出我們自己原有信念的反省與思考；同時，全篇對話雖然沒有找到「知識」的定義，卻已經獲得一個明顯的正面結果——泰鄂提得斯會變得更好！[138]這「更好」是指：他可能生產出更好的知識（但文本中「如果會生」顯示，這一點是無法確保的）；或者，他至少不會自以為知道某些其實並不知道的事，而這點，蘇格拉底稱之為「更『有智慧』」（但文本中也顯然把這點和「偉大、了不起的人」的

場。（Ibid. 6-8）

138　甚至這點，柏拉圖在對話錄一開始的外層對話（142a-143c），便已經指出：多年之後，當泰波希翁和尤克里迪斯談到命危的泰鄂提得斯時，都讚美泰鄂提得斯是非常優秀的人，從而回憶起當初蘇格拉底和泰鄂提得斯的這場談話。至少以泰鄂提得斯的例子，蘇格拉底使青年「更好」，而不是「敗壞青年」。（Cf. Polansky 1992 42）

「有智慧」區別開來）。不要自以為自己知道，是柏拉圖讀者從《自辯》的法庭場景以來，就很熟悉的一項自我反省。法庭上的聽眾，是以什麼「知識」去判決蘇格拉底的死？不論雅典人，我們，當我們進行判斷時，究竟處在什麼樣的認知狀態？「不要自以為自己知道」的反省，也就是去檢視對自己「知識」的「知識」。我真的知道什麼是知識嗎？而去思索「什麼是知識？」正是這篇對話錄的主題。不論捉著什麼樣對知識的定義，如果缺乏對認知狀態的反省，我們極有可能捉著感覺當知識、捉著信念當知識，我們甚至還可以用各種巧妙的「說明」使我們的「信念加上說明」，而把它當作知識！但，這對話過程卻顯示，在實際操作上，我們對「信念」和「知識」的界線，其實是拿捏不清的；而且信念可能真，也可能假。由這層反省來看，就如蘇格拉底所強調，「助產士最偉大、了不起的工作就是去區辨真與不真」（150b）。唯有當我們保持對自己認知狀態的反省，才有機會進行這區辨真假的工作。而且，這區辨真假的工作，是無止盡的。

　　對話結束後，蘇格拉底要去面對死刑控訴。一個《泰鄂提得斯》的讀者，就像是一個即將去聆聽蘇格拉底死刑審判的聽眾，在經過對「知識」的漫長討論後，變得更好，也比較不會自以為自己知道其實並不知道的事。「無解」的結局，雖然暴露出人認知的局限，但卻也因為瞭解這樣的局限，使我們有機會繼續進行區辨真假的工作。

　　不同的解釋進路，使得有關《泰鄂提得斯》的研究，就像這篇對話錄本身一樣，保持開放，沒有辦法固定在單一答案上。於是，對「知識」的思考，始終如此活潑。

柏拉圖年表

　　柏拉圖的生平，最主要依據的古希臘文獻，一是第歐根尼·拉爾修的《名哲言行錄》（Diogenes Laertius, *Lives of Eminent Philosophers*），但這本書已經離柏拉圖有幾百年的時間；另一則是柏拉圖的《第七封信》（*Letter VII*），但20世紀以後對這封信的可靠度也有爭議。見M. Levison, A. Q. Moeton & A. D. Winspeak, "The Seventh Letter of Plato," *Mind*, 77: 307（1968）: 309-325。

　　柏拉圖的作品，無法確知年份，傳統上常分為早、中、晚三期，但，哪些作品歸屬哪一期、甚至作品分期這件事本身，在學術上都有爭議。為讀者了解上的方便，這裡以較為通行的J. Cooper ed., *Plato: Complete Works*（Hackett, 1997）及R. Kraut ed., *The Cambridge Companion to Plato*（Cambridge, 1992），參考製成下表。有爭議的作品仍涵蓋在內，但不含一般判定為偽作的對話錄。詳盡的討論見L. Brandwood, *Chronology of Plato's Dialogues*（Cambridge, 1990）。對於分期和所涉及哲學思想劃分的爭議，見C. Kahn, "On Platonic Chronology," in Julia Annas and Christopher Rowe eds., *New Perspectives on Plato: Modern and Ancient*（Harvard, 2003: 93-127）及所附Griswold的回應。

　　關於柏拉圖和對話錄裡出現的人物（許多都是蘇格拉底或柏拉圖當時往來的人），相關歷史材料絕佳參考書是Debra Nails, *The People of Plato*（Hackett, 2002）。

柏拉圖生平 西元前	相關重要事件	柏拉圖作品
	431 雅典與斯巴達展開希臘內戰,即伯羅奔尼撒戰爭(Peloponnesian War)。	
427 出生。父親阿里斯頓(Ariston),母親佩利提歐妮(Perictione),都來自雅典尊貴顯赫的家族。	c. 415 數學家泰鄂提得斯出生。	
	404 伯羅奔尼撒戰爭結束,雅典戰敗,民主被推翻,三十僭主政權(The Thirty Tyrants)成立。這一政權非常殘暴,九個月後即被推翻。三十僭主中的卡密迪斯(Charmides)與首領克利提亞(Critias),都是柏拉圖母親這方的親戚。	
	403 民主重建。	
	401 民主政權逐漸穩定。	
	399 蘇格拉底經民主審判被處死。	c.399~387早期對話錄:《自辯》(Apology)、《卡密迪斯》(Charmides)、《克里托》(Crito)、《尤悉弗若》(Euthyphro)、大小《希比亞斯》(Hippias Major and Minor)、《伊安》(Ion)、
	394/3 科林斯戰爭。	
	391 科林斯戰爭後續戰役。泰鄂提得斯逝世。	

柏拉圖生平 西元前	相關重要事件	柏拉圖作品
		《拉凱斯》（*Laches*）、《勃泰哥拉斯》（*Protagoras*）；《尤緒德謨斯》（*Euthydemus*）、《高吉亞斯》（*Gorgias*）、《利西斯》（*Lysis*）、《梅內克西努斯》（*Menexenus*）、《克利托豐》（*Clitophon*）
c. 387訪義大利南部，接觸畢氏學派，與數學家阿屈塔斯（Archytas）結識。 第一次訪西西里，見敘拉庫斯（Syracuse）國王戴奧尼索斯一世（Dionysius I）。 返回雅典後建立「學園」（Academy）。	371底比斯（Thebes）擊敗斯巴達。 370~362雅典與斯巴達聯合對抗底比斯。 369另一場科林斯戰役，舊說認為泰鄂提得斯此年逝世。	*c.*387~367中期對話錄： 《米諾》（*Meno*）、《克拉梯樓斯》（*Cratylus*）、《斐多》（*Phaedo*）、《饗宴（會飲）》（*Symposium*）、《理想國》（*Republic*）、《菲得若絲》（*Phaedrus*）、《巴曼尼得斯》（*Parmenides*）、《泰鄂提得斯》（*Theaetetus*）
367~365第二次訪西西里，在敘拉庫斯貴族狄安（Dion，柏拉圖的親密友人）的邀請下，見戴奧尼索斯二世（Dionysius II）。一說柏拉圖曾試圖想將戴奧尼索斯二世教育成理想的統治者，但是失敗了。	*c.* 365亞里斯多得進入柏拉圖學園。	

柏拉圖生平 西元前	相關重要事件	柏拉圖作品
		c.365~347晚期對話錄： 《蒂邁歐》（*Timaeus*）、《克利提亞》（*Critias*）、《詭辯家》（*Sophist*）、《政治家》（*Statesman*）、《斐利布斯》（*Philebus*）
361 第三次訪西西里，再次見戴奧尼索斯二世。據說柏拉圖因此捲入政爭而被囚，由數學家阿屈塔斯派船救援脫困。	357 戴奧尼索斯二世被狄安逐出。	
此後回到學園，晚年持續教哲學、書寫哲學。	354 狄安被刺殺。	最後作品《法律》（*Laws*）
347 辭世。		

研究書目

　　原典版本請見譯文前的文本說明。引用第二次之後以（作者 年份 頁碼）標示；如屬主要譯注與專書則標示為（作者 頁碼）。受限於語文能力和研究傾向，這裡只就英文主要譯注與專書製作提要。對剛接觸這本對話錄的讀者，最推薦的是 McDowell 和 Brown 的 *Plato: Theaetetus*（Oxford: Oxford University Press, 2014）。德語世界的古典哲學與柏拉圖研究具有深厚的學術傳統，針對和這篇對話錄有關的德文相關研究，彭文林老師為中文讀者提供了很珍貴的指引，請參閱：彭文林，〈從柏拉圖研究的幾個趨勢談《苔艾苔投斯篇》（*Theaetetus*）的論題：什麼是知識〉，《東海哲學研究集刊》17，2012：201-216。

主要譯注與專書

Bostock, D., *Plato's Theaetetus*, Oxford: Oxford University Press, 1988.
　　按《泰鄂提得斯》行文順序涉及的議題進行全篇對話錄的評注（不含譯文）。Bostock 本身也是牛津著名的邏輯學家，這本評注秉持分析傳統呈現出良好的當代英美知識論學術背景。他以對話錄第三部分（201 以下）談到「知識是否由『簡單物』（simples）組成」做為建立全篇結構的關鍵，認為對話前半柏拉圖主張知識必須是命題（由詞組成，因而都是複雜的組合物），但感知是簡

單物，因此不是知識；對話後半則反過來論證，要避免循環論證必須要有不可說明的簡單物做為知識；但柏拉圖可能也不願意接受這結果，最後對話錄以無解作終。

Burnyeat, M. F., *The Theaetetus of Plato*, with M. J. Levett's translation and analysis of the *Theaetetus*, Indianapolis: Hackett, 1990. 採取的是20世紀前葉格拉斯歌學者Levett的英譯（1928初版），由Myles Burnyeat修訂並撰寫對於全篇對話錄的評注，評注具有高度思辯性，並呈現出這篇對話錄與當代形上學、知識論議題的關聯。尤其很具影響的是，書中針對「感覺是知識」這定義所涉及有關勃泰哥拉斯的討論，分析兩種解讀：Reading A認為，就「感覺」而論，柏拉圖接受勃泰哥拉斯─赫拉克利圖斯的解釋，同意感覺具有相對性且在不斷的流變之中；Reading B則是，因為主張「感覺是知識」這定義的人理論上必須也接受勃泰哥拉斯─赫拉克利圖斯的說法，所以需要將這說法引入討論，但柏拉圖本身並未接受這理論。Burnyeat辯護的是後者。

Chappell, T., *Reading Plato's Theaetetus*, Indianapolis: Hackett, 2005. 書中提供新的翻譯，並仿照Cornford版（見下）的模式進行隨文評注。對於2005年為止當代柏拉圖學者有關《泰鄂提得斯》的主要研究，都有一些說明與討論，對過去幾十年曾盛行的「統一論」與「修改論」的爭議也有掌握。

Cornford, C. F., *Plato's Theory of Knowledge*, London: Routledge & Kegan Paul Ltd., 1935. 包括《泰鄂提得斯》與《詭辯家》（the *Sophist*）兩篇對話錄的英譯與隨文評注（a running commentary），是20世紀對這兩篇對話錄的經典論著。其中對《泰鄂提得斯》採取以形上學為基底去界定知識的解釋路線，認為柏拉圖的知識必須以理型論的形上學來界定，《泰鄂提得斯》沒有談到理型，所以沒有辦法界定知識。因而這篇對話錄的無解結局，指向柏拉圖知識論

上對理型的理論需求。而這個問題，必須到《詭辯家》（the Sophist）裡釐清了形上學的「是」與「不是」，並為理型間的關係建立更完整的理論之後，才能加以解釋。

McDowell, J., *Plato: Theaetetus*, Clarendon Plato series, Oxford: Oxford University Press, 1973. 對《泰鄂提得斯》的精確英譯與嚴格的學術評注。McDowell 在台灣主要是以當代德性倫理學家的身分為人所熟知，這本譯注是他早年的作品，譯文精準、評注清晰但繁複，一般讀者較不容易親近。但是對柏拉圖的論證細節，尤其是對文本中與當代英美哲學議題的各種關聯，都有詳盡的討論。

McDowell, J., & Brown L., *Plato: Theaetetus*, Oxford World's Classics, Oxford: Oxford University Press, 2014. 相當新的《泰鄂提得斯》版本，採取了前項 McDowell 的英譯，以及 Lesley Brown 撰寫的導論與注釋。導論為主要幾種對《泰鄂提得斯》的不同解釋，提出切要的討論。注釋簡潔清晰，較 McDowell 原本的評注更具可讀性。這本新書呈現的對話錄風貌是，雖然這篇對話錄沒有提供確定的對「知識」的定義，但對話中豐富的知識論討論和精細的論證直與當代連結，也呈現了蘇格拉底智慧助產士的形象。是清新、輕便又具學術精確度的新版本。

Rowe, C., *Plato: Theaetetus and Sophist*, Cambridge: Cambridge University Press, 2015. 最新版的《泰鄂提得斯》與《詭辯家》譯本，屬於 Cambridge Texts in the History of Philosophy 系列。解釋上著重對話錄之間的連續性，考慮文本結構與文脈，以及 Rowe 對柏拉圖如何書寫哲學這議題的關心。由於 2015 年底方新出版，本書未及參考；但 Rowe 的學術性與文字可讀性在柏拉圖學界廣受信賴，在此向讀者介紹。

Sedley, D., *The Midwife of Platonism: Text and Subtext in Plato's Theaetetus*, Oxford: Oxford University Press, 2004. 這本專論中，

Sedley 提出一創新的解讀：以文本和次文本兩個層次的閱讀，將有關「知識」的直接探討視為文本主軸，將逸離主軸的段落視為次文本，來處理這篇對話錄本身的全部內容，並保有柏拉圖早到中晚期對話錄之間的連續性。其中，次文本的脈絡藉由歷史上那位蘇格拉底的哲學活動和他被判死刑的事件，強調出蘇格拉底本身沒有真正知識的局限，而蘇格拉底「助產」的成果，Sedley 認為，是某種朝向確定知識的哲學，也就是柏拉圖的理型論。

Waterfield , R., *Plato Theaetetus*, London: Penguin, 2004. 初版 1987 年的英譯，2004 年的版本附有新校訂的書目，是很輕便好用的譯本。譯文後有一篇相當長的論文（Essay），文中對於對話錄各部分作了哲學立場非常鮮明的討論，反駁 Cornford 的解釋路線，主張應當摒除預設形上學的偏見來解讀《泰鄂提得斯》。Waterfield 認為，這篇對話錄雖然沒有提出對「什麼是知識？」的答案，但不應以「缺乏理型無法定義知識」而視為是負面的結果，而應注意到對話錄做為知識論討論的正面意涵。

晚近的研究中，在古代知識論方面很值得一提的優秀論著是 Mi-kyoung Lee 的 *Epistemology after Protagoras: Responses to Relativism in Plato, Aristotle, and Democritus*（Oxford: Oxford University Press, 2005），書中對《泰鄂提得斯》在第一個定義（感覺是知識）所涉及的勃泰哥拉斯—赫拉克利圖斯理論，有深入的探討，而且全書為整個希臘知識問題建立清晰合理的理論脈絡，對研讀《泰鄂提得斯》的知識論議題很有幫助。近年的專書中，Paul Stern 的 *Knowledge and Politics in Plato's* Theaetetus（Cambridge: Cambridge University Press, 2008）將對話錄梳理出三條思路，知識、政治與哲學家實際的言行，特別是政治的部分，是比較特殊的論述進路；2013 年方才出版的 Zina Giannopoulou,

Plato's Theaetetus *as a Second* Apology（Oxford: Oxford University Press），則主要是以蘇格拉底《自辯》的思路來為《泰鄂提得斯》定位，比較不是專注在知識論議題，但對「哲學」這知識活動本身有所反思。

其他引用書目

Adalier, G., "The Case of *Theaetetus*," *Phronesis*, 46: 1, 2001: 1-37.

Annas, J., *Plato: A Very Short Introduction*, Oxford: Oxford University Press, 2003.

Armstrong, D. M., *Belief, Truth and Knowledge*, Cambridge: Cambridge University Press, 1973.

Benardete, S., *Plato's Theaetetus — Part I of The Being of the Beautiful*, Chicago: The University of Chicago Press, 1986: I.

Bostock, D., "Plato," an entry in T. Honderich ed., *The Oxford Companion to Philosophy*, Oxford: Oxford University Press, 1995.

Brunschwig J. & Lloyd, G. E. R., *The Greek Pursuit of Knowledge*, London: Belknap of Harvard University Press, 2003.

Burnyeat, M. F., "Protagoras and Self-Refutation in Plato's *Theaetetus*," *Philosophical Review* 85, 1976: 172-95.

Cherniss, H. F., "The Philosophical Economy of the Theory of Ideas," in G. Vlastos ed., *Plato: A Collection of Critical Essays I*, New York: Anchor Books, 1971: 16-27.

Cooper, J. M., "Plato on Sense-Perception and Knowledge（*Theaetetus* 184-186）," *Phronesis* 15, 1970: 123-146.

Crombie, I. M., *An Examination of Plato's Doctrines*, London: Routledge & Kegan Paul, 1963.

Diogenes Laertius, *Lives of Eminent Philosophers*, Loeb Library, Cambridge MA.: Harvard University Press, 1959.

Duke, E. A., & W. F. Hicken, W. S. M. Nicoll, D. B. Robinson, J. C. G. Strachan eds., *Platonis Opera, Tom. I, Euthyphro, Apologia, Crito, Phaedo, Cratylus, Theaetetus, Sophista, Politicus*, Oxford: Oxford University Press, 1995.

Eaton, R. M., ed., *Descartes: Selections*, New York: Charles Scribner's Sons, 1955.

Fine, G., "Conflicting Appearances: *Theaetetus* 153d-154b," in C. Gill and M. M. McCabe eds., *Form and Argument in Late Plato*, Oxford: Clarendon Press, 1996: 105-133.

—— "False Belief in the *Theaetetus*," *Phronesis* 24, 1979a: 70-80, reprinted in her *Plato on Knowledge and Forms*, Oxford: Oxford University Press, 2003.

—— "Knowledge and *Logos* in the *Theaetetus*," *Philosophical Review* 88, 1979: 366-97; reprinted in N. D. Smith ed., *Plato: Critical Assessments*, vol. III, London: Routledge, 1998: 98-122. 頁碼按後者。

—— "Knowledge and Belief in *Republic* V-VII," in *Epistemology*, ed. by S. Everson, Cambridge: Cambridge University Press, 1990: 85-115; reprinted in N. D. Smith ed., *Plato: Critical Assessments*, vol. II, London: Routledge, 1998: 247 ff. 頁碼按後者。

Fowler, H. N., *Plato VII: Theaetetus, Sophist*, Loeb Classical Library, Cambridge MA.: Harvard University Press, 1987.

Freeman, K., *Ancilla to the Pre-Socratic Philosophers*, Oxford: Basil Blackwell, 1962.

Gaskin, R., "When Logical Atomism met the *Theaetetus*: Ryle on Naming and Saying," in M. Beaney ed., *The Oxford Handbook of the History of Analytic Philosophy*, Oxford: Oxford University Press, 2013: 851-869.

Geach, P. T., "Plato's *Euthyphro:* An Analysis and Commentary," *The Monist*, 1966; reprinted in W. Prior ed., *Socrates: Critical Assessments of Leading Philosophers*, Routledge, 1996: 153-162. 頁碼按後者。

Gettier, E., "Is justified true belief knowledge?" *Analysis* 23, 1963: 121-3; reprinted in M. Huemer ed., *Epistemology Contemporary Readings*, London: Routledge, 2002: 444-446. 頁碼按後者。

Gill, M. L., *Philosophos: Plato's Missing Dialogue*, Oxford: Oxford University Press, 2012.

Gillespie, C. M., "The Logos of Antisthenese," *Archiv für Geschichte der Philosophie* 26, 1912-3: 479-500; & 27, 1913-4: 17-38.

Graham, D. W., tr. ed., *The Texts of Early Greek Philosophy*, Cambridge: Cambridge University Press, 2010.

Harte, V., *Plato on Parts and Wholes — The Metaphysics of Structure*, Oxford: Oxford University Press, 2002.

Heidegger, M., *De l'Essence de la Vérité: Approche de l'allégorie de la caverne et du* Théétete *de Platon*, text. est. Hermann Morchen; tr. Alain Boutot, Paris: Gallimard, 2001; *The Essence of Truth: On Plato's Cave Allegory and* Theaetetus, London: Continuum, 2002. Translations from *Vom Wesen der Wahrheit: Zu Platons Höhlengleichnis und* Theätet, Vittorio Klostermann, 1997（1931/32）.

Honderich, T., *The Oxford Companion to Philosophy*, Oxford: Oxford University Press, 1995.

Hume, D., *A Treatise of Human Nature*, Oxford: Oxford University Press, 1975.

Hunter, G., *Metalogic — An Introduction to the Metatheory of Standard First Order Logic*, Berkeley: University of California Press, 1973.

Irwin, T. H., "Plato: The intellectual background," in R. Kraut ed., *The Cambridge Companion to Plato*, Cambridge: Cambridge University Press, 1992.

Kahn, C. H., *Plato and the Socratic Dialogue*, Cambridge: Cambridge University Press, 1996.

—— "On Platonic Chronology," in Julia Annas and Christopher Rowe eds., *New Perspectives on Plato: Modern and Ancient*, Cambridge MA: Harvard University Press, 2003: 93-127.

—— "Why is the *Sophist* a sequel to the *Theaetetus*?" *Phronesis*, 52:1, 2007: 33-57.

—— *Plato and the Post-Socratic Dialogue*, Cambridge: Cambridge University Press, 2013.

Kanayama, Y., "Perceiving, Considering, and Attaining Being (*Theaetetus* 184-186)," *Oxford Studies in Ancient Philosophy* 5, 1987: 29-81.

—— "Plato as a Wayfinder: To Know Meno, the Robbery Case and the Road to Larissa," *JASCA: Japan Studies in Classical Antiquity* 1, 2011: 63-88.

Kirk, G. S. & Raven, J. E., *The Presocratic Philosophers*, Cambridge: Cambridge University Press, 1962.

Kovacs, D., ed., *Euripides*, http://www.perseus.tufts.edu/cgi-bin/ptext?lookup=Eur.+Hipp.+601.

Kraut, R., ed., *The Cambridge Companion to Plato*, Cambridge: Cambridge University Press, 1992.

Lee, M-K., "The *Theaetetus*," in G. Fine ed., *The Oxford Handbook of Plato*, Oxford: Oxford University Press, 2008: 411-436.

—— *Epistemology after Protagoras: Responses to Relativism in Plato, Aristotle, and Democritus*, Oxford: Oxford University Press, 2005.

Levison, M., Moeton, A. Q., & Winspeak, A. D.. "The Seventh Letter of Plato," *Mind*, 77: 307, 1968: 309-325.

Liddell, H. G., & Scott, R., *An Intermediate Greek-English Lexicon*, Oxford: Oxford University Press, 1995.

—— & Jones, H. S., *A Greek-English Lexicon*, Oxford: Oxford University Press, 1996.

—— *LSJ The Online Liddell-Scott-Jones Greek-English Lexicon*, http://www.tlg.uci.edu/lsj/#eid=1&context=lsj

Locke, J., *An Essay concerning human understanding*, vol. 2, in Everyman's Library, London: Dent, 1974.

Martens, E., übers. hrsg., *Platon Theätet*, Stuttgart: Reclam, 2007.

De Mauro, T., *Ludwig Wittgenstein: His Place in the Development of Semantics*, Dordrecht: De Reidel, 1967.

Moore, G. E., "A Defence of Common Sense," in J. H. Muirhead ed., *Contemporary British Philosophy*, London, 1925: 193-223.

Nails, D., *The People of Plato — A Prosopography of Plato and Other Socratics*, Indianapolis: Hackett, 2002.

Owen, G. E. L., "Plato on Not-Being," in G. Vlastos ed., *Plato: A Collection of Critical Essays I*, New York: Anchor Books, 1971: 223-267.

Pindar, *Nemean Odes*, 10.85-90, http://www.perseus.tufts.edu/cgi-bin/ptext?lookup=Pind.+N+10.1.

Priest, G., *Logic: A Very Short Introduction*, Oxford: Oxford University Press, 2000.

Polansky, R. M., *Philosophy and Knowledge: A Commentary on Plato's Theaetetus*, Lewisburg, PA.: Bucknell University Press（London & Toronto: Associated University Presses）, 1992.

—— "Notes on Plato's *Theaetetus*"（講義，非正式出版；以 *Philosophy*

and Knowledge: A Commentary on Plato's Theaetetus, Lewisburg, PA.: Bucknell University Press, 1992 內容為基礎。)

Giannopoulou, Z., *Plato's* Theaetetus *as a Second* Apology, Oxford: Oxford University Press, 2013.

Quine, W. V., & Ullian, J. S., *The Web of Belief*, New York: Random House, 1970.

Ryle, G., "Knowing How and Knowing That," *Proceedings of the Aristotelian Society* N.S. 46, 1945: 1-16.

—— "Logical Atomism in Plato's *Theaetetus*," *Phronesis*, 1990: 21-46.

Sainsbury, M., "Logical Atomism," an entry in T. Honderich ed., *The Oxford Companion to Philosophy*, Oxford: Oxford University Press, 1995.

Santas, G., "The Socratic Fallacy," *Journal of the History of Philosophy* 10, 1972: 127-141; reprinted in W. Prior ed., *Socrates: Critical Assessments of Leading Philosophers*, London: Routledge, 1996: 163-179. 頁碼按後者。

Sedley, D., "Three Platonist Interpretations of the *Theaetetus*," C. Gill & M. McCabe eds., *Form and Argument in Late Plato*, Oxford: Oxford University Press, 1996.

Seyffert, O., *A Dictionary of Classical Antiquities*, rev. H. Nettleship and J. E. Sandys, London: Swan Sonnenschein and Co. Lim., 1906.

Smith, N. D., ed., *Plato: Critical Assessments*, London: Routledge, 1998.

Stern, P., *Knowledge and Politics in Plato's* Theaetetus, Cambridge: Cambridge University Press, 2008.

Taylor, A. E., *Plato: The Man and His Work*, London: Methuen, 1966.

Thucydides, *The Peloponnesian War*, http://www.perseus.tufts.edu/hopper/text?doc=Perseus%3atext%3a1999.01.0199

Tsai, C.-h., "The Metaepistemology of Knowing-how," *Phenomenology and the Cognitive Science* 10, 2011: 541-556.

Vlastos, G., "Introduction" to *Protagoras*, Library of Liberal Arts, Indianapolis: Bobbs-Merrill, 1956.

Waterfield, R., *The First Philosophers*, Oxford: Oxford University Press, 2000.

—— *Plato: Meno and Other Dialogues*, Oxford: Oxford University Press, 2005.

Weiss, R., *Virtue in the Cave: Moral Inquiry in Plato's* Meno, Oxford: Oxford University Press, 2001.

White, N. P. *Plato on Knowledge and Reality*, Indianapolis: Hackett, 1976.

Whitehead, A. N., *Process and Reality: An Essay in Cosmology*, D. R. Griffin and D. W. Sherburne eds., New York: Free Press, 1978.

Williams, B., *The Sense of the Past: Essays in the History of Philosophy*, Myles Burnyeat ed., Princeton: Princeton University Press, 2006.

Wittgenstein, L., *Tractatus Logico-Philosophicus*, tr. by D. F. Pears & B. F. McGuinness, London: Routledge, 1993〔1961〕.

何畫瑰,〈書評：席德雷《柏拉圖哲學的助產士——《泰鄂提得斯》的文本與次文本》（D. Sedley, *The Midwife of Platonism — Text and Subtext in Plato's Theaetetus*）〉,《華岡哲學學報》1,2009：111-114。

—— "Theaetetus' logos — The epistemic significance of λόγος in Plato's *Theaetetus*"（泰鄂提得斯的「說明」——「λόγος」在柏拉圖《泰鄂提得斯》中的知識意涵）,《國立政治大學哲學學報》27, 2012: 1-35.

荷馬,《伊利亞特》,羅念生、王煥生中譯,台北：貓頭鷹,2000。

荷馬,《奧德賽》,王煥生中譯,台北：貓頭鷹,2000。

赫西俄得,《工作與時日、神譜》,張竹明、蔣平中譯（譯自 H. G. Evelyn-White 英譯）,台北：商務,1999。

聯經經典

泰鄂提得斯

2016年4月初版 　　　　　　　　　　　　　　　　定價：新臺幣520元
有著作權・翻印必究
Printed in Taiwan.

著　　　者	柏	拉	圖
譯 注 者	何	畫	瑰
總 編 輯	胡	金	倫
總 經 理	羅	國	俊
發 行 人	林	載	爵

科技部經典譯注計畫

叢書主編	沙	淑	芬
封面設計	陳	文	德
校　　對	謝	麗	玲

出 版 者	聯經出版事業股份有限公司
地　　　　址	台北市基隆路一段180號4樓
編 輯 部 地 址	台北市基隆路一段180號4樓
叢 書 主 編 電 話	(02)87876242轉212
台北聯經書房	台北市新生南路三段94號
電　　　　話	(02)23620308
台 中 分 公 司	台中市北區崇德路一段198號
暨 門 市 電 話	(04)22312023
台 中 電 子 信 箱	e-mail：linking2@ms42.hinet.net
郵 政 劃 撥 帳 戶 第	0100559-3號
郵 撥 電 話	(02)23620308
印 刷 者	世和印製企業有限公司
總 經 銷	聯合發行股份有限公司
發 行 所	新北市新店區寶橋路235巷6弄6號2樓
電　　　　話	(02)29178022

行政院新聞局出版事業登記證局版臺業字第0130號

本書如有缺頁，破損，倒裝請寄回台北聯經書房更換。　　ISBN　978-957-08-4721-5 (精裝)
聯經網址：www.linkingbooks.com.tw
電子信箱：linking@udngroup.com

國家圖書館出版品預行編目資料

泰鄂提得斯/柏拉圖著 . 何畫魂譯注 . 初版 .
臺北市 . 聯經 . 2016年4月（民105年）.
344面 . 14.8×21公分（聯經經典）
譯自：Theaetetus
ISBN　978-957-08-4721-5（精裝）

1.柏拉圖（Plato, 427-347 B. C.）　2.學術思想
3.知識論

141.4　　　　　　　　　　　　　105005794